LA CASA II

Los medios de la División Técnica para ejecutar el espionaje masivo al estilo de Estados Unidos; el maletín lleno de dinero para comprar voluntades en Senegal; el permiso del espionaje francés para que agentes operativos actuaran en su territorio contra ETA para acabar con la banda; el informe al Gobierno sobre el teniente general Julio Rodríguez años antes de ingresar en Podemos; el día que el rey Juan Carlos pidió ayuda al CNI para la princesa Corinna y fue recibida por el director; las sorprendentes preguntas a los candidatos a espías —¿has participado en orgías?— y la endogamia; la conspiración de agentes para cargarse a un director, uno de los sospechosos posteriormente condecorado; cuando la CIA, el SVR ruso y el DGST marroquí prefieren colaborar con los espías de la Policía; un kalashnikov y retratos sin nombre en la sede central; agentes expulsados en Túnez y Cuba por hablar mal de los dictadores locales; el excesivo gasto en fondos reservados; los agentes oscuros y el espionaje a políticos.

Creado en 2002, el Centro Nacional de Inteligencia (CNI) ha permanecido en las sombras hasta ahora. Fernando Rueda, el máximo especialista español en asuntos de espionaje, autor del primer *best seller* que se publicó sobre su antecesor el CESID, vuelve a romper todas las trabas y se atreve a escribir el primer libro de investigación sobre el nuevo servicio secreto español.

Este viaje apasionante por las alcantarillas del poder nos lleva a bucear por los graves errores y grandes aciertos de sus directores; la vida desconocida y tensa de sus agentes; la lucha sin límite contra el terrorismo yihadista; sus relaciones con la monarquía, el Gobierno, los partidos y el mundo económico; las operaciones más controvertidas en el extranjero; y sus alucinantes medios técnicos capaces casi de cualquier cosa.

La Casa II

Fernando Rueda es el máximo especialista español en asuntos de espionaje y autor de diecinueve libros. Entre estos, unos de investigación, como *La Casa* y *Yo confieso*, con gran repercusión en la opinión pública; otros, *true crime* como *Destrucción masiva*, la conmovedora historia de los agentes asesinados en Irak en 2003; y novelas como *La voz del pasado* o *El regreso de El Lobo*. Periodista de amplísima trayectoria en medios escritos, radio y televisión, es responsable desde hace veintisiete años del espacio «Materia reservada», en el mítico programa *La Rosa de los Vientos*. Doctor en Periodismo y profesor en la Universidad Villanueva, ha recibido diversas distinciones como el Premio Ejército, el Premio Especial del Festival Aragón Negro al Mejor de los Nuestros y la Medalla al Mérito de los Santos Ángeles Custodios.

La Casa II

El CNI: agentes, operaciones secretas
y acciones inconfesables de los espías españoles

Fernando Rueda

rocabolsillo

Primera edición con esta presentación: enero de 2025

© 2017, Fernando Rueda
© 2017, 2025, Roca Editorial de Libros, S.L.U.
Travessera de Gràcia, 47-49. 08021 Barcelona
Diseño de la cubierta: Penguin Random House Grupo Editorial / Claudia Sánchez
Imagen de la cubierta: © Shutterstock

Printed in Spain – Impreso en España

ISBN: 978-84-10197-16-9
Depósito legal: B-19.206-2024

Impreso en Novoprint
Sant Andreu de la Barca (Barcelona)

RB 9 7 1 6 9

Para Antonio, por sus fuerzas para luchar sin descanso, su valor indiscutible, su santa paciencia y su amor incondicional. Mi querido hermano.

Para Laura, su fiel compañera de viaje, alegre, auténtica, positiva en cualquier circunstancia. Te quiero mucho.

Si te iban las reglas, haber entrado en la Policía
y no en el servicio secreto.

Agentes secretos,
película de FRÉDÉRIC SCHOENDOERFFER

* * *

El miedo, el patriotismo, el valor, la ética, la traición,
la entrega, la falta de escrúpulos, la ambición, la lealtad,
la generosidad… Aprendí que todos estos rasgos
del comportamiento son universales, no hay ninguno de
ellos que defina en exclusiva ni a un país ni a un individuo
ni a una institución. Y el CNI no es ajeno a ello.

ALBERTO SAIZ, exdirector del CNI, en el
prólogo de la primera parte de *La Casa*

Índice

El derecho de la opinión pública a saber

Casi veinticinco años después de haber publicado *La Casa. El CESID: agentes, operaciones secretas y actividades de los espías españoles*, regreso a las librerías con una nueva investigación de características similares a aquella.

Durante mucho tiempo me resistí a la idea, no me sentía preparado y con ganas para acometer un proyecto tan complicado y ambicioso. Hace tres años algo me activó. Me di cuenta de que, tras la desaparición del Centro Superior de Información de la Defensa (CESID) y su sustitución por el Centro Nacional de Inteligencia (CNI), el panorama del espionaje español se había transformado de tal manera que la sociedad necesitaba un acercamiento profundo a un servicio secreto que en gran medida es distinto, mucho más moderno y con capacidades nunca soñadas. Si al margen de los nuevos ropajes han mantenido la esencia, el lector lo juzgará. Pero sus métodos de actuación, medios, amenazas, agentes y relaciones con el Gobierno han cambiado, y en muchos aspectos, lo han hecho radicalmente.

Este libro, el primero que se publica sobre el CNI, abarca desde su creación en 2002 hasta nuestros días, con menciones a los años anteriores cuando las he considerado imprescindibles para entender mejor algunos temas controvertidos.

Durante tres años estuve acumulando información sin comentárselo a nadie. Iba más allá de la noticia diaria, buscaba las paletas de colores, los barnices, lienzos y estilos de pintura adecuados para intentar plasmar en diversos cuadros lo que día a día no se transparentaba del servicio secreto. Solo tres meses antes de concluir este manuscrito, me acerqué abiertamente a algunos de los protagonistas del relato para contrastar información y escuchar sus opiniones sobre

La Casa y los acontecimientos que ellos habían protagonizado o conocido desde que se levantaron los cimientos del nuevo CNI.

Al igual que hice con mi primer libro, quiero dejar claro que no me he puesto en contacto con los altos mandos del Servicio de Inteligencia ni con su director de Comunicación. Los temas que trato, por desgracia, siempre provocan su silencio. Entiendo perfectamente que ellos son los que deciden a quién apoyan y a quién no. Algunos compañeros han podido escribir sobre los espías españoles con la ayuda de sus mandatarios, normalmente tras la publicación por mi parte de algún libro de investigación que había disgustado en La Casa. Es algo que respeto, e incluso me parece muy bien. Yo no soy santo de su devoción y lo acepto. Como decía un cura en mi juventud, «con estos bueyes hay que arar».

La página web oficial del CNI habla de la necesidad de transparencia de las instituciones como principio básico de las administraciones públicas. Especifica que existe la necesidad de alcanzar un equilibrio «entre el derecho a conocer de los ciudadanos, el deseo de saber de los profesionales de los medios de comunicación social y la necesidad de reserva que se deriva de las especiales responsabilidades y misiones de la inteligencia».

Eso que llaman «deseo de saber» de los periodistas no refleja estrictamente la realidad. El objetivo del periodista de investigación debe ser siempre el control del poder, sacar a la luz lo que alguien trata de ocultar. Con un matiz importante: nuestro trabajo se fundamenta en el derecho de la opinión pública a conocer los temas que son de su interés. Nosotros somos los que facilitamos ese derecho a conocer. Un derecho que está por encima de cualquier otra pretensión de los gobernantes.

Y en cuanto al «derecho a conocer» de los ciudadanos, no incluye las operaciones en marcha ni la identidad de quienes necesitan una clandestinidad para desarrollar su misión. Este libro desvela información sobre La Casa que trata de explicar a la opinión pública cómo actúan nuestros servicios secretos. Mi objetivo es hacer una inmersión en su funcionamiento, describir no solo sus operaciones más novedosas o controvertidas, sino la rutina de sus agentes y de sus actuaciones, reflejando esa atmósfera en la que trabajan, igual que hice con la primera parte del libro.

En esta segunda parte cito muchos nombres de agentes, pero en ningún caso el de aquellos que permanecen en el anonimato a la fecha de esta publicación. Les adelanto que a algunos de ellos los he rescatado de la tumba: son algunos de los agentes infatigables que fueron asesinados en Irak por los ataques de la insurgencia de aquel país en 2003. Durante meses investigué los trabajos que habían realizado, sus formas de actuar, sus valores, sus vidas privadas…, hasta poder revelar una fotografía que le permitiera a cualquier español apreciar qué es lo que lleva a un joven a convertirse en espía, a jugarse la vida a diario. También he intentado reflejar sus sufrimientos, alegrías y esperanzas. Nunca había disfrutado tanto con una investigación, por muy dura que me resultara, y más a los familiares y amigos que aceptaron charlar conmigo. La consideré necesaria para poder visualizar, y luego mostrárselo a mis lectores, un primer plano de esos 3500 agentes —en poco tiempo serán 4000— que trabajan abnegadamente en el CNI, renunciando a los placeres y a la tranquilidad de las que disfrutamos la mayoría. De esta forma puedo contar con nombres y apellidos, sin trabas ni limitaciones, la vida profesional e íntima de nuestros agentes, lo que sienten y nunca sabemos de ellos, desde mucho antes de que ingresen en el CNI. Un acercamiento habitualmente imposible por la obligación que tienen de mantener el secreto.

Cada vez es más utilizada la denominación de «servicio de inteligencia», la preferida por los miembros del CNI y por los académicos que trabajan cerca de ellos. Yo la utilizo indistintamente con la de «servicio secreto», mucho más corriente para la mayoría de los profanos en la materia. Y porque considero que el término «inteligencia» es un gran eufemismo. La necesidad de reconocer la existencia de estos servicios es la que ha motivado la búsqueda de una terminología amable —y qué palabra puede ser más amable que «inteligencia»— que se refiera a unos fines lo suficientemente ambiguos para no encorsetar sus acciones.

Los servicios de inteligencia están marcados no por los fines, sino por los procedimientos, ya que en esencia lo que tratan es de obtener información secreta, es decir, información que no va a ser divulgada y a la que solo van a acceder determinadas personas. Ningún juez de lo penal va a recibir sus informes ni les va a exigir limpieza en la obtención de las pruebas, algo que conocen a la perfección las Fuerzas y Cuerpos de Seguridad del Estado.

Esto explica su existencia y las enormes dificultades que encuentran en la democracia, en donde es necesario explicar muchas veces no solo lo que se ha averiguado, sino cómo ha podido alguien saberlo. Así ocurrió con la información obtenida por el CNI sobre los contactos del *conseller en cap* de la Generalitat, Josep Lluís Carod Rovira, con dos dirigentes de la cúpula de ETA. Tras su difusión en prensa se pidieron explicaciones sobre la forma en que el servicio de inteligencia había tenido conocimiento de ellos.

Explicar el funcionamiento del periodismo de investigación y su relación con el espionaje es importante cuando desde algunas áreas académicas nos critican injustamente. Desde la ciencia política, dos de sus representantes más insignes han defendido en diversas ocasiones que son ellos los encargados de estudiar el tema. Afirman que los periodistas —como yo, en concreto— tratamos este asunto con cierta frivolidad y definen la narración de historias que explican a la sociedad el funcionamiento del CNI como «anécdotas», en un intento de desacreditarnos.

Olvidan los politólogos que investigan los temas del servicio de inteligencia que ellos han podido tener acceso a la información gracias al trabajo previo que hicimos algunos periodistas de investigación, que supuso la apertura de puertas de una institución que era absolutamente hermética y vivía muy a gusto encerrada en sí misma. Su trabajo no tiene nada que ver con el nuestro. Ellos beben de fuentes oficiales y abiertas, sin las cuales no existirían. Es lógico y está bien. Yo, por el contrario, creo que la aportación del periodismo de investigación es difundir una fotografía lo más cercana a la realidad de cómo funciona el servicio de inteligencia. Con una misión: que la gente lo sepa, pueda valorarlo y, si es necesario, ejerza un control.

El 2 de marzo de 2017 acudí, en calidad de doctor en Periodismo de Investigación sobre Servicios de Inteligencia, a la presentación del libro de Antonio M. Díaz *Conceptos fundamentales de inteligencia*, que fue apadrinado por Félix Sanz, director del CNI. El teniente general afirmó, ante un auditorio lleno de militares y estudiosos de la materia, que «tuvimos la idea y la recogió Antonio», y en otros momentos utilizó el «nosotros» al referirse a la autoría de distintos aspectos de esa publicación.

Ese libro, y otros publicados por autores académicos, tratan de sentar una doctrina teórica sobre la inteligencia que es muy útil en la sociedad actual. Es una especie de *hardware* sobre el espionaje, realizado por investigadores privados que cubren una necesidad del servicio que, según reconoció Sanz, ellos no pueden llevar a cabo en solitario para evitar críticas. Los periodistas de investigación lo que hacemos es el *software* —lo que permite conocer el interior de La Casa— imprescindible para que funcionen y desarrollen sus misiones.

Los tiempos han cambiado para bien. La publicación de *La Casa* sobre el CESID comportó un cúmulo de precauciones. Nunca se había publicado en España un libro sobre el servicio secreto y existía el temor de que el Gobierno intentara evitar su difusión. No solo no lo hicieron, respetando la libertad de expresión y el derecho a conocer, sino que el director de entonces, Emilio Alonso Manglano, llegó a comentar: «Yo no lo he leído, pero aquí lo están leyendo todos». *La Casa* sobre el CNI se ha mantenido en secreto durante mucho tiempo, pero ya pocos temen una reacción como la que temían hace veinticinco años. No obstante, fue un placer trabajar entonces con Ymelda Navajo y lo ha sido ahora con Blanca Rosa Roca. Roca Editorial me ha ofrecido la libertad, el sosiego y el respaldo que cualquier periodista de investigación necesita para publicar sus trabajos. Eso, sumado a un equipo impresionante de gente —empezando por mi antigua amiga Silvia Fernández—, es garantía de tranquilidad.

En el apartado de agradecimientos debería incluir a mucha gente, pero es evidente que no puedo citar sus nombres. Estoy seguro de que alguno de ellos llamó al CNI antes o después de hablar conmigo. No se lo reprocho, es lógico. De otros sé que guardaron el más absoluto silencio, no por mí, sino por ellos: si se supiera su colaboración, podría tener consecuencias negativas para sus vidas.

Sí querría citar expresamente a Carme Chacón. Dos meses antes de su fallecimiento, nos reunimos en Casa Ciro, un restaurante situado en la calle Fernando el Santo, cerca del despacho de abogados donde trabajaba. Hablamos de su etapa como ministra de Defensa y responsable del CNI y me ayudó a aclarar diversas cuestiones. En ningún momento perdió esa eterna sonrisa que siempre la caracterizó. Le costó quedar conmigo para rememorar algunos episodios conflictivos, pero sé que lo hizo por el gran valor que daba a la amistad. Siempre se lo agradeceré. Yo también la echo de menos.

También quiero dar las gracias a las mujeres que me acompañaron en la travesía del desierto. Mi mujer, Alicia Gil, con la que vivo un San Valentín todos los días de mi vida. Mis hijas Elena y Sandra, que me llenan de amor y me permiten sentirme orgulloso de ellas cada hora que pasa. Las tres no saben muchas veces a qué me dedico y han inventado un término para referirse a mi trabajo clandestino en algunos momentos: «Los *business* de papá».

I

Directores: conspiraciones, mentiras y mano dura

¿Qué libro había leído el director del servicio secreto?

*E*n 1997 llevaba un año trabajando intensamente en mi libro, *KA: licencia para matar*. Versaba sobre los agentes operativos del todavía conocido como CESID, lo que me había aparcado en una situación de clandestinidad, en la que pasaba la mayor parte del día trabajando en el semanario *Tiempo* y por las noches y los fines de semana me encerraba en casa para redactar la investigación sobre la División de Acción Operativa, la unidad más secreta del espionaje.

Desde que en los años 80 había comenzado a investigar al servicio secreto, diversas experiencias me habían demostrado que los espías tenían mucha curiosidad por enterarse de qué aspectos concretos de su trabajo me interesaban y especialmente por conocer la identidad de las fuentes que me informaban. Alguno de ellos, como narré en la primera entrega de *La Casa*, incluso me habían alertado de que la información que almacenaba en mi ordenador de la redacción, mi tan querido PCW8256, había sido robada y estaba en su poder. Por eso había adoptado las mayores medidas de seguridad a mi alcance para que nadie husmeara en el proyecto al que dedicaba tantas horas. Todavía no me había percatado de que si de verdad quieren algo, los espías siempre lo consiguen.

Aproveché las Navidades de 1996 para tomarme unos días de vacaciones y concluir el manuscrito, que debía entregar durante los primeros meses de 1997. El trabajo que me restaba era básicamente de corrección y autocensura. Siempre escribo sin ponerme límites y al final dedico unas semanas a analizar puntos calientes y decidir si merece la pena mantenerlos o es mejor quitarlos. Quizás no los tenga suficientemente contrastados, puede que el agente involucrado pierda la clandestinidad de la que todavía goza o haya cuestiones personales carentes de interés general relativas a alguno de los protagonistas que me aconsejan comerme esa información.

Esos eran los debates que se sucedían en mi cabeza cuando salí con mi familia a celebrar la Nochevieja fuera de casa y regresé bien entrada la madrugada. Al día siguiente, tras desayunar, me senté delante del ordenador y la rutina diaria cambió. Algo le había pasado a mi herramienta de escritura, estaba distinta. Los documentos estaban en sus carpetas, nada en la parte formal de los contenidos se había modificado, pero algo extraño fuera de mi control había sucedido en mi ausencia.

Unos días después le pedí consejo al encargado de los soportes informáticos de *Tiempo*, mi viejo amigo Victoriano. Me conocía desde mi etapa de becario en el diario *Ya* y dedujo inmediatamente el motivo de mis preocupaciones. Al día siguiente, discretamente, le llevé el ordenador y lo estuvo analizando durante varias horas. «No sé qué le ha podido pasar —reconoció—, pero es seguro que alguien lo ha manipulado. Aunque no te puedo dar una prueba que lo demuestre.» Le pedí que me guardara el secreto y aparqué el suceso. De poco servía entrar en sicosis cuando no estaba en mi mano hacer nada. Aparte de Victoriano, nadie se enteró de ese dolor de tripas de mi ordenador.

En abril de 1997 salió a la venta el libro y unos días después Miguel Ángel Rodríguez, portavoz del gobierno del PP, convocaba un encuentro en el Palacio de la Moncloa con el entonces director del CESID, Javier Calderón. Los invitados eran periodistas de cierto nivel en la profesión, entre los que estaba Antonio Casado, que trabajaba conmigo en *Tiempo*. Antes de acudir, me preguntó si me interesaba que le planteara alguna cuestión al anfitrión. No se me ocurrió nada, excepto que valorara *KA: licencia para matar*.

A su regreso de la reunión en Moncloa, Antonio me espetó sorprendido: «Me ha dicho que el contenido del libro le daría igual si no fuera por los comentarios que has hecho sobre sus hijos, que le han sentado bastante mal». Me quedé helado intentando digerir ese reproche. Antonio me miraba esperando una respuesta. «No sé qué libro ha leído Calderón —le dije midiendo mis palabras—, porque en el original que he publicado no menciono en ningún momento a sus hijos.» La expresión de Antonio fue de mayor sorpresa aún que la mía.

Fue entonces cuando recordé el suceso del ordenador manipulado. En Navidades el texto sobre el que trabajaba sí recogía los acontecimientos violentos protagonizados por sus hijos, que en uno de los casos habían involucrado a la unidad operativa, pero tras una larga meditación preferí suprimirlos, por voluntad propia, porque no aportaban una información significativa sobre su padre. ¿Qué libro había leído el director del servicio secreto?

Alberto Saiz: la desesperada caída en desgracia de la casta del espionaje y el derrocamiento de un director

¿*E*s posible urdir una conspiración entre un grupo de agentes de un servicio de inteligencia para echar al director? ¿Es factible que, tras conseguir su propósito, el nuevo director tome la decisión discreta de condecorar a uno de los posibles cabecillas? ¿Pudo el poder político respaldar esta decisión para evitar la difusión de información comprometida que podría haber puesto en jaque a ese Gobierno y a los anteriores?

El grupo rebelde estaba comandado por agentes experimentados. Sabían que no podrían hundir a Alberto Saiz, director del CNI de 2004 a 2009, poniendo por delante la verdad que les movía a despedazarlo. El presidente del Gobierno José Luis Rodríguez Zapatero le había marcado como prioridad acabar con ETA, casi por cualquier medio, un objetivo solo equiparable a evitar que se repitiera en España otro 11-M yihadista. Saiz decidió cambiar el despliegue y la forma de trabajar del CNI con las miras puestas en ese empeño antiterrorista y había depositado después los buenos resultados encima de la mesa del titular del Palacio de la Moncloa. Además del presidente, la vicepresidenta María Teresa Fernández de la Vega y el poderoso jefe de gabinete José Enrique Serrano lo apoyaban por su capacidad para resolver problemas y, por encima de todo, por sus éxitos en la lucha contra ETA.

Por ahí no podían atacarlo, ese flanco lo tenía bien resguardado. Salpicar en el ataque al presidente Rodríguez Zapatero no era buena idea, perderían la guerra. Buscaron otro camino más sibilino y expeditivo: mostrar a Saiz como un corrupto que se había aprovechado del servicio y del dinero de todos los españoles en beneficio propio. Habían acumulado información sobre él, conocían algunas de sus irregularidades y buscarían más. Ese era su punto débil y lo explotarían: la sociedad estaba asqueada de los abusos de los políticos con los fondos públicos. Mostrarían la dinamita que poseían a personas influyentes próximas a Rodríguez Zapatero para que le hicieran entender que era mejor prescindir de Saiz antes de verse involucrado en un escándalo. Debería bastar con eso para que el director abandonara cabizbajo su despacho en la Cuesta de las Perdices, la sede oficial del CNI. Si la advertencia de las pruebas acumuladas contra él no producía el efecto deseado, descargarían toda su munición en los medios de comunicación para que los partidos de la oposición la utilizaran para despedazarlo a él y al Gobierno. Entonces sí, Zapatero se sentiría implicado y no tendría más remedio que abrir la puerta de salida a Saiz.

La noticia publicada en un diario nacional el 15 de noviembre de 2008 dejó helado a Agustín Cassinello, hasta unas semanas antes director de Inteligencia del CNI. Debió leerla varias veces para asimilar su contenido. Contaba que Alberto Saiz le había destituido alegando un «déficit continuado de información en la zona de Afganistán que habría tenido consecuencias directas en la comisión del atentado» en el que fueron asesinados dos miembros del Ejército español. ¿Cómo podían afirmar aquello? Era una mentira malintencionada, una de las más dañinas que había leído sobre sí mismo y el servicio en los muchos años que llevaba trabajando allí. ¿Quién podía querer desprestigiarlo de esa forma? Solo había una persona con ese interés, el director que lo había cesado tras una gran bronca. Era su venganza por hacerle frente, por negarse a aceptar desde el primer día, y durante los tres escasos meses que había desempeñado el cargo, lo que a su entender era una dirección equivocada del sistema de trabajo del CNI.

En los cientos de despachos del servicio de inteligencia también leyeron la noticia con asombro. Sabían que era falsa, unos con pruebas y otros por la intuición desarrollada durante muchos años de trabajo. El coronel Agustín Cassinello había tomado posesión del cargo hacía tan poco tiempo que era imposible responsabilizarle de un «déficit continuado de información». Para eso se requería llevar años en el cargo. Como ocurre siempre en estas ocasiones, la División de Seguridad comenzó de oficio una investigación para dar caza al filtrador de la noticia. Alguna persona quería hacer daño a un miembro de La Casa y debían encontrarla y poner fin al agujero.

Al mismo tiempo, alguien más o menos cercano a Cassinello, posiblemente sin su conocimiento, comenzó una investigación paralela sobre el escándalo. Personas ajenas al servicio preguntaron a diversas fuentes por la persona que podía haberle filtrado al medio aquella información intencionadamente dañina.

El resultado coincidió con las sospechas de mucha gente en el CNI y no solo de Cassinello. Acusaron a Mercedes P., la jefa de gabinete de Saiz y su mano derecha, de ser quien filtró la noticia. Se desconoce si ese dato apareció reflejado en el informe de la División de Seguridad. Pero sí se sabe que circuló por los pasillos del servicio entre los mandos, especialmente entre los 37 que habían sido cesados en sus puestos desde la llegada de Saiz. Muchos habían ocupado cargos de responsabilidad y vagabundeaban por La Casa sin mucho que hacer y bastante deprimidos. No habían tenido la suerte de conseguir un destino en el extranjero, como los anteriores directores de Inteligencia Miguel Sánchez, que estaba en Londres, o Felipe Carrera, destinado en Washington.

Saiz no lo reconoció nunca, pero dio igual: todos veían su mano detrás de la operación de desprestigio de Cassinello. De poco sirvió que el afectado escribiera una carta al diario señalando que su cese no había tenido «ninguna relación directa o indirecta con la comisión del atentado» y que la publicación de su nombre y responsabilidad provocaba una evidente situación de riesgo para su integridad.

El daño producido confirmó al grupo de conspiradores que el plan que habían puesto en marcha estaba más que justificado. Las furias del averno empezaron a desplegarse. Era hora de acabar con el director que, según todos los destituidos y una parte del personal, estaba haciendo tanto daño a la operatividad de La Casa. Habían aguantado en silencio su frustración durante años y el agresivo ataque contra Cassinello era un argumento más para impulsar la operación que habían montado para que Saiz saliera volando de La Casa.

Una causa común unía a todas las familias que llevaban mucho tiempo enfrentadas para conseguir la mayor cuota de poder. Familias que peleaban como lo hacen algunos catedráticos en las universidades, para conseguir que sus discípulos alcancen puestos relevantes que a la larga les beneficien a ellos en sus ambiciones dentro y fuera del entorno académico.

Nunca nadie en el CNI, en su predecesor el CESID o en el anterior Seced (Servicio Central de Documentación), había osado conspirar para derrocar a un director. Pero es que nunca nadie con sus decisiones había conseguido unir a todas las familias en un mismo objetivo. En otras ocasiones, los afectados por las decisiones del director habían esperado pacientemente su destitución para intentar recuperar módulos de poder con la llegada de su sustituto. Así había sido, mandato tras mandato, con los directores Alonso Manglano, Calderón o Dezcallar. La diferencia era que Saiz había acabado con el estatus dominante para impulsar un servicio totalmente distinto, más volcado en la obtención de información operativa, con menor peso de los analistas, de los burócratas. Para ello, había reformado las divisiones de Operaciones y Técnica, que dependían de la Dirección de Inteligencia, y había creado con ellas una Dirección de Operaciones. Los rebeldes habían intentado por todos los medios revertir esa reordenación mediante el diálogo, pero Saiz no les escuchó, satisfecho con los resultados que estaba cosechando.

Miguel Sánchez, el director de Inteligencia nombrado por Jorge Dezcallar, antecesor de Saiz, fue confirmado en 2004 en su puesto y se mantuvo varios años como hombre fuerte. Fue el hombro en el que Saiz se apoyó para dar sus primeros pasos. Pero al cabo de un tiempo, con su sobrada experiencia y sabiduría, empezó a oponerse a los designios de su jefe cuando vio que perdía influencia en favor del director de Operaciones Francisco Montes, el hombre que dirigía las unidades especiales (los James Bond españoles, los encargados de ejecutar el espionaje técnico y humano con medios especiales). No solo es que Sánchez perdiera poder, es que se sentía disconforme con la deriva que estaba tomando el servicio, especialmente en la lucha contra ETA. Él había dejado de ser el efectivo número dos de La Casa en detrimento de Montes.

Y llegó un momento en el que Sánchez se plantó. Llevaba dos años con Saiz y consideraba que en el ámbito de la banda terrorista, aunque también en todos los demás, la esencia del espionaje era que los agentes de campo y los operativos trabajaran siguiendo las directrices marcadas por los jefes de las divisiones de Inteligencia, que son quienes diseñan y desarrollan los planes. Cada vez más, los operativos funcionaban a su bola, al margen de lo que él representaba. En diciembre de 2006, Saiz decidió poner freno a ese conflicto y lo cesó. Fue solo unas semanas antes de que ETA colocara una furgoneta bomba en uno de los aparcamientos de la Terminal 4 del aeropuerto de Barajas, con la que ponía punto final a la tregua.

Felipe Carrera, que había sido jefe de la División Técnica, sustituyó a Sánchez. Tan listo como él, y bastante diplomático, afrontó la nueva visión más agresiva del servicio que Saiz ya había afianzado, mientras Montes había logrado consolidar una mayor influencia de los operativos frente a los analistas en el desarrollo del trabajo. Carrera lo asumió con paciencia al principio, pero en menos de un par de años terminó cansándose y abandonó el cargo. No fue cesado, sino que de mutuo acuerdo con el director se buscó un destino en Estados Unidos.

Otros muchos agentes fueron destituidos durante esos primeros cuatro años de existencia del CNI. Mandos intermedios que vieron truncadas sus carreras por no responder al nuevo espíritu combativo, acertado o no, impuesto en La Casa. También se sumaron a la lista dos secretarias generales, el puesto número dos en el organigrama oficial, dedicado en ese momento a tareas interiores y organizativas. María Dolores Vilanova, heredada de la etapa de Dezcallar, había sido una gran agente, pero nunca conectó con Saiz. Su sustituta, Esperanza Casteleiro, tampoco terminó de entender el nuevo rumbo, o si lo hizo, no estuvo de acuerdo. Abandonó su puesto, y como ostentaba un alto mando tuvo la posibilidad de elegir destino y se marchó a Cuba. La tercera secretaria general fue Elena Sánchez, con más mano izquierda y mucho más lista y eficaz que sus antecesoras. Su papel fue determinante en los hechos que acaecerían después. La designación de tres agentes en cinco años para ese puesto de confianza —contando a Vilanova, aunque en realidad había sido designada por su antecesor— dejó en evidencia que Saiz no era un excelente gestor de personal, al margen de los motivos que justificaran sus ceses. Y eso parece contrastado cuando se mira con perspectiva el total de 37 destituciones a lo largo de su mandato.

Una purga similar se había producido en la etapa de Javier Calderón como director del CESID, diez años antes. Calderón hizo una limpieza de agentes que fue muy criticada pues incluyó a muchos de gran valor que habían estado identificados con el anterior director Alonso Manglano. Fueron cesados algunos agentes míticos, como el alto cargo Santiago Bastos, que había acabado con el golpismo en España, o Julio Leal, el jefe de la División de Inteligencia Interior que tantos éxitos había cosechado contra el terrorismo. En aquel momento existía la posibilidad de que los militares que habían trabajado en Inteligencia regresaran al Ejército, y así lo hicieron bastantes, entre ellos Leal, mientras que otros optaron por la jubilación. En la etapa de Saiz, los destituidos tenían que quedarse dentro del CNI, sin posibilidad de una salida que no fuera irse al paro.

Sánchez y todos los demás cesados por Saiz, además de Carrera, sufrieron un efecto parecido al de las familias destruidas al ver cómo la casta que había controlado más o menos el servicio durante toda su historia era aniquilada por un director que no entendía de privilegios ni de guardar las formas, y que daba absoluta preponderancia a la obtención de información por encima de las divisiones de Inteligencia que ellos controlaban. Así no se dirigía un servicio, no podía ser que los operativos estuvieran al mando.

También La Casa había vivido un conflicto interior similar en los años 80, cuando el director era Emilio Alonso Manglano y el jefe de la División de Apoyo Operativo, Juan Alberto Perote. Manglano depositó su confianza en Perote porque, gracias a sus operativos, este le aportaba la información de máxima calidad que él necesitaba trasladar al Gobierno. Eran los tiempos de los GAL, de las escuchas indiscriminadas de los teléfonos móviles de los poderosos. Quien tenía la información —Perote—, tenía el poder. Los dos generaron una inmejorable relación de utilidad. Pero Manglano respetó a los mandos de las divisiones de Inteligencia, aunque todos supieran que Perote era su niño mimado, el que más influía sobre él. En aquel entonces, lo que hicieron las familias fue conspirar contra el jefe de los operativos hasta conseguir minar la confianza de Manglano en él y que decidiera invitarlo a largarse.

Los altos cargos del CNI de la época de Saiz probaron la misma estrategia, pero no les dio resultado. Montes compartía la visión operativa del espionaje de su director, al que ayudaba a cumplir el objetivo que Zapatero le había planteado de acabar con ETA. Todos intentaron convencer a Saiz de lo contrario, y cuando no lo consiguieron, se enfrentaron abiertamente a los dos y terminaron aparcados.

Saiz no quería jefes contemplativos, necesitaba agentes de acción que hicieran mucho más que mover papeles. Que se la jugaran. Esa era su visión, aunque los afectados no la compartieran. Ese fue el caso de la cuarta secretaria general del CNI, Beatriz Méndez de Vigo, a quien Saiz cesó en su cargo de responsable de Relaciones con otros servicios y la mandó de agente raso al departamento de Contrainteligencia rusa. Ella pensó y contó que la cesaron por ser hermana del miembro del Partido Popular Íñigo Méndez de Vigo. Otros defendieron que La Casa necesitaba a alguien más activo para el puesto.

Todos estos movimientos sembraron el campo de batalla para la sublevación, pero el cese de Agustín Cassinello y la filtración de la noticia falsa sobre los motivos de su salida aceleraron la necesidad de boicotear al director. Agustín es una persona influyente, pero nada que ver con su padre, Andrés Cassinello, uno de los hombres más poderosos en el mundo de los servicios secretos, a pesar de que lleva fuera de ellos un montón de tiempo.

ϒ

Tras vivir cuarenta años en las alcantarillas del Estado, nadie las controla mejor que Andrés Cassinello. En 1958 ascendió a capitán, se especializó en Acción Sicológica e Información Contrasubversiva y en 1966 fue uno de los militares españoles seleccionados por sus colegas estadounidenses para acudir a la academia de Fort Bragg, en Carolina del Norte, y realizar allí un curso en el Centro de Guerra Especial JFK, con materias dedicadas a la guerra especial y contrainsurgencia. Esta academia era el equivalente a la Escuela de las Américas de Panamá, donde estudiaron los militares latinoamericanos que en la década de los 70 y 80 acabaron con los intentos democráticos en sus países y sembraron de torturas y asesinatos países como Chile y Argentina.

En 1968 Andrés Cassinello entró en la Organización Contrasubversiva Nacional, el primer intento de crear un servicio de inteligencia en España, que unos años después desembocó en el Seced. Allí contribuyó, con unas gestiones que demostraron su pericia, a buscar una salida digna a Franco tras las condenas a muerte a seis etarras en el Proceso de Burgos. Para ello convenció a la madre del etarra Javier Izco, que era viuda de un combatiente requeté, para que le pidiera al dictador que su hijo y sus cinco compañeros no fueran ejecutados. Con esta estrategia abrió una puerta para que el régimen se quitara de en medio la presión internacional, incluida la del Vaticano, pero sin rebajarse, de modo que no accedió a atender a sus peticiones pero sí a la de la viuda de un antiguo camarada.

En los años anteriores a la muerte del dictador, Cassinello fue muy activo para conseguir que algunos partidos políticos en la oposición, como el PSOE, empezaran a integrarse en la vida pública española. Él fue uno de los espías que participaron en la operación destinada a que Felipe González, Alfonso Guerra y otros dirigentes socialistas consiguieran el pasaporte para acudir a su XIII Congreso, que se celebró en la clandestinidad en Suresnes, en octubre de 1974, y del que salió una nueva ejecutiva con el líder sevillano al frente. Cassinello y los partidarios de la llegada de la democracia tras la muerte de Franco, en consonancia con Estados Unidos y la Guerra Fría ya implantada, no ponían obstáculos a los partidos de izquierdas siempre y cuando el Partido Comunista nunca fuera legalizado.

Cassinello dirigió el Seced en 1977, al inicio de la Transición, por designio personal de Adolfo Suárez, a quien ayudó a templar gaitas en algunos momentos con Felipe González. Y a esa etapa pertenece una de sus misiones más exitosas: consiguió convencer a Josep Tarradellas, presidente de la Generalitat en el exilio, de que regresara a España, y así lo hizo el 23 de octubre de aquel mismo año.

Luego Cassinello pasó a la Guardia Civil, en la que llevó a cabo una guerra contra el terrorismo que llenó de prestigio su hoja de servicios. Fue jefe del servicio de información de la Benemérita y subdirector del Mando Unificado de la Lucha Contraterrorista. La llegada del PSOE al poder en 1982 —conocía a Felipe González desde hacía diez años— supuso un respaldo a su carrera, en la que acometió nuevas responsabilidades en la batalla contra la banda armada en los años más duros.

Sus éxitos le sirvieron para alcanzar el generalato en 1984 y llegar a ser jefe del Estado Mayor de la Guardia Civil. Dos años después tuvo que ser cesado por el Gobierno tras escribir un artículo en el diario *Abc* —«A la señoría que corresponda»— en el que criticaba ácidamente el trabajo de los periodistas y de algunos políticos, especialmente los comunistas, por sus críticas a la Benemérita. Eran los tiempos de la guerra sucia de los GAL, en la que muchos intentaron mezclarlo —incluido el juez Baltasar Garzón—, sin que nadie lo consiguiera. Suya es la frase: «Dicen que no soy demócrata y lo dicen tan enfadados que a lo mejor tienen razón. ¿Para que querrán un demócrata en la Guardia Civil?».

El escándalo del artículo en prensa no impidió que siguiera su brillante carrera en destinos tan prestigiosos como la Comandancia General de Ceuta —desde la que seguía asesorando en materia antiterrorista— y la Capitanía General de la V Región Militar. El 18 de abril de 1991 pasó a la reserva, pero ni mucho menos dejó de colaborar en la resolución de los problemas que se suscitaban en las alcantarillas del Estado.

Siempre fue apreciado, y mucho, por los que trabajaron con él, y temido, y mucho, por los que lo tuvieron enfrente, y no solo los terroristas de ETA. Hombre de espíritu muy familiar, es fácil deducir que cualquier ataque a alguno de sus vástagos desencadenaría vientos y mareas incontrolables. No fue solo que en 2008 cesaran a su hijo Agustín, sino que alguien había tratado de desprestigiarlo rastreramente utilizando argumentos impresentables. El filtrador de la información no previó lo que parecía evidente: Andrés Cassinello podía tener ochenta años y estar más o menos desconectado de los centros de poder socialista, pero tocaría a rebato para defender el honor de su familia.

En 2004, cuatro años antes de la publicación de la noticia sobre el cese de Agustín Cassinello, la designación de José Bono como ministro de Defensa supuso que uno de los mayores pesos pesados en la historia del PSOE tomara el mando político sobre el CNI. El manchego nunca se había dejado mangonear y no iba a permitirlo en ese momento. El presidente Zapatero le había dado libertad a la hora de nombrar a sus colaboradores y él pensaba ejercer esa potestad.

Aun así, consultó previamente el nombre de su candidato. Consultar, solo eso. Como es tradición, habló con el rey Juan Carlos, que siempre tuvo una opinión informada e influyente. El monarca conocía a Alberto Saiz, había coincidido con él en algunas cacerías, lo que llevó a muchos medios a valorar que tuvo su aval para llegar al cargo. Nada más alejado de la realidad. Juan Carlos le dijo a Bono que Saiz le parecía un tipo simpático, sin duda válido, pero que no era el mejor hombre para dirigir el CNI. Le recomendó que mantuviera en el cargo al diplomático Jorge Dezcallar, a quien unos meses después invitó a la boda del príncipe Felipe con Letizia Ortiz.

En el Palacio de la Moncloa, Bono repitió a quien le quiso escuchar que lo más importante para el puesto era que tuviera su confianza, y Saiz, que había ocupado varios cargos en sus gobiernos de Castilla-La Mancha, era una persona leal y muy capaz. No sabía nada de espionaje, pero ya aprendería.

Entre los consultados también estuvo Luis Solana, uno de los principales expertos socialistas en el tema. Otra opinión más en contra. En este caso, alegando que el CNI necesitaba un perfil con experiencia internacional, que Saiz no tenía y Dezcallar sí. A Bono le dio todo igual —no lo negoció con el PP, como había ocurrido en casos anteriores— y nombró director a Alberto Saiz.

Para despejar dudas, en la toma de posesión de su equipo en el Ministerio de Defensa explicó cuál era su objetivo: «No pienso hablar del CNI más que en los despachos con el rey, con el presidente del Gobierno y con quien el presidente del Gobierno me ordene. Yo soy el único responsable».

Los dos años de Bono como ministro fueron de máxima tranquilidad para Saiz. Se entendía perfectamente con su jefe político, a quien le encantaba conocer la información que él manejaba y defendía al servicio frente a los roces tradicionales con la Guardia Civil y la Policía.

Su salida de Defensa en 2006 le abrió un nuevo frente a Saiz. El nuevo ministro José Antonio Alonso era influyente cerca de Rodríguez Zapatero, pero no tenía esa sintonía con el director del CNI. Fue el momento en el que Saiz ya había adoptado la nueva forma de trabajar en La Casa y los resquemores tradicionales en el Ministerio del Interior encontraron mucho más eco en su nuevo responsable, Alfredo Pérez Rubalcaba.

Rubalcaba se fue haciendo cada vez más receptivo al malestar que sentían las Fuerzas y Cuerpos de Seguridad del Estado por el comportamiento más agresivo de los agentes del CNI, y transmitió sus quejas en el Palacio de la Moncloa. Alonso no era enemigo para un político avezado en las cloacas como él, pero se encontró con que Saiz tenía allí un gran respaldo: la vicepresidenta María Teresa Fernández de la Vega.

Había varios motivos para ese apoyo, pero uno sobresalía de forma especial. En el inicio del mandato socialista, España había sufrido una oleada descontrolada de inmigración ilegal. Rodríguez Zapatero le había encargado a su vicepresidenta que la afrontara y esta había contado con muchas ayudas, pero la decisiva había sido la de Alberto Saiz. Gracias a su habilidad, al final lograron controlar la afluencia de inmigrantes por los esfuerzos subterráneos desplegados en sus países de origen.

Otro que era amigo de antaño de Rubalcaba, pero que respaldaba a Saiz, era José Enrique Serrano, el jefe de gabinete del presidente. Listo como nadie, se mostraba partidario de los nuevos métodos implementados por Saiz en el CNI, que estaban dando grandes resultados.

Con esos apoyos, más el empuje claro del presidente, las críticas del ministro del Interior tenían más eco en la prensa que en los centros de poder donde se adoptaban las decisiones políticas. Pérez Rubalcaba llegó al cargo para intentar poner fin al terrorismo etarra mediante una negociación que impulsó y que supuso apartar momentáneamente al CNI de la primera línea de combate, algo que consiguió con la aquiescencia de Rodríguez Zapatero. Otro gallo cantó cuando ETA rompió la tregua y Rubalcaba descubrió las capacidades técnicas de La Casa y se quedó fascinado con ellas. Desde ese momento, su relación con Saiz cambió. Se reunían todas las semanas o cada quince días, aumentó su confianza mutua y colaboraron a fondo para descabezar a la serpiente.

José Antonio Alonso terminó saliendo de Defensa y lo sustituyó Carme Chacón, una mujer con un peso político destacado y cercana desde hacía tiempo al presidente. La nueva ministra nunca congenió con Saiz. Este era un hombre de Bono, ella sospechaba que podía seguirle informando de lo que descubría La Casa y no le gustaba el hilo directo que mantenía con el Palacio de la Moncloa. Chacón sabía que la única forma de mandar sobre el CNI pasaba por descabalgar a su director y colocar a alguien de su total confianza, igual que había hecho Bono. Además, se sintió molesta cuando el presidente Rodríguez Zapatero le comunicó que para la lucha contra ETA, el CNI informaría directamente al ministro del Interior. No obstante, cuando Saiz acudía a despachar con ella, con frecuencia le enseñaba vídeos que su gente había captado de miembros de ETA moviéndose por Francia.

Con estos mimbres deslavazados en el Gobierno, a nadie le pasó desapercibida la relevancia que tenía la noticia de que Agustín Cassinello había sido cesado. No tardarían mucho en descubrir que esa era una de las mechas que haría detonar una bomba con efectos devastadores.

El día 15 de noviembre de 2008, una noticia publicada por *La Razón* confirmaba el cese de Agustín Cassinello en un contexto meramente informativo.[1] La prensa daba cuenta del hecho, comentaba que muchos estaban indignados, pero lo que casi nadie sabía era que un grupo de agentes y otras personas vinculadas indirectamente con el espionaje habían comenzado a montar una operación para acabar con Saiz.

Este grupo tendría entre sus filas a varios miembros de la División de Seguridad, una unidad con residencia fuera de las instalaciones centrales del servicio, en la madrileña calle de Arturo Soria. El motivo de esta separación estriba en que una de sus principales funciones es controlar a los propios agentes y garantizar su lealtad. Por lo que es mejor que nadie conozca a los integrantes de esta División.

Sus acciones desestabilizadoras comenzaron antes de que se difundiera el cese de Cassinello. Informaron al diario *El Mundo* y a mí mismo, en el programa *La Rosa de los Vientos* de Onda Cero, de los comportamientos irregulares de Saiz. Era el primer toque, aún muy suave, para alertar a la opinión pública de la situación que se vivía en La Casa. Cinco meses más tarde, en abril de 2009, el director cumplía el plazo de cinco años para el que había sido nombrado y el gobierno debería nombrar un sustituto... o concederle una prórroga por la misma duración.

La ley que creó el CNI en 2002 establecía ese periodo de tiempo en el cargo con el objetivo de evitar que se repitiera el escándalo que llevó a la dimisión de Emilio Alonso Manglano. Este fue un gran director durante los primeros seis o siete años, pero en los siguientes llevó a cabo un montón de actuaciones fuera de toda legalidad, en connivencia con su jefe político, Narcís Serra. Rodríguez Zapatero

1. Diego Mazón, «El Gobierno destituye al tercer director de inteligencia del CNI en cinco años», *La Razón*, 13 de noviembre de 2008.

olvidó el precedente (como tiempo después lo olvidaría el presidente Rajoy con Félix Sanz) y, como estaba encantado con Saiz, pensaba en la posibilidad de renovarle en el cargo.

La campaña de desprestigio tenía como objetivo que Saiz no fuera renovado en su cargo y que un nuevo director reordenara el funcionamiento de La Casa en los parámetros en que siempre se había movido. Parecía la única solución para que los 37 cesados recuperaran su estatus o, como mínimo, la calma.

Las informaciones empezaron a aparecer. El contacto con Onda Cero tardó una semana en materializarse y mientras tanto yo desmentí en antena que Agustín Cassinello hubiera podido ser cesado por un «déficit continuado de información». *El Mundo* ya había comenzado a denunciar el malestar en La Casa.

Poco después de esta primera iniciativa, surgió una aún más oscura. Andrés Cassinello pidió cita en el Palacio de la Moncloa. Allí se encontró, al menos, con el jefe de gabinete del presidente, José Enrique Serrano, al que conocía de la etapa de Felipe González en el Gobierno. No entró en la estrategia antiterrorista de Saiz porque sabía que este contaba con el pleno respaldo de Rodríguez Zapatero. Pero sí habló de las corruptelas que le habían contado sobre su hijo y que, si no lo evitaban, podrían publicar los medios de comunicación. Saiz no era para él un hombre íntegro, consideraba aceptable que no lo cesaran para evitar un escándalo, pero no debían renovarle en el cargo. Cassinello envió el mismo mensaje al Gobierno por la vía de un dirigente socialista que había tratado años antes en el País Vasco.

La información detallada que ofreció Andrés Cassinello preocupó al Gobierno, pero no tuvo la suficiente fuerza para hacerle cambiar de opinión. Rodríguez Zapatero y Fernández de la Vega interpretaron que la presión del teniente general estaba motivada por una venganza por el cese de su hijo y decidieron no hacerle caso.

Tras conocer los movimientos del padre de Agustín Cassinello y las primeras filtraciones, Saiz ordenó una investigación a la División de Seguridad para que descubrieran quiénes estaban detrás de las filtraciones que intentaban acabar con él.

El 15 de enero de 2009 el conspirador que informaba a Onda Cero del supuesto mal comportamiento de Saiz envió por correo electrónico un último mensaje: «Como te puedes imaginar, ya están al loro. Así que vigila tus cositas como antaño, o mejor, jaja. Siempre sin paranoias pero con lógica. Me vuelvo ya a tierra extraña. Gracias por escuchar y a ver si esto da buenos frutos ya que, pienso yo, que esto irá en beneficio de todos. Un saludo».

A diferencia de la información filtrada al diario *El Mundo*, e investigada con solvencia por Antonio Rubio y Casimiro García Abadillo, la que recibió Onda Cero hablaba poco de corruptelas y mucho de los auténticos motivos de la conspiración. El tema central era la forma en que Saiz dirigía la lucha contra ETA, que tan buenos resultados estaba ofreciendo y que respondía a la petición expresa del presidente.

Esa lucha estaba en manos de Francisco Montes, el jefe de la unidad operativa. Sánchez fue cesado por no aceptar su creciente influencia, Carrera se fue por el mismo motivo y Cassinello se enfrentó desde el primer momento a Saiz. Pero nada hizo cambiar los planes del director, que, como era habitual, seguía pasando la información obtenida a la Guardia Civil para que sus agentes ejecutaran las detenciones junto a la Gendarmería francesa.

El momento culminante del enredo, según las filtraciones a *La Rosa de los Vientos* de Onda Cero, se produjo el 17 de noviembre de 2008, cuando fue detenido en Cauterets Mikel Garikoitz Aspiazu, alias *Txeroki*, el número uno de ETA. Unos días antes, Montes decidió algo inusual en un alto cargo del CNI: viajó a Francia para participar en el operativo que se estaba montando. Los sublevados contra Saiz contaron que su intención era apartar de la misión a la Guardia Civil, pero que eso no fue aceptado por los franceses, que telefonearon a Saiz para quejarse. Al final, la operación se desarrolló como todas las antiterroristas, con presencia de la Policía francesa, la Guardia Civil y el CNI.

La lucha contra la banda terrorista, en la que los analistas de la Dirección de Inteligencia habían perdido su antigua influencia, fue el motivo de la campaña contra Saiz. El papel preponderante que jugaba Francisco Montes, cuyo fuerte y despreciativo carácter criticaban, fue durante años el objetivo prioritario de las familias del servicio. No solo no pudieron con él, sino que Montes cada vez adquirió más poder. Su única alternativa fue ir a por Saiz.

Había un tercer enemigo, tan minúsculo que lo apartaron de la primera línea de combate. Era Mercedes P., la jefa de gabinete, una castellano-manchega que había llegado de la mano de Saiz, la única persona de su entorno anterior que se llevó al CNI. Mujer tímida y servicial, entró como jefa de prensa para conocer La Casa. Un tiempo después asumió la jefatura del gabinete, un puesto de la máxima confianza, especialmente cuando un alto cargo acaba de llegar y necesita colaboradores leales a su alrededor.

Mercedes siempre intentó estar en un segundo plano, que no se mencionara su apellido. Algunas de las personas más cercanas a ella desconocían incluso dónde ejercía su trabajo. Como todos los hombres y mujeres que aterrizan en La Casa procedentes del mundo civil, fue mal recibida por el personal. No les gusta que estén allí, piensan que no comprenden cómo funciona el mundo del espionaje y se ofenden porque habiendo tanto funcionario dentro llegue gente de fuera para ocupar puestos relevantes. Todo el personal tiene que hacer cursos y someterse a evaluaciones, menos estos recién llegados, algo que los residentes ven injusto. Los boicotean de todas las formas posibles intentando que su estancia sea lo más corta posible. Eso se ha hecho siempre: ya lo sufrió una de las mujeres que se llevó el que fuera director en funciones en 1996, Jesús del Olmo, y lo sufrirían algunos colaboradores del actual director Félix Sanz.

Mercedes asumió sus funciones y tuvo algunos enfrentamientos con directivos de La Casa, que no le reconocían ninguna autoridad para darles órdenes. Una novata frente a experimentados agentes. Estos juraron venganza, pero mientras estuvo Saiz, nadie pudo hacer nada contra ella. No fue objeto de ataques en la conspiración porque no era un enemigo de peso. A ella la aniquilarían más adelante, sin esfuerzo, como quien lanza por la ventana la pluma de una paloma que el viento ha introducido en su casa.

La investigación de la División de Seguridad sobre la identidad de los rebeldes que conspiraban contra el director no había dado ningún resultado cuando un viernes de diciembre de 2008 se celebró en la sede central la tradicional copa de Navidad para agentes y exagentes. La soledad del director fue uno de los comentarios que más se oía entre el personal que conocía la batalla que se estaba librando.

No acudió Jorge Dezcallar, que como embajador en Estados Unidos tenía un buen pretexto. En Washington, junto a él, trabajaba Felipe Carrera, uno de los directores de Inteligencia cesados, con el que había mantenido una estupenda relación en La Casa.

Tampoco se presentó Javier Calderón, uno de los anteriores directores que había respetado a las familias y la forma de actuar tradicional de La Casa. Si hubieran tenido que colocarlo en algún bando, su simpatía habría estado con los críticos.

Y tampoco asistió, como era de prever, Andrés Cassinello, cuyos manejos ante el Gobierno eran conocidos, entre otras cosas porque Saiz se había colocado frente a él tras el cese de su hijo. No obstante, la asistencia fue masiva, como siempre, y nadie ajeno al conflicto notó que ya habían empezado los disparos entre los allí presentes y que en los meses siguientes caerían los misiles.

Para entonces, la cadena de dimisiones se había precipitado. Tras la salida de Agustín Cassinello, abandonaron el cargo voluntariamente sus tres colaboradores más directos: los responsables de Contraterrorismo, Contrainteligencia e Inteligencia Exterior. Los tres pensaban que Montes no podía dirigirlos y apoyaron la postura de su jefe. Era una rebeldía interna, lícita, a la cara. La muestra de que una parte del servicio estaba en contra de su director. Creaban una situación complicada, en la que los agentes más expertos en garantizar la seguridad del país habían dado un paso a un lado, sin duda resquebrajando el funcionamiento diario del CNI.

Elena Sánchez, la secretaria general y teórica número dos, tenía ante sí un panorama delicado. No estaba de acuerdo con las decisiones que estaba tomando Saiz, pero al mismo tiempo ella seguía ejerciendo sus funciones con el máximo esfuerzo. Veía que el servicio se iba a pique, le comentaba al director lo que pensaba, pero se mantenía leal. Navegaba entre dos aguas con un pie en la orilla de Saiz. No tardaría en llevar su nave al otro lado.

En abril de 2009 llegó el momento en que el presidente Rodríguez Zapatero debía decidir si renovaba el mandato de Saiz o nombraba un sucesor. Habían pasado unos meses en los que los conspiradores esperaban ansiosos el anuncio de su sustitución. Y esta se había debatido en el Palacio de la Moncloa y no hubo cambio de opinión. Todo estaba en el mismo punto que tras las advertencias lanzadas por Cassinello padre: gente descontenta de La Casa quería acabar con Saiz, pero su trabajo era del agrado del presidente. Una decisión a la que contribuyó el ministro del Interior Pérez Rubalcaba, que en los últimos tiempos había conectado con Saiz en la lucha contra ETA y era partidario de mantenerlo en el puesto.

El 14 de abril, *El Mundo* publicó una información en la que someramente, sin entrar en detalles, desvelaba los motivos por los que acusaban al director de corrupción:[2] viajes de trabajo convertidos en estancias de placer para cazar y hacer submarinismo, y uso de los fondos del servicio para beneficio personal. En la misma noticia, Saiz lo desmentía todo. La primera bomba había estallado, no era atómica pero tenía bastante potencia.

2. Antonio Rubio, «Agentes del CNI dicen que el director utiliza el centro en su propio beneficio», *El Mundo,* 14 de abril de 2009.

Ese mismo día el asunto entró en la agenda política. El presidente del PP, Mariano Rajoy, pidió que la ministra de Defensa, Carme Chacón, explicara en el Congreso esos asuntos turbios. Ya no era solo una investigación periodística sobre Saiz, ahora salpicaba al Gobierno.

Previendo lo que se iba a producir, Chacón citó al director del CNI en su despacho y le pidió explicaciones. La ministra ya sabía lo que había contado Cassinello padre y había leído el diario, pero le exigió a la cara que rindiera cuentas bien concretas. Sus aclaraciones le parecieron convincentes y así se lo transmitió Chacón a Rodríguez Zapatero, aunque en su fuero interno mantenía algunas dudas.

Con la opinión favorable de Pérez Rubalcaba, el presidente no cedió ante lo que consideraba un chantaje y el viernes 17 de abril renovó en el cargo, por cinco años más, a Alberto Saiz. Los rebeldes habían luchado para evitar esa decisión y confiaban en que su sustitución fuera el punto final de la campaña de desprestigio que habían orquestado contra él.

Tuvieron que pasar cerca de dos meses para que se publicaran las actuaciones de Saiz con todo lujo de detalles.[3] Entre ellas: «Acusan a Saiz de cazar y pescar en países exóticos con cargo al CNI», «Acusan a Saiz de colocar en el CNI a familiares y amigos», «Saiz somete a diez agentes del CNI a la máquina de la verdad» y «Saiz atribuye a resistencias al cambio las denuncias contra él».

La cascada de informaciones fue recibida en los partidos y en la opinión pública con desolación. El jefe del organismo más secreto del Estado aprovechaba sus viajes al extranjero para divertirse practicando sus deportes favoritos, utilizaba a agentes del servicio como meras chachas y parecía que no prestaba suficiente atención a los temas tan importantes a los que debía dedicar todo su tiempo. Los datos tan concretos dejaban en evidencia además un comportamiento tirano y egoísta, incompatible con un servidor público.

En una decisión inconcebible, había colocado a sobrinos y a los hijos de dos amigos en el servicio. Cuando el proceso de selección es tan complicado y pocos consiguen la ansiada plaza, él había metido a quien le daba la gana para que cobraran como funcionarios el resto

3. *El Mundo* fue el diario que publicó, a partir de 16 de junio, todas las informaciones sobre los comportamientos ilegales o inmorales de Saiz en su cargo, que llevaron a su dimisión.

de sus vidas. Además, ordenó adquirir un vehículo blindado BMW para su uso personal y un todoterreno para ir de caza. Una inversión que solo tenía sentido para cubrir sus necesidades, pero sin ninguna utilidad operativa.

En suma, las denuncias publicadas una tras otra sacaron a la luz un comportamiento irregular, ante el que sus argumentos en defensa propia no convencieron ni a los partidos de la oposición ni a la opinión pública. Para todos ellos era culpable. Zapatero tenía un problema, un grave problema.

Las acusaciones contra Saiz exponían argumentos muy poderosos que permitían deducir que su actuación no había sido limpia en el desempeño de su cargo. Tal y como fueron expuestas, demostraban una corrupción y un interés por aprovecharse de su posición que le hacían quedar mal y dañaban seriamente su imagen. Sin embargo, los hechos tienen otra perspectiva que solo es posible entender desde la óptica de lo que es un servicio de inteligencia.

Los espías de todo el mundo visitan con frecuencia a sus colegas de otros países para mantener reuniones y potenciar el conocimiento mutuo. Durante las mismas, el servicio del país receptor, de común acuerdo con el visitante, establece una agenda con reuniones de trabajo y algunas actividades para conocer la ciudad y algunas de sus ofertas turísticas. Todo lo paga el anfitrión. Es lógico, por lo tanto, que si a Saiz le gustaba cazar, los servicios secretos africanos o latinoamericanos que lo recibían le obsequiaran con una jornada para disfrutar de su pasión. Algunos servicios hasta invitan a encuentros sexuales. Cualquier cosa para que el visitante regrese contento. Lo que Saiz debió hacer era negarse a recibir esos regalos, un comportamiento que habría sido lógico en un político.

En la casa de un director de cualquier servicio de inteligencia, igual que en los pisos operativos, jamás entra un obrero de cualquier ramo que no trabaje en el propio centro. El motivo es muy simple: cualquiera de ellos podría ser captado por un servicio enemigo para que colocara un micrófono o una cámara. La seguridad exige tomar esa medida. Otra cosa es que el material empleado en las obras de la casa de Saiz fuera o no pagado por él. Según las facturas que enseñó, así fue. Porque el servicio no debe pagar nada que vaya más allá de las necesarias medidas de seguridad de que debe gozar su residencia particular.

Que se comprara un Volkswagen Tuareg para irse de caza es sin duda un gasto criticable. ¿Por qué había de tener un vehículo de esas características para una actividad de recreo? Aquí hay que recordar que anteriores directores habían gastado dinero de La Casa en pagar clubes privados, con grandes instalaciones, para su disfrute particular. Alegaron que necesitaban un lugar discreto para mantener reuniones más o menos confidenciales. En el caso del director Javier Calderón, La Casa siguió pagando, tras su sustitución, los gastos de su teléfono móvil durante varios años sin que nadie dijera nada. Saiz podría haber alegado que las cacerías a las que acudía frecuentemente eran un pretexto para tratar con personajes influyentes. Por cierto, a algunas de ellas acudió el rey. Se podía haber ahorrado la compra del Volkswagen, sin duda.

La colocación de sus sobrinos e hijos de amigos demuestra un comportamiento para beneficiar a su círculo más cercano, algo que no deben hacer los funcionarios públicos. Las actuaciones de los políticos que colocan a sus familiares han sido muy criticadas con razón por la sociedad española. Ahora bien, el contexto en el que Saiz tuvo ese comportamiento no le justifica, pero ayuda a entenderlo. El CNI es una de las empresas, si no la número uno, que más relaciones familiares tiene entre su personal. No solo consideran que no está mal, sino que es un mérito para el ingreso estar avalado por el padre, el hermano, el tío o el abuelo. No lo ven como algo negativo. Hasta tal punto que Agustín Cassinello tiene varios familiares en el CNI. Otros directores, como Javier Calderón o Félix Sanz, también tienen familia dentro de La Casa. Incluso en la etapa en que Sanz lleva dirigiendo el servicio, han entrado jóvenes que son hijos de altos mandos militares amigos suyos o con los que mantiene muy buena relación. Está mal, pero es una práctica endémica, no exclusiva de Saiz.

En definitiva, Alberto Saiz tuvo un comportamiento erróneo, denunciable y criticable, como quedó constatado en las declaraciones de diversos políticos. Eso sí, si Saiz no se hubiera enfrentado a la tradición y a las familias por imponer un sistema de espionaje que dio resultados, habría acabado su trabajo sin problemas y todos esos desvíos no habrían adquirido notoriedad. Como no las tuvieron —menores, mayores o similares— los de algunos anteriores directores.

La ministra de Defensa Carme Chacón visitó la sede del CNI poco tiempo después de asumir la cartera, en un acto protocolario en el que homenajeó a los agentes asesinados en Irak en 2003. Se encontró con que una mujer, Elena Sánchez, era la secretaria general y la invitó a pasarse por su despacho del Ministerio para conocerse. Le parecía interesante una mujer que había hecho carrera en una institución controlada tradicionalmente por hombres. De esta forma, abrió un hilo de comunicación directo con un directivo que no era Saiz.

Cuando estalló el escándalo, la ministra le pidió que fuera a verla. Quería información de primera mano sobre lo que estaba pasando. Elena Sánchez fue sincera. Le habló de los comportamientos de Saiz aceptando dádivas, de los gastos incontrolados en asuntos personales, y le explicó el creciente malestar interior, que estaba repercutiendo en la operatividad del servicio. Aseguró desconocer quiénes podían estar detrás de la trama, pero vaticinaba que las consecuencias del malestar podían derivar en un grave escándalo que perjudicara al Gobierno.

Sánchez se mostró disgustada con los métodos utilizados por el grupo de personas anónimas para denunciar las actuaciones de Saiz. Le parecía mal hasta tal punto que era la principal impulsora de la investigación de la División de Seguridad, que dependía directamente de ella. Pero eso no impedía que considerara que los sublevados tenían razón en sus denuncias.

No pasó mucho tiempo desde esa entrevista hasta que su jefe de gabinete entregó a la ministra un dosier elaborado por los rebeldes en el que aparecían detalladas todas las irregularidades del director del CNI. Era idéntica a la copia que Elena Sánchez le contó que había recibido de forma anónima. Chacón no supo quién le había hecho llegar el documento a su jefe de gabinete.

Desde entonces, las dos mujeres se mantuvieron en contacto de una manera directa. Ambas coincidían en que actuar por el bien común suponía que Saiz no siguiera al frente de La Casa. La ministra, porque siempre había querido tener en ese puesto a alguien más cercano, y la secretaria general porque sus simpatías estaban con los sublevados. Elena Sánchez podía deducir quiénes estaban tras la operación de derribo.

La investigación interna no consiguió concretar pruebas contra los sospechosos de filtrar los datos sobre el director. Sin duda, eran agentes en activo, con muchos años de experiencia. Las informaciones solo podían salir de agentes muy cercanos a Saiz, identificados como integrantes de la División de Seguridad, bajo el liderazgo de algunos de sus directivos.

En el colmo del maquiavelismo, algunos aseguran que fue Elena Sánchez quien recomendó a Saiz que diez agentes de Seguridad sospechosos pasaran por el polígrafo —la máquina de la verdad—. Esa máquina existe en el servicio secreto desde los años 80, gracias a la instrucción que por aquel entonces recibió un oficial de inteligencia de sus colegas del Mossad. No se utilizaba mucho, pero decidieron que esa decena de agentes se sometieran a ella dejando claro que era de manera voluntaria. Algo ridículo, pues el que se negara aceptaba la autoinculpación. El resultado no fue determinante en ningún caso. Y la medida no tardó en ser filtrada a la prensa. Al día siguiente de la exclusiva periodística, hasta el ministro de Justicia, Francisco Caamaño, mostró en público su oposición a tal uso.

Chacón transmitió las informaciones que recibía de Sánchez al presidente. Estaba convencida de que Saiz la había estado engañando desde el primer día. Una y otra vez le presentaba excusas para justificar sus actuaciones, aunque a ella habían dejado de convencerla. Estaba segura de que había cometido actos ilícitos y se había aprovechado de su cargo. Si Zapatero fue un muro frente a los primeros pelotazos contra Saiz, la aparición de datos de corrupción ablandó su postura. La gota que colmó el vaso fue el uso del polígrafo, tras lo que el Gobierno marcó distancias con él. La demostración fue el anuncio de que la ministra Chacón había ordenado una investigación sobre la conducta de Saiz, precisamente el día después de que compareciera ante el Congreso para dar explicaciones por segunda vez sobre las denuncias aparecidas en la prensa. Lo hizo de nuevo a petición del PP, para intentar colocar un cortafuegos a las críticas y poner distancia con Saiz. Esa investigación la coordinó un alto cargo de Defensa, obviamente con la ayuda de Elena Sánchez, la persona que ya había informado del comportamiento de su jefe.

Esta iniciativa transmitió a Saiz un mensaje claro: Rodríguez Zapatero había perdido su confianza en él. Se había convertido en un problema político y había que cortar por lo sano. El director fue consciente de que su final había llegado y telefoneó al Palacio de la Moncloa para pedir audiencia al presidente. No tardó en recibirlo. Le presentó su dimisión, consciente de que se había convertido en un virus contagioso para el Gobierno, que deseaba evitar el deterioro del CNI, aunque le repitió que era inocente de todo lo que los rebeldes habían filtrado a los medios de comunicación.

Algunos difundieron la dimisión de Saiz de una forma distinta. Atribuyeron a Rodríguez Zapatero una orden impartida a Chacón para que le comunicara a Saiz su cese. Según esta versión, la ministra decidió hacerlo al más puro estilo americano: celebrando una cena en sus dependencias personales en el Ministerio de Defensa. A la misma invitó también a Alfredo Pérez Rubalcaba, el gran defensor en los últimos tiempos de la continuidad del director del CNI. Chacón convocó a su colega un rato antes para informarle a solas. El titular de Interior se lo tomó mal, no comprendía la razón por la que el presidente no se lo había contado personalmente y decidió abandonar el Ministerio antes de que llegara Saiz. Chacón remató el encargo ella sola, en una conversación en la que acordaron el modo en que presentarían la decisión a la opinión pública. Algo falla en esta versión, ya que Chacón estaba de viaje oficial en Washington.

Solo quedaba por saber qué haría Rodríguez Zapatero con la información que le había facilitado Saiz respecto al grupo de agentes en activo que había podido participar en la conspiración. Según su opinión, había que tomar medidas contra los que habían generado el problema. Él se iba, pero el buen funcionamiento de La Casa exigía una limpieza pensando en el futuro.

José Luis Rodríguez Zapatero era un presidente que antes de tomar una decisión consultaba con todos aquellos cuya opinión valoraba. Escuchaba y luego actuaba. Una vez que decidió dejar de sostener a Alberto Saiz, el problema era qué hacer con el CNI. Necesitaba para sustituirlo a un candidato con personalidad, duro si hiciera falta, pero también con mano izquierda. Lo encontró en el mismo Palacio de la Moncloa: el teniente general Félix Sanz Roldán. Algunos aseguran que fue una recomendación de Chacón, a pesar de que no mantenía buenas relaciones con él. Esta apuesta por un militar contravenía la norma no escrita de que el director-secretario de Estado fuera un civil, pero eran momentos convulsos y la prioridad era apaciguar el conflicto interno en La Casa. Solo grupos minoritarios como el comunista levantaron la voz argumentando lo evidente: el nombramiento de un militar suponía un paso atrás en las históricas reformas del servicio de inteligencia.

Pero ¿qué debía hacer el presidente con los sublevados? En primer lugar, escuchó a sus colaboradores. José Bono fue el primero en hablar con él: no debían permitir que los responsables de la caza del director salieran indemnes; había que dar un escarmiento para que ese chantaje no se repitiera; un cargo nombrado por el Gobierno había tenido que dimitir porque un grupo de agentes molestos por sus ceses habían decidido acabar con su jefe. Eran argumentos convincentes que chocaron con los expuestos posteriormente por otras personas, entre las que pudo estar Carme Chacón, algo que no aceptan en su círculo cercano.

Los inconvenientes eran graves si se llevaba a cabo una purga en La Casa, aunque solo fuera el cese del que parecía el responsable de todo, el coronel Agustín Cassinello. Los sublevados habían adoptado un mecanismo de influencia en la sociedad para hacer llegar sus mensajes que podrían seguir utilizando si eran atacados. Conocían las entrañas del CNI, habían participado en numerosas operaciones en las que habían traspasado las fronteras de la legalidad y podían decidir filtrarlas a la prensa. Además, estaba Cassinello padre, en cuya cabeza se escondían numerosos secretos de Estado que llegado el caso podría esgrimir en defensa de lo que consideraba el honor injustamente atacado de su hijo.

Todos recordaban tristemente el caso de Juan Alberto Perote, el que fuera jefe de la unidad operativa. Maltratado por el director Alonso Manglano, tuvo que abandonar el CESID en 1991 y se llevó cientos de microfichas que demostraban, entre otras cosas, la participación de miembros del Gobierno de Felipe González en los GAL. Coaligado con el exbanquero Mario Conde, su primer disparo fue la publicación de un listado de conversaciones intervenidas al rey y a otros altos cargos, empresarios y políticos. Como consecuencia de ello, tuvieron que dimitir el director Alonso Manglano, el ministro de Defensa García Vargas y el vicepresidente Serra.

Lo que les esperaba si llevaban a cabo una purga en el CNI podría ser algo aún peor. Si guardaban silencio y dejaban correr el tema, todo se olvidaría y el Gobierno saldría indemne. Este argumento convenció a Rodríguez Zapatero, que le transmitió sus indicaciones a Sanz, al mismo tiempo que desde el Palacio de la Moncloa filtraban algunas informaciones hablando del posible cese de Agustín Cassinello, algo que sabían que no se produciría.

Por primera vez en la historia española un grupo de agentes conspiró para echar a su director por estar en desacuerdo con su forma de dirigir La Casa. El poder político no adoptaría medidas contra ellos. Un precedente que pesaría sobre la cabeza de cualquier director que en el futuro dirigiera el servicio de inteligencia.

Félix Sanz debía pacificar La Casa. Esa fue su prioridad cuando tomó posesión del cargo. Sabía cómo hacerlo y qué pasos debía dar. El presidente le encargó que nadie volviera a hablar del CNI. A ello se puso de inmediato.

Félix Sanz premia a los descontentos para pacificar La Casa

*U*na de las primeras cosas que hizo el teniente general Félix Sanz Roldán al frente del CNI fue organizar una reunión con Andrés Cassinello y Javier Calderón. Los dos habían sido directores del espionaje y podía justificar el encuentro como una forma de inmersión en el funcionamiento de La Casa. Si hubiera sido así, también podría haber invitado a los directores Emilio Alonso Manglano y Félix Miranda, incluso al director en funciones Jesús del Olmo. Pero su objetivo era otro. Los dos convocados conocían bien a los responsables de la sublevación y quería llegar a un acuerdo con ellos para que colaboraran en el trabajo de olvidar lo pasado y emprender una nueva etapa.

El nombramiento de un alto mando militar al frente del CNI fue aplaudido rabiosamente por la mayoría de los altos jefes del servicio y por todos los que directa o indirectamente habían colaborado en la sublevación. Algo había en ello de sentimiento de clan: los militares, mayoría entre los mandos, siempre han preferido tratar con un director militar como ellos, más proclive a entender las cualidades castrenses por encima de las civiles. Eso era un plus, pues tras el cese de Saiz cualquier otro que hubiera sido designado habría sido recibido con los brazos abiertos.

Tras su aterrizaje, Sanz necesitaba conocer al detalle lo que había pasado y poner a trabajar a todos los funcionarios en la misma dirección. Recuperar la operatividad perdida en los últimos meses, garantizarse que nadie repitiera un comportamiento similar y evitar que los partidarios de Saiz se sintieran tan vilipendiados como para tejer una venganza contra él. Hombre de reconocida capacidad para las relaciones públicas, simpático con quien le interesa y duro con quien se le enfrenta, supo desde el primer momento que la diplomacia debía ser su mejor arma.

A Andrés Cassinello le garantizó que su hijo no sufriría las represalias que algunos habían solicitado. A cambio, le pedía que aceptara buscar una salida lo más digna posible para Francisco Montes, el hombre más fiel a Saiz, y para Raquel Gutiérrez, la directora de Inteligencia que aceptó sustituir a Agustín Cassinello mostrando lealtad al director que más tarde sería destituido. *Quid pro quo:* tú cedes, yo cedo.

Para ganarse el apoyo de Cassinello y Calderón, les propuso que colaboraran con él en algunas de las amenazas a las que el CNI tenía que enfrentarse, como la procedente de Cataluña, que ambos habían tratado a lo largo de sus carreras y conocían bien.

A Agustín Cassinello le dejó que quedara como vencedor de la pasada batalla. Lo convirtió en su asesor, sin mando concreto en un primer momento, aunque con el paso del tiempo lo recuperó para dirigir un departamento. A uno de los agentes a sus órdenes directas que había dimitido en solidaridad con él, el subdirector de Contraterrorismo, le nombró director de Inteligencia. No pasaría mucho tiempo antes de que otro de los defenestrados, Miguel Sánchez, regresara de su exilio en Londres para ocupar un importante puesto en la cúpula a las órdenes precisamente del que antaño había sido uno de sus hombres de confianza.

Francisco Montes sabía que había perdido la batalla, que el poder adquirido por su Dirección de Operaciones iba a desvanecerse. En su primera conversación con Sanz le presentó su dimisión para allanarle el camino. Buscaría un destino en el extranjero —Colombia— para quitarse de en medio. Le parecía injusto, pero los espías saben cuando han perdido una batalla.

Raquel Gutiérrez también ofreció su renuncia. No había querido apoyar a los rebeldes y no tenía nada que hacer en la sede central. A cambio pidió irse a Marruecos, como jefa de delegación. Era una de las agentes que mejor conocía la idiosincrasia de ese país y se merecía ese premio a cambio de desaparecer unos años y ayudar a pacificar el ambiente. Al final, Sanz le dio en parte lo que pedía, pero como perdedora de la crisis y enfrentada al *establishment,* le hicieron un poco la vida imposible. En lugar de Rabat, la enviaron a Casablanca, un puesto inferior al solicitado. Como se suele decir, al enemigo ni agua. En este caso, solo media botella.

Sanz, astuto como nadie, tuvo una idea para finiquitar el conflicto que contó con el respaldo de la ministra Chacón. Decidió incluir a alguno de los agentes implicados en la guerra interna en la entrega de condecoraciones que el Ministerio de Defensa otorga en Navidades con motivo de la Pascua Militar. Premió a los dos militares responsables del enfrentamiento: Agustín Cassinello y Francisco Montes recibieron la Gran Cruz Militar con distintivo blanco. Eso sí, con la jerarquía que marcaba sus preferencias: en la lista aparecía primero Cassinello e inmediatamente después Montes. También concedieron a Raquel Gutiérrez la Gran Cruz al Mérito Naval con distintivo blanco. Todos contentos… más o menos. Y demostraron lo equivocada que era la frase que en 2016 escribió en el prólogo de un libro el exdirector Jorge Dezcallar[4] resaltando «la dificultad y la soledad en la que se desenvuelve el trabajo de los agentes de un servicio de inteligencia pues sus éxitos son raramente reconocidos y nadie pone medallas sobre sus pechos». Sin embargo, tras su salida del CNI tanto Jorge Dezcallar como su secretaria general, María Dolores Vilanova, recibieron una condecoración a propuesta de La Casa.

Tras la marcha al extranjero de dos de los colaboradores de Saiz, quedaba resolver la situación de una tercera: Mercedes P., su jefa de gabinete, la periodista que había llegado al CNI sin conocimientos de inteligencia y que había permanecido leal a quien la había contratado. Sanz no tuvo piedad con ella. Mercedes fue despedida alegando «falta de idoneidad», lo que significa que no reunía las cualidades necesarias para seguir en el espionaje. Había puesto firmes a muchos militares de alta graduación y la echaron de malas maneras.

Cuando se realiza un despido cruel o injusto en el CNI, siempre existe la posibilidad de que el afectado pueda considerar la posibilidad de vengarse y desvelar algunos de los trapos sucios que conoció durante su estancia. Para evitarlo, lo lógico es llegar a un acuerdo con el expulsado que lo ayude a llevar una vida normal en la sociedad civil. Con Mercedes P. no lo hicieron y prefirieron la vía salvaje. Tras su salida, la mujer recibió signos de presión y amedrentamiento suficientemente explícitos para comprender que el servicio lo sabía todo de ella y controlaban su día a día y su casa. Si hacía algo que los perjudicara, lo pagaría. Mercedes P. desapareció para siempre… calladita.

Tras el grave escándalo vivido durante meses en el CNI, resultó que Mercedes P. fue la única persona que resultó despedida

4. Antonio M. Díaz Fernández, *Espionaje para políticos,* con prólogo de Jorge Dezcallar, Valencia, Tirant Lo Blanch, 2016.

o sancionada. Sanz no castigó a nadie más, nadie pagó por sublevarse contra el anterior director. Unos recibieron medallas, otra fue expulsada y sobre los demás no se adoptaron medidas, absolutamente ninguna.

Elena Sánchez continuó en el cargo hasta el final de la legislatura. Quizás esperara que su ayuda para acabar con Saiz fuera recompensada, pero no fue así. Tras la llegada del PP al Gobierno tuvo que dejar hueco a Beatriz Méndez de Vigo, una mujer más cercana a los populares. Pidió irse a Washington y se lo concedieron. Regresaría años después, cumplido el tiempo de destino, para ocupar el importante puesto de subdirectora en la Dirección de Inteligencia.

Félix Sanz se dedicó a marcar distancias con la etapa anterior, mientras poco a poco iba recolocando a los cesados descontentos, admitiendo que el comportamiento de su antecesor no había estado bien. No entró a juzgar públicamente a Saiz, una consideración habitual de los directores con los que les preceden en el cargo para favorecer que cuando ellos se vayan su sustituto haga lo mismo. De cara a sus 3.500 agentes, mandó un mensaje tranquilizador: la crisis había sido producida por «una estructura demasiado plana» y el «exceso de discrecionalidad», además de la «inexistencia de una jerarquía y de una carrera profesional». Su diagnóstico no se ajustaba en nada a lo que había pasado, pero quería dejar claro a las familias reinantes que siempre habían controlado el servicio de inteligencia que la situación volvía al pasado. Todos tranquilos.

Hombre avispado, dado a las intrigas pero nada ducho en el día a día de las operaciones de espionaje, Sanz decidió quitarse de encima el mando directo sobre las direcciones de Inteligencia y Operaciones, y pasar la responsabilidad a la secretaria general. Elena Sánchez —más tarde Beatriz Méndez de Vigo y Paz Esteban— se ocuparía del funcionamiento del servicio, y él marcaría las directrices y dirigiría los grandes temas.

Para no aterrizar solo, Sanz se llevó a un militar y a un diplomático con él. Este último ejerció las funciones de jefe de gabinete, pero no duró mucho. Fue boicoteado por los mismos que hicieron el vacío a Mercedes P. No reconocían sus capacidades y manejaban los asuntos de tal forma que no se enterara de lo que pasaba y quedara mal ante el jefe.

Más adelante Sanz se llevó a un buen amigo y antiguo colaborador, el almirante José María Terán Elices, que, al igual que él, había sido cesado en su cargo tras la designación de Carme Chacón como ministra de Defensa. Su misión fue desarrollar un plan para hacer frente a un cierto desorden organizativo de La Casa, con la intención de sacar un mayor provecho a los medios humanos y materiales de los que disponían. Estuvo allí varios meses y luego se fue. La única concesión de Sanz a la ministra Chacón fue la colocación en el departamento de Prensa de un asesor de Comunicación que había trabajado con ella. Se amoldó perfectamente a su papel, encajó en los mecanismos del servicio y allí sigue haciendo una labor apreciada por su jefe.

Rodríguez Zapatero, que nunca había visitado el CNI quizás porque el director era más un hombre de Bono que suyo, acudió a la sede central el 13 de enero de 2011 con la habitual discreción que han mantenido todos los presidentes. No incluyó la visita en su agenda diaria, como si pasear por el CNI fuese un secreto de Estado. Por la información disponible, todos los presidentes de la democracia han acudido allí menos Felipe González.

Un detalle anecdótico surgió tras el nombramiento de Sanz. Tras las críticas a Saiz por colocar familiares y amigos, se descubrió que el nuevo director tenía un sobrino trabajando en el CNI. El teniente general contó que no lo sabía, poniendo en valor la discreción de los agentes. Algo que nadie con experiencia puede creer, especialmente si el sobrino es militar de carrera y su tío es un teniente general.

¿Cómo fue la relación de Sanz con Saiz? Al poco tiempo de abandonar su despacho, un día, sin previo aviso, desaparecieron los escoltas de la División de Seguridad que vigilaban la casa del exdirector. Como si alguien que ha estado al mando del CNI hasta unos días antes no precisara protección. Tras una discusión entre el afectado y Elena Sánchez, en que la secretaria general le dejó claro a Saiz el favor que le hacía, le pusieron seguridad privada en su casa, aunque no por mucho tiempo, hasta que la Policía asumió esa función durante un año. Esta decisión y otras con más tintes de advertencia, formaban parte del plan del servicio dirigido al «juguete roto»: almacenas mucha información que podría valer mucho dinero si se la vendes al enemigo por despecho, pero si cometes ese error, llegaremos a ti sin problema y lo pagarás. Otros directores como Jorge Dezcallar mantuvieron esa protección por parte del CNI durante bastante tiempo.

Tras poner tiritas en las heridas abiertas, Sanz volvió a establecer los viejos métodos. Los civiles volvieron a ver disminuidas sus crecientes posibilidades de ascender hasta los puestos más altos de la pirámide del poder frente al nuevo auge de los militares. La «civilización» de La Casa, que había sido una prioridad para los principales partidos políticos, como demuestran las actas de los debates parlamentarios sobre el tema en los años 80 y 90, la tiró el PSOE de Rodríguez Zapatero por un acantilado y el PP de Rajoy ratificó su despeñamiento cuando llegó al poder.

La Dirección de Operaciones bajó un escalón, las misiones para conseguir información por medios no habituales dejaron de ser una prioridad para volver a limitarse a atender lo que ordenara la Dirección de Inteligencia. Operaciones ya no era la avanzadilla del servicio. En el antiguo cuartel de El Pardo, sede de los agentes operativos, muchos se abrazaron cuando ETA declaró el alto el fuego permanente el 10 de enero de 2011. Sabían que sin su trabajo en la época de Saiz no se habría producido. Nadie de la nueva cúpula los felicitó.

Sanz comenzó su labor de relaciones públicas acercándose a los medios de comunicación para establecer hilos directos con sus responsables y así tratar de minimizar las informaciones negativas sobre ellos. Empezó a dar conferencias, en las que su tono amable y su poder de persuasión le sirvieron para ganarse a los asistentes. «Mi primera gran decepción cuando llegué a mi puesto —contó en una ocasión— es que no tenía un Aston Martin, ni mi secretaria se llamaba Moneypenny.»

El jefe de la División de Seguridad le dio algunas explicaciones sobre lo que podía contar y lo que no, y en alguna ocasión le tuvo que reprender por alguna metedura de pata…, como a algunos de sus antecesores. Sanz envió mensajes a la sociedad con su deseo de transparencia. Según él, los españoles tienen derecho a conocer lo que ellos hacen «hasta donde sea posible», porque están al servicio del pueblo realizando un trabajo «con el más estricto código ético y bajo el cumplimiento de la ley». Este será uno de los mensajes que más ha repetido en todo su mandato. Trabajan en las alcantarillas, viven en las alcantarillas, pero todo lo hacen por el bien de España.

La llegada de Mariano Rajoy a la presidencia del Gobierno supuso para Sanz un tiempo de interinidad, en el que todos los pronósticos apuntaban a que sería sustituido por alguien más cercano al Partido Popular. Hasta ese momento, en la historia de la democracia solo un director, Alonso Manglano, había sido nombrado por un gobierno (UCD) y mantenido por el siguiente de otro color (PSOE).

Sanz hizo bien sus tareas de relaciones públicas e influencias. Antiguos espías amigos del PP como Javier Calderón o José Luis Cortina, militares de alta graduación en activo y otros expertos aconsejaron mantenerlo en el cargo, hablando de su lealtad y de que no era un hombre de partido. Su mayor apoyo fue el rey Juan Carlos, con quien mantenía una antigua relación, y que lo prefería a cualquier otro que llegara con nula experiencia. Una preferencia influida por el hecho de que Sanz había creado un grupo especial dentro de La Casa que se ocupaba del caso Urdangarín con el objetivo de que sus consecuencias no salpicaran al monarca. Y también porque el experto teniente general había creado un lazo especial con el rey, facilitado por el hecho de que los dos tenían una mentalidad militar, apoyándolo en los temas controvertidos que le acosaban y actuando como consejero en todos ellos. Alguien que maneja la información, la buena información, la que circula en los cenáculos del poder, le contaba lo que se opinaba de sus actuaciones y le aconsejaba con inteligencia y discreción. Nunca llegaron a ser amigos, dicen que el rey no los tiene, pero sí se apoyó mucho en Sanz. Con el paso del tiempo, ante el acoso de los medios de comunicación por participar en una cacería de elefantes en Botsuana, mantener una relación sentimental con la princesa Corinna o permitir los negocios sucios de su yerno, uno de sus asesores permanentes y paño de lágrimas fue el director del CNI.

Sanz le informaba de las investigaciones que llevaban a cabo sus agentes sobre los asuntos de su yerno, pero también opinaba sobre la mala imagen que le daba su relación con la princesa Corinna. El jefe de los espías fue durante la etapa final del reinado de Juan Carlos I la persona que lo protegió de las críticas públicas, considerando que era el deber del CNI, aunque en ningún papel oficial aparezca esa misión. Excepto que el Gobierno lo incluyera en el plan de órdenes anuales para el CNI...

Antes de adoptar la decisión final sobre la designación de su director, Rajoy aplicó un cambio fundamental en el control político: eliminó la dependencia del CNI del Ministerio de Defensa y se la pasó al Ministerio de la Presidencia, cuya titular era la vicepresidenta Soraya Sáenz de Santamaría. Mujer competente, desconfiada, viva, calibró la posibilidad de que Sanz pudiera convertirse en uno de sus hombres de confianza, capaz de servir al Gobierno, aunque el PSOE no hubiera pactado con el PP su nombramiento.

Ambos se quedaron prendados el uno del otro. La apuesta de la vicepresidenta tenía dos ases en la manga: si no estaba conforme con él, cuando cumpliera los cinco años en el cargo podría cesarlo, y, por si acaso, cambió a su secretaria general por alguien en quien ella pudiera confiar y que, de alguna forma, controlara al director. La elegida fue Beatriz Méndez de Vigo, hermana de Íñigo, un importante dirigente interno del partido que terminaría siendo ministro.

La escasez de escándalos que le afectaran en los medios de comunicación ha jugado hasta ahora a favor de Sanz. También el hecho de que la cúpula profesional del servicio está con él. Hay temas, como el proceso independentista de Cataluña, en el que los resultados, en vista de los hechos, han sido poco positivos. Asimismo le echaron en cara algunas pifias, como no alertar con tiempo suficiente de la decisión tomada por el Gobierno argentino en abril del 2012 de nacionalizar la filial argentina de Repsol.

Por el contrario, ha cosechado grandes éxitos con proyección pública. Uno de ellos llevó a una imagen nunca vista: el 30 de marzo de 2014, los periodistas Javier Espinosa y Ricardo García Vilanova llegaron a la base aérea de Torrejón de Ardoz, en Madrid, tras pasar más de seis meses secuestrados en Siria. Además de sus familiares, allí estaban para recibirlos la vicepresidenta Sáenz de Santamaría y, a su lado, Félix Sanz. Un director del CNI apuntándose el tanto de la liberación, algo muy inusual.

Las buenas relaciones de Félix Sanz con la vicepresidenta Sáenz de Santamaría pasaron por un pésimo momento a mediados de 2017. La secretaria general Beatriz Méndez de Vigo fue el epicentro del enfrentamiento abierto. El director dejó de tener confianza en su subordinada, según algunos por la excesiva autonomía que había adquirido. Él era quien mandaba y a ella se le había olvidado. La buena relación de los primeros años se había aguado, quizás porque los dos habían adquirido una gran experiencia y sus puntos de vista para solucionar algunos problemas se habían distanciado.

En mayo Sanz se sintió fuerte. El desafío soberanista en Cataluña se acercaba peligrosamente y, además, el excomisario José Villarejo estaba preparando una querella contra él que suponía un órdago contra el CNI y el Gobierno, y en la que iba a acusar a los espías de diversas tropelías. Motivos que lo llevaban a sentirse blindado en el cargo, unido su destino al del Gobierno, que entonces no podía romper su relación con él.

Algún suceso grave pasó en La Casa que le permitió a Sanz sentarse delante de Sáenz de Santamaría para proponerle que sustituyera a Méndez de Vigo, nada más y nada menos que la hermana del portavoz del Gobierno. El cargo de secretaria general es un nombramiento del Consejo de Ministros, por lo que el director carece de capacidad para su cese.

Sabiendo que la vicepresidenta mantenía muy buena relación con Beatriz Méndez de Vigo, cuyo nombramiento había promovido, Sanz tenía claro que esa propuesta era un órdago: o salía la secretaria general o salía él. De hecho, el director no las tuvo todas consigo, pues tras la reunión contó a algunos amigos que el Gobierno podía cesarlo en cualquier momento.

Su cese no se produjo finalmente y la vicepresidenta optó por proponer la sustitución de la hermana del ministro con todo el dolor de su corazón y reemplazarla por la candidata del propio Sanz, su jefa de gabinete Paz Esteban López, de la cual conocía su cercanía ideológica al PP.

Los tiempos para juzgar a un director del servicio son siempre los mismos: hay que esperar a que se vaya y a que el paso de unos años permita conocer más profundamente lo que hizo y lo que no hizo. Siempre juzga la historia, una historia informada.

Jorge Dezcallar, el primer director que mantuvo a raya al Gobierno y los fallos en el 11-M y en el asesinato de agentes

Jorge Dezcallar, nombrado director del CESID en 2001, predecesor de Alberto Saiz, tuvo un mandato de tres años lleno de profundas reformas exitosas y algunas manchas de grandes dimensiones. Fue el primer director civil en la historia de La Casa y consiguió lo que ningún otro: mantener independencia y distancia del poder político. Conseguir un servicio secreto de Estado, y no de Gobierno, fue su mejor resultado. No se plegó al Ejecutivo de José María Aznar, no les dijo lo que querían escuchar ni cuando despreciaron sus informes que negaban que Irak tuviera armas de destrucción masiva. En su debe figuraron no evitar los atentados del 11-M y los errores cometidos en el despliegue de sus agentes en la guerra de Irak, que tuvieron mucho que ver con que pudieran asesinar a ocho de ellos.

El aterrizaje de Dezcallar fue intencionadamente pausado. Con la tranquilidad y sosiego con que los diplomáticos afrontan las situaciones peliagudas, esperando a levantar un pie hasta que el otro haya llegado al suelo, se tomó varios meses para enterarse de cómo funcionaba La Casa antes de adoptar ninguna iniciativa. Los numerosos agentes que pasaron por su despacho notaron, con el simple gesto de echar una ojeada a los objetos personales que se había traído, que un hombre con ese talante lo cambiaría todo. En un lugar destacado de la estantería había libros irreverentes para una casa como aquella: el humor gráfico desternillante de Quino con *Todo Mafalda*, el periodismo de investigación crítico de Bob Woodward, uno de los periodistas del Watergate, y las memorias descarnadas de un destacado profesional del espionaje, Peter Wright, *Cazador de espías*, que el Gobierno británico de Margaret Thatcher intentó censurar sin éxito.

Tras empaparse de la esencia del espionaje y dejar que sus subalternos lo conocieran, Dezcallar llevó a cabo una profunda reestructuración. Lo primero que hizo fue cambiar la imagen externa e interna de La Casa, tan necesitada de un vuelco tras largos años de aparecer públicamente implicada en ilegalidades como el espionaje indiscriminado a altos cargos políticos y a un partido político legal, o la colaboración con el terrorismo de Estado de los GAL. Con la aprobación en mayo del 2002 de la Ley reguladora del Centro Nacional de Inteligencia, acabó con el CESID y levantó el CNI. Cambió las palabras «defensa» por «nacional», alejándose de lo militar, e «información» por «inteligencia», poniendo énfasis en el valor del análisis y no solo en la obtención de datos.

Al mismo tiempo, consiguió la aprobación de la Ley Orgánica reguladora del Control Judicial Previo, referido a las entradas en domicilios e intervenciones telefónicas. Esta ley ha sido la que más ha influido en la necesaria tranquilidad de espíritu de los agentes, que habían estado muy molestos desde que en 1998 se descubrió que habían colocado micrófonos ilegalmente en la sede de Herri Batasuna en Vitoria. Por culpa de un mantenimiento chapucero de los micros instalados años antes, miembros de la entonces coalición política legal descubrieron que las interferencias que ensuciaban sus comunicaciones telefónicas se debían a pinchazos controlados desde el piso superior. El espía encargado de la recepción de las escuchas no se enteró de que había sido descubierto y solo tuvo tiempo, por suerte para él, de huir antes de ser pillado con las manos en la masa, dejando el piso operativo invadido de pruebas que identificaban al servicio de inteligencia. Desde él, intentaron llevar a cabo una operación de limpieza la noche posterior, mediante el envío de un equipo operativo, pero no consiguieron convencer a los que custodiaban el piso para que miraran a otro lado y fueran sordos durante un rato largo.

Durante años, los directores responsables de la operación, Emilio Alonso Manglano y Javier Calderón, pasearon por los tribunales junto a Mario Cantero, el agente responsable de escuchar las conversaciones y cuyo nombre aparecía en varios documentos encontrados en el piso. Al final, el Tribunal Supremo dejó en libertad a los directores y mantuvo la condena de dos años y medio para el simple funcionario. El Gobierno lo indultó parcialmente, lo justo para que no tuviera que ingresar en prisión. Calderón, el director en ese momento, se encontró con que ninguno de los agentes a sus órdenes entendía que él no hubiera asumido toda la responsabilidad, saltándose el principio de disciplina y jerarquía, tan importantes para el buen funcionamiento del servicio secreto, y pagara las consecuencias un agente. La designación de un magistrado del Supremo que autorice previamente las escuchas y las penetraciones clandestinas ha dejado establecido que este tipo de sucesos no volverá a producirse.

El siguiente paso de Jorge Dezcallar fue diseñar su propio equipo de trabajo y sustituir a la vieja guardia heredada de su antecesor Javier Calderón. Ahí desplegó su manto de diplomático de carrera para ganarse a las familias dominantes y poder dar un renovado impulso modernizador a La Casa, algo que sin duda consiguió. Buscó que nadie se quedara dentro del servicio con un resquemor que pudiera generar problemas, un ejemplo que no siguió su sucesor, Alberto Saiz.

Aurelio Madrigal, el secretario general y hombre de confianza de Calderón, estaba convencido de que iba a mantenerlo en su puesto, pero tuvo que abandonarlo para ser sustituido por María Dolores Vilanova. La decisión de encumbrar a una mujer fue políticamente acertada y abrió el camino a que otras fueran ascendiendo poco a poco en el servicio. Otros directivos, como Juárez y Miralles, fueron enviados a Ecuador y México, como fue su deseo. Algunos, como Laguna y Huertas, pasaron a la reserva. Y Alcañiz y Moro fueron cambiados de destino. Los que se quedaron estaban más o menos contentos: malestar desactivado.

Dezcallar reestructuró el organigrama de La Casa y puso en la cúspide del trabajo diario a un director de Inteligencia, cargo para el que nombró a Miguel Sánchez, alias *Samaniego*. Con una larga experiencia en asuntos de terrorismo, llevó a cabo su labor en estrecha unión con su director, al que un año antes de los atentados del 11-M le hizo ver la necesidad de potenciar de una forma especial el área de Terrorismo Yihadista, fenómeno emergente que parecía estar vinculado estrechamente a los atentados del 11-S en Estados Unidos y que él ya intuía que no tendría fronteras.

Los problemas burocráticos para contratar personal en la Administración son más complicados de lo que nadie puede imaginarse, a los que se suman los muchos meses necesarios para una contratación segura y de calidad en el servicio. Entre el momento de la toma de decisión en el CNI para potenciar esa área y hasta que se materializó el proceso pasaron varios años, demasiados. El traslado de agentes expertos de otras secciones no era algo sencillo —ETA todavía estaba en plena efervescencia—, porque todo el personal requiere un cierto tiempo para aprender las nuevas configuraciones de la amenaza que van a combatir. En cualquier caso, podían haberlo decidido antes, pero no lo hicieron, y pagaron las consecuencias.

Uno de los principales aciertos de Dezcallar, que el paso de los años ha puesto en valor, fue la creación del Centro Criptológico Nacional, el organismo encargado de proteger a España frente a ataques informáticos de todo tipo. La seguridad de que goza España actualmente en este conflictivo ámbito es mérito inicial suyo.

A principios de 2003, la invasión de Irak impulsada por el presidente de Estados Unidos, George Bush, marcaría el devenir de Dezcallar en su puesto. La gran justificación del ataque era la posibilidad de que Irak dispusiera de armas de destrucción masiva o que estuviera a punto de conseguirlas. La CIA informó al presidente Bush de que estaban seguros de las pérfidas intenciones de Sadam Husein, corroboradas por el MI6 británico. Sin embargo, el CNI actuó con la independencia que debería tener cualquier servicio —algo no demasiado usual— y transmitió a Aznar que sus propios datos reflejaban lo contrario. De entre toda la información a su alcance, el presidente del Gobierno eligió la que más convenía a sus intereses políticos internacionales.

El ataque se llevó a cabo y la invasión se materializó. Todo parecía muy lejano a España cuando en octubre de 2003 se produjo el asesinato del agente José Antonio Bernal en Bagdad y al mes siguiente el de siete agentes mientras preparaban el relevo de cuatro de ellos.

Los asesinatos pusieron en evidencia graves fallos en el diseño de la operación por parte del CNI. Partió de un error, un gravísimo error. Alberto Martínez y José Antonio Bernal, los dos agentes que habían estado consiguiendo información valiosísima desde varios años antes de iniciarse la guerra, fueron enviados de vuelta a Bagdad nada más consolidarse la invasión estadounidense. Alguien tenía que haber deducido que los integrantes del servicio secreto de Sadam, con los que habían mantenido buenas relaciones, y los diversos sectores con los que habían contactado habían pasado a formar parte de los grupos rebeldes clandestinos y querrían vengarse de ellos por el apoyo prestado por España a sus enemigos. Adujeron que nadie estaba tan preparado como ellos, pero el riesgo que corrían era demasiado elevado. Además, hubo fallos operativos porque desde Madrid no se les facilitaron las necesarias medidas de seguridad, como haberles dotado de vehículos blindados, que los habrían protegido de los disparos que en un primer momento acabaron con la vida de tres de ellos y con sus coches en la cuneta de la carretera.

Fue el mayor golpe recibido por el servicio secreto en toda su historia. Los hombres que se habían jugado la vida para informar al Gobierno de la tela de araña en la que se movía Irak habían perdido la vida. El acontecimiento hizo hervir la sangre al personal del CNI y provocó enfrentamientos graves de Dezcallar con el ministro de Defensa Federico Trillo. En el hospital Gómez Ulla, donde estaban realizando las autopsias e identificando los cadáveres, el ministro intentó acelerar el proceso para que el funeral se celebrara cuanto antes. No lo consiguió, Dezcallar se le enfrentó y dijo no, no y no. Algo que el antiguo ministro ha desmentido.

El otro gran fracaso del CNI en esa época fueron los atentados del 11-M, que costaron la vida a 192 personas. Tuvieron una grave responsabilidad los servicios policiales y de inteligencia, cuyo trabajo era evitarlos. Unos días antes, la División de Contraterrorismo había alertado a la Policía de que el terrorista Allekema Lamari y varios de sus secuaces habían desaparecido y podían estar tramando un atentado. La Policía no le dio la prioridad que el CNI consideraba, pero tampoco el director y los altos mandos de La Casa presionaron al Gobierno para que diera una alerta general. Este es un funcionamiento erróneo del servicio: a veces les basta con comunicar sus informaciones, como si después fuera suficiente para justificarse con un «nosotros lo habíamos avisado».

En virtud de esta alerta, lo que muchos no entienden es que tras los atentados no se dieran cuenta de que era la plasmación de la amenaza que ellos mismos habían anunciado, las bombas que Allekema Lamari quería hacer explotar contra España. En lugar de creer en sus propias informaciones, en un primer momento informaron al Gobierno de que podía haber sido ETA.

Los atentados de Madrid terminaron de enfrentar al director y a sus entonces 2200 funcionarios con el Gobierno en pleno. Dezcallar informó en caliente de que los datos iniciales apuntaban a una autoría de ETA. Luego cambiaron de parecer al conocer las primeras pistas de la investigación, que tardaron en conseguir porque el Gobierno se puso en manos de la Policía y apartó a los espías de las reuniones de crisis donde se intercambiaba información. Un gesto que dejaba claro que la independencia del poder político conseguida por Dezcallar lo había convertido en alguien en quien no se podía confiar en esos momentos.

Un comportamiento nada habitual. En cualquier crisis, Policía, Guardia Civil y CNI trabajan con sus propios medios y luego se sientan a compartir pistas y estrategia. Ni Dezcallar ni Sánchez, su director de Inteligencia, fueron invitados a ninguna reunión por más que el director del CNI lo pidió. «¿Por qué tuvimos que enterarnos por la televisión de las pistas encontradas en la furgoneta que habían utilizado algunos de los terroristas? —se preguntaban los espías que participaban en la célula de crisis montada en la sede central—. Podríamos haber avanzado mucho más deprisa en nuestras pesquisas con esos datos.» No lo dijeron abiertamente, pero tenían la certeza de que el Gobierno no los quería investigando, que deseaba que fuera la Policía, más fiel en esos momentos, la que controlara los datos y el tiempo de su exposición a la opinión pública.

A pesar de ello, fue un policía el que facilitó a La Casa el dato clave que los inclinó hacia la pista islamista. Con una imagen captada de la televisión, obtuvieron la matrícula de la furgoneta y encargaron a un policía de la Brigada Operativa de Apoyo que buscara a quién pertenecía. El resultado fue revelador: era auténtica, no había sido doblada, como siempre hacía la banda terrorista ETA.

Con un CNI aparcado durante los días siguientes a los atentados, cuando el Gobierno del PP perdió las elecciones entre grandes críticas de que había intentado culpar a ETA de la masacre para desviar la atención de la pista yihadista que señalaba como pretexto del atentado la participación española en la guerra de Irak, el Consejo de Ministros decidió desclasificar el 18 de marzo varios papeles del CNI para justificar su obcecación en la autoría. El ministro portavoz Eduardo Zaplana habló de que esos documentos reflejaban lo que ellos sabían en los momentos posteriores a los atentados. Y el ministro del Interior Ángel Acebes se regodeó en que a las 15.51 del 11 de marzo el CNI consideraba «casi segura» la autoría de ETA.

Los pasillos de la sede del servicio de inteligencia fueron un hervidero de crispación contra el Gobierno: los había echado a los leones para que los devoraran con la intención de justificarse. Los mismos que, al llegar al poder, habían alegado razones de Estado para negarse a desclasificar los papeles del CNI que podían implicar al anterior ejecutivo de Felipe González en la trama de los GAL se saltaban a la torera la norma básica de secreto de cualquier servicio de inteligencia. Lo de menos fue que algunos servicios de otros países cortaran el grifo del intercambio de información. Lo más grave fue el descrédito nacional e internacional que suponía esa filtración y el hecho de que un Gobierno guiado exclusivamente por sus propios intereses políticos decidiera de forma arbitraria, sin motivo ni un juez que lo exigiera legalmente, que se podían dar a conocer documentos clasificados.

Jorge Dezcallar estaba indignado tanto o más que su personal. Sentía que después de haberlos dejado fuera de la investigación, era «indecente e intolerable» que los utilizaran así. Intentó concertar una entrevista en el Palacio de la Moncloa con Aznar, pero ante su negativa lo llamó por teléfono y le presentó su dimisión. Aznar lo frenó con argumentos convincentes: no era el momento, había que dedicarse a perseguir a los terroristas. El director del CNI le hizo caso y lo dejó estar.

Cuando tras la llegada de José Luis Rodríguez Zapatero a La Moncloa se produjo su cese, Dezcallar reunió al personal en el salón de actos para despedirse. Al concluir sus palabras, sonó el aplauso más atronador que se ha oído nunca en el CNI, que aún continuaba cuando se subió al coche oficial que por última vez lo conduciría fuera de esas instalaciones. Seguro que un escalofrío le recorrió todo el cuerpo. O quizás recordó su comparecencia del 4 de septiembre del 2003 en la Comisión de Gastos para hablar de la participación española en la guerra de Irak. A pesar de la compañía del ministro Federico Trillo, con el que nunca tuvo buenas vibraciones y cuya presencia pretendía poner freno a cualquiera de sus excesos, se atrevió a declarar que su gente había dejado claro a Aznar que no había pruebas de que Irak tuviera armas de destrucción masiva. Una declaración osada, aunque fuera en una reunión secreta, que el Gobierno nunca le perdonó. Y que, según agentes del CNI, le hicieron pagar.[5]

5. Jorge Dezcallar ofrece su versión de lo que pasó durante su mandato en el CNI en un libro de memorias muy interesante: *Valió la pena: una vida entre diplomáticos y espías,* Barcelona, Península, 2015.

Javier Calderón: 15 millones de caja B
y la venganza que se sirve fría

¿*M*aneja el servicio de inteligencia una caja B a fin de cubrir algunos gastos excepcionales para los que el presupuesto oficial no les llega? Esta historia demuestra que durante años se manejó una cantidad muy elevada —alguna fuente habla de más de 15 millones de euros, más de dos mil millones de pesetas de la época—. Ocurrió durante el mandato de Emilio Alonso Manglano, se mantuvo durante el escaso año de Félix Miranda como director y estalló en la etapa de Javier Calderón.

La llave que abrió el arcón y expuso a la luz el secreto mejor guardado comenzó con un hecho casual. Diego Camacho era en 1995 un experimentado agente perteneciente a la División de Inteligencia Exterior, uno de los primeros que había salido al extranjero en la década de los 80, cuando todavía los asuntos internacionales pesaban poco en el servicio por la necesidad de dedicar la mayor parte de sus energías a los conflictos internos. Había dirigido durante muchos años las delegaciones en Guinea Ecuatorial, Costa Rica, Marruecos y Francia, siempre con su familia a cuestas. Un día, un amigo le preguntó si en cada una de sus mudanzas de ida y vuelta le habían pagado la llamada «indemnización por destino en el exterior». Era una cantidad estipulada en el 10 por ciento del sueldo, a la que tenía derecho por una norma estatal, igual que todos los diplomáticos.

Se quedó sorprendido, la desconocía por completo, a él no le habían sufragado nada de sus desplazamientos. Camacho se informó, como hacía siempre, antes de tomar una decisión. Descubrió que ninguno de sus compañeros de División había percibido esa indemnización legal cuando habían sido destinados al extranjero y que los diplomáticos del Ministerio de Asuntos Exteriores siempre la cobraban. Después corroboró que no era el servicio secreto el que tenía que desembolsarla de sus arcas, sino que era el Estado el que la incluía en los Presupuestos, dentro de la cantidad que anualmente transfería al servicio secreto. Antes de decir nada, también comprobó que el Estado había enviado al CESID las cantidades correspondientes y entonces ya sí que se quedó pasmado: La Casa se había quedado con sus indemnizaciones y con la de todos sus compañeros que habían sido destinados a delegaciones en el extranjero durante al menos trece años.

En su primera gestión con uno de los responsables de Administración y Servicios —los encargados de llevar las cuentas—, le contestaron con desaire que los agentes destinados al exterior ya cobraban un sueldo muy elevado por trabajar en otro país con respecto a sus compañeros asentados en España, y que no tenían motivo para quejarse.

Camacho había tocado sin pretenderlo una de las prácticas más camufladas en el interior del servicio de inteligencia: la existencia de una caja B. Emilio Alonso Manglano había creado un fondo oculto para gastos especiales que no podía cubrir con el presupuesto que le daba el Gobierno. Se desconoce de dónde procedía la mayor parte de los millones que contenía —entonces de pesetas—, pero una parte destacada era el dinero para cubrir las indemnizaciones por destino en el exterior. A veces, desde el CESID informaban a las autoridades políticas de determinados capítulos presupuestarios que no iba a gastar el Ministerio de Defensa y les pedían que se los pasaran antes de perderlos.

Félix Miranda, un general íntegro que aceptó el cargo de director del CESID como uno más de los servicios que prestó a España durante cuarenta años, fue informado de la existencia de esta caja B tras su nombramiento. Cuando aterrizó como un paracaidista en territorio extraño sabía que La Casa había vivido momentos convulsos. Sabía que el exjefe de la unidad operativa, Juan Alberto Perote, se había llevado microfichas del servicio que demostraban, entre otras muchas cosas, que habían colaborado con los GAL en su guerra sucia contra ETA. Lo que Miranda no se imaginaba es que el servicio acumulara un fondo de dinero sin declarar. Era más de lo que una persona honesta como él estaba dispuesto a soportar. Aprovechó un despacho con el ministro de Defensa Gustavo Suárez Pertierra para notificarle que quería entregarle más de dos mil millones de pesetas que eran de procedencia ilegal. Miranda abandonó el despacho sin conseguir pasarle el embolado a su jefe político.

En 1996, con la victoria del Partido Popular en las elecciones, José María Aznar nombró director del CESID a Javier Calderón. Poco tiempo después, Diego Camacho consiguió una entrevista con él y le expuso en su despacho lo que había descubierto en relación al dinero que les habían birlado por indemnización cada vez que él y sus compañeros salían a un destino en una delegación en el extranjero.

—Tienes razón —le reconoció Calderón—, pero no te la voy a dar porque tendría que meter en la cárcel a veinte tíos.

Desde ese año, el servicio secreto paga la indemnización a los delegados en el exterior cuando se van y al regresar. Sobre los años anteriores se corrió un tupido velo. Se desconoce qué pasó con el dinero de la caja B. Hay quien se ha preguntado en los últimos años de dónde ha sacado el CNI los millones de euros para pagar los rescates de los españoles secuestrados en el extranjero por grupos yihadistas. La flexibilidad de los fondos reservados, de la que no tienen que dar cuenta a nadie, siempre ha sido sospechosa.

Javier Calderón ha sido el único caso en la historia de los directores del servicio de inteligencia que llegó al cargo con experiencia anterior en espionaje. No es una tendencia repetida, porque tal y como funciona el CNI —y el resto de los servicios secretos del mundo occidental—, los Gobiernos prefieren poner al frente a un mando político, alguien desvinculado de la institución, que hace tándem con un secretario general que es un profesional del espionaje con acreditada carrera, conocedor de los entresijos de la institución.

Calderón entró en 1971 en el Alto Estado Mayor, donde ocupó varios destinos en Contrainteligencia y Subversión. Apoyado por el teniente general Manuel Gutiérrez Mellado, cuando se creó el CESID uniendo el Seced —dependiente de Presidencia del Gobierno— y la Segunda Sección del Alto Estado Mayor, el espía Calderón y su núcleo de colegas —José Luis Cortina, Florentino Ruiz Platero, Luis Guerrero y Juan Ortuño— se hicieron con el control de La Casa, que mantuvieron hasta unos meses después del 23-F, cuando Calderón abandonó el servicio por la puerta de atrás.

Aznar lo eligió al final de su carrera militar porque contaba con respaldos importantes dentro del Partido Popular desde la época en que Fraga estaba al frente. Le consideraba uno de los suyos. Lo que no se imaginó fue que aprovecharía su nombramiento para llevar a cabo una limpieza entre los antiguos enemigos que había dejado dentro. Habían pasado quince años desde que Calderón abandonó el servicio secreto, pero apenas esperó unos meses para ejecutar una venganza fría en su propio nombre, en el de algunos amigos e, incluso, en el de su hija.

Al poco de llegar al cargo, contravino el primer consejo que años después le daría el director de la CIA Leon Panetta a Félix Sanz: «No bajes al archivo». Se refería a que no quisiera conocer los grandes secretos históricos del país, que se esconden en el archivo del servicio de inteligencia. Calderón no bajó, sino que ordenó que le subieran a su despacho toda la información guardada sobre el frustrado golpe de Estado del 23-F. Conocía la absoluta discreción del personal de archivo y confiaba en que nadie se enteraría de sus pesquisas. El tema ya estaba olvidado en España, pero él llevaba clavada una espina en el corazón porque por esos tristes acontecimientos tuvo que abandonar silenciosamente el espionaje, y su gran amigo, José Luis Cortina, estuvo un año en prisión hasta que fue absuelto de todas las acusaciones en el juicio. Los responsables de su desgracia y del sufrimiento de su amigo se habían quedado en La Casa continuando su carrera. Llevó a cabo una serie de destituciones injustas que, sin embargo, no produjeron una sublevación interna como la que padeció años después Alberto Saiz.

Se creyó muy listo cuando aprovechó una reforma del personal que valoraba la idoneidad de todos los agentes para profesionalizar definitivamente a los que superaran el corte. De los más de 2000 agentes en activo en aquel entonces, solo consideraron no idóneos a 28. El proceso coincidió en el tiempo con declaraciones de varios políticos, entre ellos el presidente Aznar, que relacionaba ese proceso interno con la necesidad de limpiar La Casa tras los graves acontecimientos de la etapa final del *felipismo*, en la que el CESID se había visto envuelto en numerosos escándalos denunciados en la prensa por actuaciones fuera de la ley.

Entre los no idóneos estaban Diego Camacho y Juan Rando. Dos agentes de una valía demostrada que se habían jugado la vida en numerosas ocasiones y se contaban entre los mejores agentes. Si Camacho había estado defendiendo los intereses españoles en países conflictivos, Rando había llevado una carrera operativa muy complicada, luchando entre otros enemigos contra ETA y consiguiendo información valiosísima en países árabes donde la vida no valía nada.

Los dos trabajadores con una larga e intachable hoja de servicios comprendieron de inmediato que no los habían expulsado por no ser idóneos —algo imposible con los méritos acumulados—, sino que Calderón había ejecutado su venganza contra quienes habían dejado en evidencia la participación del servicio en el 23-F.

El director calculó mal la embestida. Pensó, quizás llevado por la prepotencia que ofrece el cargo, que los dos aceptarían la expulsión, y si no lo hacían allá ellos, él era quien mandaba y el Gobierno lo respaldaría. Camacho y Rando guardaron silencio hasta que desde el Gobierno vincularon a los expulsados con los responsables de los asuntos sucios de la etapa precedente. Podían aceptar muchas cosas, pero no esa injusticia. Ambos salieron a defenderse como gallos y contaron a la prensa, sin pelos en la lengua, todo lo que había pasado en el CESID el 23-F: cómo ellos denunciaron en su momento que había elementos de la unidad operativa, con su jefe José Luis Cortina al frente, que apoyaron el golpe, y cómo Calderón, que era el secretario general, se negó a hacer nada contra ellos, e incluso los protegió y les ofreció una coartada a su comportamiento, hasta el punto de que sospecharon que él también estaba en la pomada.

Durante meses, Calderón consiguió ver arrastrados por todos los medios de comunicación su nombre y el de Cortina en relación con el golpismo y la parte más sucia de la Transición. El ministro de Defensa Eduardo Serra terminó arrestando a Camacho por sus declaraciones a los medios de comunicación, y cuando vio que nada podía callarlo emitió una nota en la que reconoció que nada tenía que ver con los turbios sucesos que en los años anteriores habían implicado al CESID con la guerra sucia y el espionaje indiscriminado. Calderón guardó silencio sobre el 23-F, pero Camacho había conseguido su objetivo de limpiar su nombre.

La orden de arresto incluía a otro coronel del Ejército del Aire, Manuel Rey. Con una carrera impoluta que se ganó la confianza de Alonso Manglano, Rey también fue considerado no idóneo para servir en el espionaje aunque había estado en el gabinete del director, había llevado los asuntos de Gibraltar y había dirigido el departamento de Centroamérica. Mientras desempeñó este último cargo, su profesionalidad le llevó a enfrentarse con Beatriz Calderón y su padre se lo hizo pagar tiempo después expulsándolo.

Todo se remonta al momento en que Beatriz fue enviada a Nicaragua como delegada y exigió a su jefe en Madrid, Rey, que le transfiriera algunas fuentes que el anterior delegado, Carlos Guerrero, había abierto en el país. Esos contactos eran antisandinistas que el experto delegado del servicio había hecho a lo largo de mucho tiempo gracias a su carácter jovial y abierto, tomando muchas copas con ellos a lo largo de numerosas noches, hasta ganarse su confianza. Cuando esas personas alcanzaron el poder, no querían tratar con nadie que no fuera Guerrero, lo que suscitó un problema al salir destinado a un país cercano. Rey tomó la decisión que creyó más conveniente para el buen trabajo del CESID: Beatriz Calderón se ocuparía de los asuntos nicaragüenses y Carlos Guerrero seguiría manteniendo las relaciones con los altos cargos que solo confiaban en él. La mujer se sintió infravalorada, a pesar de que ya había conseguido establecer una relación estrecha con el jefe del espionaje local. Y su padre ajustó cuentas en cuanto llegó. De nada le sirvió a Rey que todas sus calificaciones anuales fueran muy buenas y que muchas de ellas incluyeran ampliaciones positivas manuscritas del director.

De entre todos los expulsados también destacó el caso de B. P., la jefa del archivo, que hasta entonces había realizado un trabajo impecable. Se desconoce la razón, pero se sospecha que tuvo que ver con ese informe del 23-F que Calderón pidió que le subieran nada más llegar al cargo. Así borró su rastro.

II

El universo particular de los espías

Tras la pista de El Lobo: la mujer manipulada

Corrían los años 90 cuando por primera vez encontré una pista sobre el paradero y las actividades clandestinas de Mikel Lejarza *El Lobo*, el agente secreto cuya vida más me apasionaba. No podía calibrar si era fiable o no, al menos hasta contrastarla. En el periodismo de investigación hay que dejarse llevar por un dato, por pequeño que sea, para tirar de él e intentar trepar hasta el centro de gravedad del asunto. A veces la cuerda se rompe de inmediato, pero si no peleas al menos el primer asalto del combate nunca sabrás si estás delante de una gran historia.

Todo comenzó con una carta anónima que me llegó a la redacción de *Tiempo*. Una mujer me escribía de su puño y letra pidiéndome ayuda —¡qué pena que el correo de papel se haya perdido!—. Debido a mi especialidad en asuntos de espionaje, daba por sentado que yo conocería la historia de un antiguo infiltrado en ETA llamado Mikel Lejarza. Ignoraba si yo le había tratado en persona, pero intuía que sí. Estaba equivocada. Había coincidido con él en varios programas de radio con motivo de la promoción de alguno de mis libros, pero por aquel entonces nunca habíamos compartido una cerveza. La mujer sin nombre aseguraba disponer de información interesante sobre el agente oscuro y al mismo tiempo quería que yo le facilitara algunos datos que no concretaba.

Las cartas que los periodistas recibimos de comunicantes anónimos suelen ser complicadas de interpretar. Ellos no quieren exponerse demasiado porque temen que identificarse y mostrar abiertamente sus objetivos les pueda perjudicar en su vida laboral o personal. En parte, tienen argumentos fundados para pensar así: conocen del periodista los trabajos que ha publicado, pero desconocen lo más importante, si es una persona de fiar. Todo se fundamenta en la confianza, esa cualidad humana tan complicada de transmitir que, unida a la honestidad, hace que las fuentes con más dudas se avengan a desvelar historias conflictivas que la opinión pública tiene derecho a conocer.

La mujer sin nombre me ofrecía una dirección de correo electrónico para ponerme en contacto con ella. Algo sabía ella del mundo de las alcantarillas, estaba claro que había creado la cuenta única y exclusivamente para comunicarse conmigo. Le contesté pidiéndole datos concretos que me ayudaran a aclarar el jeroglífico que me había planteado. Tras un intercambio de mensajes de tanteo, se sinceró: creía conocer personalmente a El Lobo y estaba interesada en mi ayuda para confirmarlo.

Me iba de vacaciones un par de días después y le propuse vernos a mi vuelta, a mediados de agosto. Yo me acercaría a Elche, donde ella vivía. Pagaría el hotel de mi bolsillo y no comentaría nada en el semanario hasta confirmar la utilidad de la pista. Cuantas menos personas supieran que iba tras las huellas del infiltrado más famoso de la historia de España, mucho mejor.

Llegué al territorio de la Dama de Elche la noche anterior a nuestra cita. Cené y paseé por la ciudad intentando descubrir lo que me podía deparar al día siguiente la entrevista con la mujer sin nombre. La posibilidad de conocer en persona a Lejarza, de descubrir la nueva infiltración que llevaba a cabo, hacía que mi corazón se acelerara, al mismo ritmo que siempre latía cuando estaba cerca de una gran investigación.

Era una mujer atractiva, en los cuarenta, tímida y nerviosa. Lo que tenía que contarme era mucho más importante para ella de lo que yo había podido imaginar. No fue al grano y empezó a dar vueltas consiguiendo aumentar mi despiste.

—¿Sabes cómo es físicamente El Lobo en estos momentos? —me preguntó para abrir boca.

—No tengo ni idea.

Se arrancó a hablar y ya no paró. Sus revelaciones me descolocaron. Estaba divorciada y hacía años había conocido a un hombre del que se enamoró perdidamente. No era de Elche, pasó por casualidad por allí a causa de un trabajo del que de entrada no le quiso contar nada. Cuando después de unos intensos días de pasión él reemprendió su camino, mantuvieron el contacto pero de una forma inusual. Ella no tenía su número de teléfono, él la llamaba cuando podía, que no era con mucha frecuencia. Pasó meses en un sinvivir a la espera de oír su voz y de recibir la buena noticia de que sus compromisos le permitían volver a estar con ella unos pocos días.

Tras varios encuentros, él le aclaró el enigma. No debía saberlo nadie, estaba en juego su vida, pero el amor que sentía por ella lo obligaba a saltarse las reglas y sincerarse: se llamaba Mikel Lejarza, alias *El Lobo*. Durante horas le explicó que trabajaba para el Estado como infiltrado y que muchas veces había estado en la cárcel por equivocación. Su vida corría peligro cada día y no podía quedarse mucho tiempo en el mismo sitio. Ella aceptó sus explicaciones, estaba loca por él y dispuesta a vivir una relación amorosa complicada con un héroe del país que estaba jugándose el cuello en operaciones que nunca le relataría.

Con el paso de los años, la mujer sin nombre comenzó a detectar situaciones extrañas que la mosquearon. Tanto tiempo de soledad y separación le dejaban muchos momentos para darle vueltas a su relación y empezaron a no encajarle algunas piezas del puzle que estaba viviendo. Tenía muchas dudas y necesitaba que yo se las resolviera.

Apenas tardé unos minutos en atar cabos y descubrir que el hombre que decía ser El Lobo era un farsante. Ella se quedó más tranquila y yo sin una historia que contar en mi revista. Un aprovechado —por definirlo finamente—, con mujer e hijos, se había hecho pasar por El Lobo para ligar y prolongar esa aventura. ¡Qué mejor coartada para aparecer y desaparecer! Solo quería acostarse con ella sin tener que dar explicaciones en casa.

El tipo despreciable tuvo suerte. En 2010 la Audiencia Nacional condenó a José Antonio Expósito a 22 meses de prisión por hacerse pasar por agente del Centro Nacional de Inteligencia, lo mismo que simuló él.

Años después descubrí que un profesor universitario le había contado a una de sus alumnas, también para ligar, que él en realidad era el periodista de infiltración Antonio Salas. Con tan mala suerte que su madre conocía a mi apreciado amigo y a él le salió mal el engaño.

Reclutamiento y endogamia:
«¿Has participado en una orgía?»

$\mathcal{L}$a chica tenía veinticinco años, pero dependiendo de la ropa que escogiera para vestirse aparentaba ser una jovencita o una chica madura. Era familia de militar, aunque no en primer grado. Un amigo de su padre trabajaba en el CNI y había hablado con ella en varias ocasiones intentando responder a las dudas sobre su sueño de convertirse en agente de La Casa. Apenas le había desvelado nada interesante y eran escasos los datos útiles de que disponía para afrontar las pruebas de acceso. «Los de reclutamiento son muy raros», fue una de las frases que le caló más hondo. ¿Raros?, ¿qué significaba que eran raros?

Clara, por llamarla de alguna forma, había terminado una carrera de Letras y tras deambular por cursos de especialización y trabajos de seis meses escasamente remunerados, decidió acometer el proceso de selección del servicio de inteligencia. Los únicos requisitos que exigían eran ser español y mayor de edad; no haber tenido problemas laborales o judiciales con la Administración; no tener defectos físicos; disponer de una titulación adecuada para acceder al puesto que se solicitaba, y estar dispuesto a trabajar fuera de su ciudad.

Cumplía todo lo exigido y le llamaba la atención esa labor en las sombras del poder, el sueldo entre 30.000 y 40.000 euros, la posibilidad de viajar al extranjero y trabajar al servicio de España. Le había dado a la idea bastantes vueltas en su cabeza y decidió apostar. Se lo comentó a su padre, quien se asesoró con su amigo espía. Envió una carta al departamento de Recursos Humanos en la que solicitaba ser tenida en cuenta para una plaza y adjuntó su currículum, en el que además de su carrera destacó que hablaba bastante bien inglés y francés.

En algún momento que ella desconocía, el amigo de la familia se puso en contacto con los de Recursos Humanos para recomendarla. En el servicio es muy importante que alguien de la máxima confianza respalde a un candidato, pues ayuda a garantizar su limpieza, algo prioritario en el proceso de selección. Los agentes que se venden o asumen comportamientos susceptibles de chantaje son lo peor que le puede pasar a un servicio de inteligencia.

Pasaron dos meses antes de que se pusieran en contacto con ella para convocarla a una primera prueba. Tuvo lugar un sábado, a una hora muy temprana, en el Pabellón de Cristal de la Casa de Campo, en Madrid. El CNI solo recurre a grandes locales —a veces su propia sala de conferencias— cuando quieren llevar a cabo pruebas con un elevado número de candidatos, aunque suele variar el lugar elegido.

Clara llegó un poco asustada, por mucho que sus padres le habían transmitido la necesidad de que estuviera tranquila, condición básica para afrontar con solvencia los exámenes. En nada contribuyó a relajarla que al entrar en el edificio le entregaran una bolsa en la que debía depositar todas sus pertenencias, incluido el teléfono móvil. Sin bolso y sin nada en los bolsillos de la elegante chaqueta negra con que se había vestido, entró en una enorme aula, en la que buscó el sitio que previamente le habían asignado. Una vez sentada, le entregaron unas hojas en las que figuraban sus datos de identificación, la empresa que la podía contratar —el CNI—, el tipo de puesto al que optaba —Grupo A (doctor, licenciado, ingeniero, arquitecto o enseñanza militar de grado superior)— y una serie de instrucciones relacionadas con las pruebas que iban a comenzar, entre las que se especificaba la necesidad de guardar secreto sobre todo lo que pasara en ellas y en los siguientes ejercicios y, si era admitida, durante todo el tiempo que permaneciera en La Casa. Si no lo cumplía, podría caer sobre ella todo el peso de la ley.

Una mujer llevaba la voz cantante y explicó a todos los aspirantes que disponían de un tiempo tasado para leer las hojas y decidir si las firmaban. Si no aceptaban las condiciones, debían abandonar la sala. Si pasado ese tiempo seguían sentados, ya no podrían dejar los exámenes hasta su finalización. Clara pensó que todos sus compañeros seguirían sentados y que el tono nada amistoso de la anfitriona era puro paripé. Sin embargo, ante su sorpresa, un reducido grupo de asistentes se levantó y salió del aula. Más tarde, en un descanso para recuperar fuerzas con un bocadillo, le oyó decir a un joven que estaba en un corrillo cercano que se había ido gente que desconocía el nombre de la empresa contratante y aquellos a los que se les había asignado un grupo de trabajo que no era el que correspondía a su titulación y aspiraciones.

El examen fue eterno. Estuvieron cerca de ocho horas escribiendo, con una corta parada para comer algo que les vendían en el mismo recinto. Aparte del joven que hizo ese comentario, la gente parecía temerosa de abrir la boca, nadie se fiaba de nadie, ni siquiera de los camareros. Psicosis lógica de la primera experiencia en el mundo del espionaje.

Las preguntas fueron básicamente de cultura general, con especial incidencia en Derecho, Economía y Relaciones Internacionales. Había temas que controlaba más y otros que contestó en virtud del conocimiento que había adquirido leyendo los periódicos y viendo los informativos de televisión. Sabía que para ser analista de inteligencia era muy importante estar al día de los asuntos más importantes. También hubo cuestionarios sobre su vida pasada y presente que le resultaron fáciles de contestar, pues aplicó la recomendación del amigo de su padre: di siempre la verdad.

Agotada, volvió a casa sin saber explicar si lo había hecho bien, mal o fatal. El regusto extraño solo se disiparía un mes después cuando recibió la llamada de su reclutador —«señor…»—, quien la felicitó por aprobar la primera prueba y la convocó para la siguiente en un piso de la calle Menéndez Pelayo, frente al Retiro, siempre en Madrid. Este piso es uno de los más antiguos del CNI; en la dictadura perteneció al Seced.

El carácter masivo del primer examen ya era historia. En esta ocasión un grupo más reducido de opositores tuvo que hacer frente durante varias horas a un ejercicio sicotécnico. Cientos de preguntas en forma de test, muchas de ellas enrevesadas y sorprendentes, buscaban contradicciones y perseguían descubrir cómo pensaban realmente sobre los temas personales más conflictivos. De nuevo, decir siempre la verdad la guió por el camino adecuado, aunque tuvo sus dudas ante preguntas confusas y enmarañadas que le formularon desde distintos puntos de vista.

Pasó otro mes de dudas hasta que el mismo reclutador —«señor…»— la telefoneó para convocarla a una tercera prueba. Le advirtió que habría un examen sobre la Constitución, por lo que le recomendó que se la estudiara a fondo. También le pidió que acudiera a la reunión con una serie de documentos: DNI en vigor, carné de conducir, pasaporte, libro de familia, libro de escolaridad, expediente universitario, informe de vida laboral, última declaración de Hacienda, cartas o notificaciones de despido, contratos de alquiler, nota simple y balance de cuentas expedido por el Registro

Mercantil y extracto de movimientos de cuentas bancarias de los últimos seis meses.

Clara no tenía nada que ocultar, pero se quedó descolocada por el hecho de tener que abrir de par en par las puertas de su intimidad a una gente a la que no conocía. Una cosa era presentar el certificado de sus notas en la universidad y otra mostrar su declaración de la renta. No es que hubiera hecho algo inconfesable pero, entre otras cosas, le producía cierta vergüenza contarles lo poco que había ganado en el último año. Empezó a entender al amigo de su padre cuando le advirtió de que durante la evaluación le requerirían las cosas más extrañas.

Al llegar otra vez al mismo piso de Menéndez Pelayo, se encontró con que había menguado el número de convocados. Su reclutador se reunió con ella en un despacho y le entregó un documento de varias hojas que le pidió que leyera detenidamente. Si estaba conforme, debía firmarlo. En el mismo se especificaba que, ateniéndose a la Ley 11/2002 Reguladora del Centro Nacional de Inteligencia y a la Ley de Secretos Oficiales, debía guardar silencio sobre todos los aspectos de su relación con el servicio de inteligencia en una restricción más detallada y formal que la que aceptó en la primera prueba. No podía comentar con nadie, ni siquiera sus familiares más allegados, el contenido de los ejercicios ni de nada que le pidieran —por este motivo no damos su nombre real—. Se sintió desconcertada, no podría comentarles a sus padres lo que pasara ese día, ni a sus más íntimas amigas. Pero para entonces su mentalidad había evolucionado, se sentía ilusionada de poder llegar a ser una oficial de inteligencia. Miles de funcionarios convivían a diario con esas restricciones personales sin que les supusiera un impedimento y ella podría hacerlo igual o mejor que ellos.

Firmó y pasó a una sala para hacer el examen sobre la Constitución, del que por primera vez salió satisfecha. Una alegría que no le duraría mucho. Tras un descanso, la invitaron a pasar a otro despacho para una entrevista personal, nada complicada en apariencia. Una mujer de algo más de 30 años le preguntó por su vida personal, aunque de una manera genérica: detalles sobre sus estudios y sus sensaciones sobre la universidad en que había estudiado, dónde había trabajado, si tenía novio o con qué ideología política se sentían más a gusto sus familiares. Después revisaron conjuntamente las fotocopias y originales de los documentos que había aportado. De nuevo, más preguntas personales sobre su padre, su madre, su hermano, sus acompañantes en los viajes al extranjero, el escaso movimiento de su cuenta bancaria…

Al salir, se paró delante de un semáforo, cruzó la calle y entró en El Retiro para pasear. Tenía que desintoxicarse, «ha sido muy fuerte». Se había sentido una traidora al desvelar datos íntimos de todas las personas a las que quería. Había respetado el consejo recibido —«Di siempre la verdad»—, pero a veces no entendía para qué querían tantas especificaciones sobre su ámbito privado. Pero eso no fue lo que más ansiedad le produjo ni lo que la llevó a intentar relajarse bajo los árboles del parque. Había tenido la sensación de que la mujer que la había interrogado conocía algunas de las respuestas a sus preguntas antes de que ella se las diera. La habían investigado, seguro, quizás alguien que en ese momento la estaba siguiendo sin que ella se diera cuenta.

Los requisitos de seguridad no solo obligan a la División encargada de ella a comprobar todos y cada uno de los detalles de la vida del aspirante cotejando los datos que aporta con los existentes en los registros. Algunos agentes se encargan también de hablar, con suma discreción, con amigos y familiares, empleadores y compañeros de trabajo. E incluso siguen al candidato durante el tiempo que haga falta para conocer sus rutinas, ver cómo se comporta cuando sale de fiesta y averiguar si esconde algún vicio. Pocas cosas son determinantes por sí solas para no aceptarle en el servicio si se lo ha declarado previamente a sus reclutadores, pero el ocultamiento intencionado de detalles como podría ser el verdadero motivo de una separación amorosa supone la ruptura del lazo de confianza que debe regir la relación entre La Casa y sus agentes.

Durante el mes siguiente las contradicciones siguieron aflorando en Clara, pero no la hicieron desistir de su empeño. De nuevo fue convocada a otra prueba, esta vez de idiomas. Durante poco más de media hora estuvo hablando en inglés y francés con varias personas hasta que les demostró la gran soltura que tenía en ambas lenguas.

Ya no quedaban más tipos de exámenes teóricos y el siguiente fue práctico. La citaron un lunes en un local de la calle Príncipe de Vergara. Se integró en un grupo de 25 candidatos que durante esa semana, de 8 de la mañana a 10 de la noche, fueron evaluados por varios agentes. Tenían que desarrollar todo tipo de ejercicios continuos para valorar sus capacidades. Lo primero que hicieron fue salir de uno en uno a la tarima y presentarse delante del resto de compañeros y de los cuatro agentes de la Dirección de Recursos Humanos que, sentados en la última fila, tomaban notas de lo que decían y cómo lo decían. Al finalizar todas las exposiciones, les plantearon el primer ejercicio: debían escribir una redacción con todo lo que habían visto cuando estaban hablando desde la tarima. Al acabar ese primer día, todos recibieron libros distintos sobre teoría política que debían leerse y sobre los que les examinarían dos días después. Si no era suficiente estar catorce horas allí, también les mandaban trabajo para casa. Clara apenas durmió durante esas jornadas en las que continuamente estuvieron poniendo a prueba sus competencias innatas para ser una buena oficial de inteligencia.

Tras el paréntesis rutinario de un mes, de nuevo el «señor...» la invitó a una reunión, esta vez en la sede del CNI en la A-6, la autovía entre Madrid y A Coruña. Allí se encontró con lo que, a pesar de todo lo pasado, nunca habría podido imaginar. Una mujer la entrevistó durante muchas horas, una eternidad —quizás se lo pareció a ella y no fueron tantas—. Los reclutadores que había tenido hasta ese momento nunca habían sido especialmente amables, pero la crudeza de esa señora fue estresante. «¿Quiénes han sido tus novios?, ¿por qué habéis roto?, ¿hasta dónde llegaste con ellos? ¿Has participado en orgías? ¿Le harías ascos a participar en una si supieras que nadie se iba a enterar? ¿Bebes diariamente?, ¿cuánto?, ¿qué te gusta?, ¿cuántas veces te has emborrachado? ¿Te drogas?, al menos ¿te has fumado un porro? ¿Has mantenido alguna relación homosexual?, ¿te importaría hacer un trío con un hombre y otra mujer?»

Cuando acabó el interminable interrogatorio se sintió morir. Le vino muy bien haber firmado el documento que le prohibía contar nada del proceso de selección, fue un pretexto ideal para poder mentir en casa: no podía contarles a sus padres el contenido del interrogatorio. No era una mojigata, pero esas preguntas violaron su intimidad. Lo peor era que no estaba segura de las respuestas que había dado a tantas y tantas cuestiones que nunca se había planteado en serio.

Llegó a la convicción de que no sabía dónde se iba a meter. Les dio mil vueltas a las experiencias que había vivido y tuvo que reconocer que seguía deseando entrar en el CNI. Podía parecer una contradicción, pero quizás era el tributo que debía pagar para desarrollar el trabajo de sus sueños. Había que ser muy limpio y honesto para ingresar.

Las semanas pasaron, empezó a pensar que había metido la pata en algo, pero el reclutador volvió a convocarla a una nueva prueba en la sede. El sudor frío se apoderó de ella cuando en la sala se encontró con dos mujeres desconocidas dispuestas a interrogarla. La pesadilla del mes anterior se repitió elevada al cuadrado. Le formularon las mismas preguntas y otras peores, quizás para buscar contradicciones con las respuestas que había ofrecido la primera vez. Se sintió desolada y salió convencida de que no la aceptarían.

El tiempo pasó con más lentitud y la intriga se resolvió un día cuando su padre le entregó una carta. De una forma impersonal, alguien no identificado del CNI le notificaba que no había sido admitida. No exponían razones, nunca las supo. Quizás sus respuestas extrañas a preguntas más extrañas, o quizás que en los seguimientos a los que fue sometida descubrieron algo que no les gustó. Unos meses después, Clara acudió a un periodista especializado en asuntos de espionaje para contarle su experiencia y que le ayudara a averiguar por qué razón no la habían aceptado y si podía volver a presentarse. Cuando descubrió que carecía de posibilidades de ser algún día una espía del CNI, con los ojos llorosos recordó la frase que le había dicho el amigo de su padre: «Es que los de reclutamiento son muy raros».

El proceso de captación de agentes adquirió una importancia trascendental tras los atentados del 11-M, cuando el CNI pasó en unos años de poco más de 2200 agentes a 3500. Y mantuvo su trascendencia cuando en 2016 el director Félix Sanz anunció un nuevo proceso de ampliación hasta los 4000 agentes. Todas esas contrataciones tenían oficialmente su origen en la necesidad de potenciar la lucha contra el terrorismo islamista, aunque una gran parte de los nuevos agentes fueron a cubrir plazas para hacer frente a otro tipo de amenazas importantes como las procedentes del mundo de Internet.

Dentro de la Dirección de Inteligencia, que abarca todas las divisiones encargadas de obtener información sobre cualquier asunto de interés para el Gobierno, las pruebas que tienen que pasar los jóvenes que desean optar a una plaza no son las mismas si quieren cubrir un puesto de oficial de inteligencia, como Clara, u otros de menor nivel pertenecientes al grupo C, para los que se exige un título académico menor: bachiller, formación profesional de segundo grado o enseñanza militar de grado básico.

Antonio, por llamarle de algún modo, carecía de estudios universitarios cuando un amigo de toda la vida le anunció feliz que había conseguido una plaza en el servicio. Llevaban mucho tiempo compartiendo su afición al espionaje y la posibilidad de encontrar allí un puesto de trabajo estimulante, estable y bien pagado. Su amigo había comenzado el proceso antes y lo concluyó con éxito, así que él se animó a probar suerte. Pocos eran los datos que le contó sobre las pruebas alegando que podía perder la plaza porque el CNI realiza un proceso de investigación de candidatos en el que se enteran de todo lo que haces y dices.

El joven Antonio, que trabajaba como auxiliar en una gran empresa de una localidad cercana a Madrid, eligió para mandar sus datos y el currículum la vía más utilizada por los candidatos: un correo a la página www.cni.es. Después siguió el consejo más útil que le había dado su amigo: tener paciencia, mucha paciencia, y no cejar en el empeño.

No pasó mucho tiempo, al menos a Antonio no se lo pareció, antes de que le telefonearan para convocarlo a una prueba en un centro de enseñanza privada en el madrileño barrio de Salamanca. Como si fuera una oposición civil cualquiera, tuvo que responder a unos cuestionarios técnicos sobre su especialidad. No hubo nada extraño que le hiciera pensar que estaba en un ámbito laboral especialmente engorroso y conflictivo.

No había pasado un mes cuando un hombre que dijo llamarse «señor…» lo convocó a una segunda prueba en el mismo centro de la calle Príncipe de Vergara al que en su día acudió Clara. Todo empezó a cambiar en el momento en que Antonio traspasó la puerta. Con suma amabilidad, lo invitaron a depositar sus pertenencias —incluido el teléfono móvil— en un casillero y a pasar después por un detector de metales. A continuación le asignaron una silla en un aula en la que se pasó desde las ocho de la mañana hasta las seis de la tarde. Siempre la misma táctica sicológica de desgaste para probar la resistencia del solicitante. Respondió a numerosos test sicotécnicos y escribió diversas redacciones sobre su vida, en las que debía retratar con nombres y datos concretos los principales hitos de sus veintitantos años.

Su controlador, que siempre anteponía a su supuesto nombre de pila el tratamiento de «señor», lo invitó a una tercera prueba en la que lo de menos fueron los cuestionarios de inglés a los que se enfrentó. Antes de empezar, se sentaron en un despacho donde le entregó el mismo pliego de hojas que deben firmar todos los candidatos: la necesidad de guardar silencio a partir de ese momento sobre el proceso de reclutamiento ateniéndose a la Ley Reguladora del CNI y a la Ley de Secretos Oficiales, si no quería tener problemas con la Justicia.

Antonio se quedó descolocado ante aquella situación forzada. Tras leerlo, tenía delante al «señor…», que lo miraba esperando que rubricara el documento o se fuera y se olvidara de todo. Firmó, sus ganas de trabajar en el CNI eran muy superiores a sus recelos.

Entonces, solo entonces, recibió un *pendrive* que incluía un documento de Word llamado «datoscomplementarios.doc» que debía rellenar en su casa y enviarlo a un apartado de correos de Madrid. En cuanto estuvo frente a su ordenador, abrió el documento y se quedó pasmado al encontrarse más de cincuenta folios de preguntas en los que le requerían, entre otros datos, los nombres de todos sus familiares y amigos, incluyendo a ser posible su número de DNI; el teléfono y el nombre de su pareja, su tendencia sexual, sus relaciones amorosas antiguas, si bebía poco o mucho, si se había drogado alguna vez, si había tenido relaciones homosexuales... En otro apartado se le solicitaban fotocopias de numerosos documentos, los mismos que a Clara: libro de familia, última declaración de Hacienda, extractos de movimientos de sus cuentas bancarias...

Ese día fue el primero en el que Antonio notó que el corazón se le aceleraba y que empezaba a sudar sin control. Se quedó inmóvil delante del ordenador y dudó si merecía la pena meterse en ese berenjenal a cambio de exhibir su vida ante unos desconocidos que no sabía qué harían con sus datos. Decidió pensarlo detenidamente. Esa noche le dio vueltas en la cama y al día siguiente acometió la laboriosa tarea de buscar los justificantes y rellenar todas y cada una de las respuestas. Llegaría hasta el final sin pensar lo que estaba cediendo en el camino. Envió la documentación a la dirección acordada y esperó.

Pasó poco más de un mes, y esta espera se le hizo eterna. Cada vez que estaba en el gimnasio o en un lugar sin cobertura para el móvil y luego se encontraba con una llamada perdida, se le revolucionaba el cuerpo. Antonio se acercaba a los treinta, y era un profesional independiente en asuntos de seguridad al que le molestaba ese estado de ansiedad tan impropio que se apoderaba de él.

La llamada finalmente llegó. Sintió una cierta alegría al enterarse de que la nueva prueba la tendría que pasar en la sede del CNI. Eso quería decir que estaba alcanzando el final del arduo camino. Cuando Antonio se presentó allí, lo condujeron a una sala sin ventanas que asimiló a lo que debería ser una de interrogatorios de la Policía. Con un trato normal, una mujer que había superado los treinta años le fue haciendo preguntas que incidían en los detalles más sórdidos y embarazosos no solo de su vida sino de las personas cercanas a él. Durante toda la mañana vio desfilar por esa reunión, dirigida por aquella mujer que le pareció brutal, todos los contratiempos que, guiado por su sinceridad, había declarado en «datoscomplementarios.doc». No tardó mucho en notar que las preguntas de la entrevistadora iban más allá de lo que él había contado. Lo sabía todo de él, hasta esos pequeños detalles que había ocultado o de los que ya ni siquiera se acordaba. El escaso espacio de intimidad que había preservado estuvo apareciendo sobre la mesa hasta el punto de que estuvo a punto de llorar y gritar, pero se contuvo para intentar ocultar que le estaba sacando de sus casillas.

Los reclutadores analizan en los candidatos su capacidad para actuar en situaciones límite, a las que tarde o temprano se enfrentarán en su trabajo. Esa capacidad de digerir los malos momentos sin explotar es algo que los sicólogos del CNI valoran de una manera muy especial.

Antonio recibió unos meses después una carta impersonal, procedente de un apartado de correos, en la que le notificaban que no había sido admitido. Decepcionado y nervioso, a pesar de que se lo esperaba, se preguntó qué harían con todos los datos que habían almacenado sobre él. No podía expresar ninguna exigencia de privacidad porque los había entregado voluntariamente y había firmado un documento en el que se comprometía a no desvelar nada sobre el proceso de selección.

El CNI tiene claro que en los procesos de reclutamiento nada de la vida del candidato debe quedar fuera de su conocimiento. Al margen de las cualidades personales y técnicas que debe atesorar, el servicio de inteligencia reconoce que «existe un factor determinante que es comprobado antes del ingreso de cualquier candidato: la seguridad. Esta exigencia ha de entenderse en su sentido más amplio de discreción, reserva y carencia de vulnerabilidades».

La seguridad de que los candidatos contratados sean agentes fiables que nunca van a traicionar a La Casa incluye que carezcan de debilidades que puedan ser usadas por otros servicios de inteligencia, grupos terroristas o mafias para que ejerzan un doble juego, es decir, que pasen a trabajar para el enemigo, ya sea por chantaje, dinero o cualquier otro motivo.

En este sentido, el CNI entiende la seguridad como el aval para depositar su confianza en el agente. Uno de los méritos que valora de una forma especial es ser familia o amigo cercano de alguien relacionado directa o indirectamente con el servicio, ya sea personal de La Casa, militares profesionales o colaboradores. A la inversa, si un candidato con valía profesional apto para el servicio está relacionado con personas consideradas no de fiar, es descartado de inmediato. Como consecuencia de ello, cerca del 70 por ciento de los más de 3500 agentes del CNI tienen vínculos familiares o de amistad con funcionarios y militares. Cuando algunos casos de esta endogamia han llegado a los medios de comunicación han despertado duras críticas, como fue la sospechosa contratación de la hija del primer magistrado del Tribunal Supremo adscrito a La Casa, encargado de autorizar las penetraciones clandestinas y las intervenciones telefónicas. Este favoritismo por los candidatos cercanos al personal supone que los que carecen de esos vínculos tengan más complicada la entrada en el CNI. A veces se ha discutido esa preferencia dentro de la sede central, pero nadie ha dado un paso adelante para rectificarla.

En el servicio se consideró un fallo de seguridad atribuible a Recursos Humanos la detención del agente J. A. V., destinado en Transmisiones. En 2008, la Brigada de Investigación Tecnológica de la Policía llevó a cabo una larga indagación sobre una red de pederastas que grababa y compartía vídeos deleznables protagonizados por niños. Con suma paciencia fueron identificando a todos los integrantes y detectaron que uno de ellos actuaba desde un ordenador con la dirección IP reservada, como son las que utilizan en el CNI. Contrastada la investigación y cercano el momento en el que se iban a ejecutar coordinadamente las detenciones y los registros de domicilios, la Policía se puso en contacto con la División de Seguridad de La Casa. Allí se quedaron espantados, no solo porque uno de sus agentes estuviera cometiendo un delito tan grave, sino por la posibilidad de que esa debilidad hubiera sido descubierta por una agencia enemiga y J. A. V. se hubiera tenido que convertir en agente doble. El CNI pidió tiempo para investigar a su agente y afortunadamente obtuvieron resultados negativos en cuanto a su traición. Después ofrecieron toda su colaboración a la Policía cuando procedieran a la detención del presunto pederasta en su domicilio de las afueras de Madrid.

Dentro del proceso de selección, hay una parte de los reclutamientos que se realizan de una manera distinta. Cuando en el departamento de Recursos Humanos se elabora el listado de puestos, hay algunos que no pueden cubrir con los candidatos voluntarios y tienen que salir a la calle a buscarlos. En la lucha contra el yihadismo, a veces necesitan gente que hable alguna variante de un idioma, por lo que acuden a academias específicas para encontrarla. Otras veces pueden buscar matemáticos que hayan destacado en su periodo de formación, que sean cerebritos en determinadas especialidades, para lo que visitan las universidades y contactan con profesores que les indiquen quiénes pueden ser los idóneos para el puesto.

Una vez que la Dirección de Recursos Humanos selecciona a los candidatos, estos tienen que superar un curso de formación de tres meses en el que participarán veinticinco jóvenes muy distintos entre sí —abogados, economistas, historiadores, matemáticos, informáticos, especialistas en lenguas poco habladas— que no tienen garantizado todavía su ingreso. Aprenderán de una forma muy práctica las técnicas no solo del análisis de la información, sino de cómo detectar un seguimiento, obtener información o captar una fuente, lo básico e imprescindible para ser espía. Es el curso que capacitará a los que lo aprueben como técnicos de inteligencia para ejercitarse dentro del CNI en la especialidad de cada uno. Una vez dentro, pasarán entre dieciocho y veinticuatro meses más trabajando en múltiples asuntos con un tutor que valorará mes a mes su trabajo y evolución. Solo después podrán convertirse en funcionarios permanentes de carrera.

Todo el circuito de pruebas hasta llegar a disponer de mesa propia varía según que el candidato opte a un puesto en Inteligencia —Clara—, en el Área Técnica —Antonio—, en Seguridad o en la unidad operativa. Esta última es la que más se aleja en el proceso de selección de los dos ejemplos narrados, y es lógico teniendo en cuenta que los operativos son lo más parecido a personajes de ficción como James Bond. La inmensa mayoría proceden de la Guardia Civil y de las unidades especiales de las Fuerzas Armadas. Algunos han buscado entrar en La Casa y otros han sido recomendados por compañeros de dentro o por reclutadores que han visto en su buena hoja de servicios y experiencia el prototipo de un agente operativo. Llegan con mucha práctica en la lucha contra el terrorismo en el País Vasco o en misiones de paz en zonas calientes del mundo. A todos les exigen pasar las pruebas sicotécnicas, de cultura general e idiomas. La variación está en los ejercicios sobre el terreno que deben superar y en que la presión sicológica a que los someten es mucho mayor, similar a la que padecerán cuando tengan que entrar clandestinamente en un domicilio o seguir a un objetivo.

A los candidatos a agentes operativos que superan las pruebas comunes y la investigación de seguridad se les encierra durante un mes en régimen de internado y aislamiento en las instalaciones de escuchas que el CNI tiene en Manzanares (Ciudad Real), donde hay un barracón preparado como residencia. Allí deben superar un tipo de ejercicios que llevan su capacidad de supervivencia e improvisación al límite. Tienen que establecer conversación y descubrir todos los detalles secretos de una persona a la que acaban de conocer en un bar. Buscar un edificio en una localidad partiendo únicamente de una foto de una de sus esquinas. Conseguir en unos grandes almacenes sus planes de evacuación, la localización de su sistema de control eléctrico y el horario de sus empleados. Convencer a un desconocido para que les preste dinero para desplazarse a otra ciudad…

Los que pasan estos ejercicios recibirán durante seis meses un curso de lo más interesante, en el que deberán dominar todas las especialidades imprescindibles para formar parte de los grupos operativos: conducción al límite, cambio de apariencia, manejo de sistemas de transmisión, realización de fotografías sin ser visto, apertura de todo tipo de cerraduras y entrada clandestina en edificios.[1]

El riesgo de realizar las pruebas en la calle, en situaciones tan reales como las que se encontrarán en el futuro, provoca a veces que el alumno sea pillado in fraganti. Eso fue lo que le pasó a Víctor G. S. en mayo de 2005, descubierto en el depósito del Metro en Canillejas, donde debía colarse sin ser visto. Para su desgracia, un guardia de seguridad lo detectó y al interrogarle no creyó que fuera periodista de Telemadrid porque no llevaba ninguna cámara encima. Cuando llegó la Policía, reconoció ser un brigada del Ejército en misión de información. Lo que no quiso reconocer fue que estaba haciendo un curso en el CNI.[2]

1. Para más información sobre la unidad operativa, véase Fernando Rueda, *KA: licencia para matar*, Madrid, Temas de Hoy, 1997. Y David Cuevas, *Dossier de lo insólito. Secretos de Estado, fenómenos extraños, aparecidos y ovnis*, Barcelona, Luciérnaga, 2016.

2. Este suceso fue relatado por Fernando Lázaro en «Historia de un torpe aprendiz de espía», *El Mundo*, 2 de junio de 2005.

Los problemas de las mujeres espías y la útil y conflictiva BOA policial

*E*n 2020, el CNI dispondrá del doble de funcionarios en nómina de los que tenía dieciocho años antes, en 2002, cuando todavía se llamaba CESID. En todos los países del mundo se repite la misma regla: cuanto mayores sean los riesgos, más agentes contrata el servicio secreto. Al margen de las divisiones a las que se adscriban, el personal desempeña en su inmensa mayoría cuatro grandes tipos de trabajos: analistas de inteligencia, Humint (*Human Intelligence*, es decir, captadores de fuentes), unidades operativas y unidades técnicas.

El ciclo de inteligencia comienza con un planeamiento realizado por los altos mandos del CNI con el objetivo de cumplir la directiva aprobada por el gobierno. Hasta hace unos años, aunque ahora pueda parecer increíble, era el propio servicio el que elaboraba el listado de las prioridades a investigar y el ejecutivo se limitaba a dar el visto bueno con escasas modificaciones, lo que demostraba el poder desmedido de La Casa. Ahora anualmente tiene que adaptar sus planes de trabajo a las directrices marcadas por el gobierno.

Los analistas se dedican al trabajo de mesa. Son los que elaboran la inteligencia, que es la suma de información e interpretación, sin entrar en valoraciones, pues estas corresponden al gobierno. Deben conocer con la máxima amplitud posible el tema al que están asignados, sus variantes históricas, sus protagonistas y la información elaborada y almacenada por el servicio durante años. De ellos y de sus jefes parte el impulso inicial de planificación de los esfuerzos generales para conseguir la información necesaria que requieren sus fines. Y a ellos les llegan los datos obtenidos por el resto de agentes y departamentos involucrados en ese tema, para que elaboren la inteligencia destinada al gobierno o la que facilitarán a las Fuerzas y

87

Cuerpos de Seguridad del Estado para que judicialicen investigaciones y, si es procedente, detengan a los implicados en delitos vinculados con mafias, grupos terroristas u otro tipo de delincuencia.

Hacen el trabajo más oscuro y desagradecido. Su nombre no figura en ningún informe externo, no pueden apuntarse los éxitos y, para colmo, no pueden contar a nadie fuera de las paredes de la sede central los asuntos en los que están trabajando. No es una labor fácil, se considera que tardan tres años en realizar informes solventes. Una de sus frustraciones suele producirse cuando ven que el Gobierno no atiende a sus análisis y tira por caminos distintos a los que ellos consideran mejores. Solo el tiempo les hace comprender que el Gobierno tiene intereses propios y otros informes que van más allá de las conclusiones aportadas por ellos.

Los captadores de fuentes son agentes que pasan una gran parte de su tiempo en la calle buscando informantes que puedan facilitar testimonio desde dentro de organizaciones, religiones y grupos de cualquier tipo. Su misión comienza por identificar a objetivos susceptibles de ser convencidos para que colaboren con el CNI por dinero o por cualquier otro motivo. De forma previa a cualquier acercamiento, investigan su vida y buscan la debilidad oculta que les permitirá conseguir su colaboración. A veces son inmigrantes irregulares que ayudan a cambio de la promesa de conseguir la nacionalidad, otras tienen problemas con la Justicia en los que ellos pueden ayudarles.

La unidad operativa solo entra en servicio cuando los agentes normales no pueden conseguir por sus vías habituales su objetivo informativo y se requieren medios y técnicas especiales. Son agentes sometidos a una gran tensión, con un horario dislocado que cumplen en virtud de la misión que estén desempeñando, sin considerar festivos ni turnos de noche. Están capacitados para entrar en domicilios sin ser detectados, colocar micrófonos en cualquier sitio insospechado, seguir a *pepes* —como llaman a sus objetivos— con la máxima discreción y desenvolverse en situaciones hostiles. No poseen licencia para matar y ni siquiera portan armas, pues carecen de la consideración de agentes de la autoridad. A lo sumo, en misiones especialmente conflictivas, se les suman algunos compañeros con armas por si se produce una situación peligrosa. En el extranjero, en países de alto riesgo de África o Asia, sí suelen llevarlas, a veces comprándolas en el mercado negro local.

La unidad operativa fue creada en 1965 tras un suceso peculiar. El servicio secreto de la época estaba controlando a un tipo que procedía de Francia y que iba a Madrid para recoger un paquete.

Como ellos no disponían de medios para el seguimiento, pidieron a la Guardia Civil que no lo perdiera de vista hasta llegar a la capital, algo que cumplieron sin ningún problema: durante el largo trayecto colocaron al vehículo del sospechoso una moto delante y otra detrás con guardias civiles de uniforme. Un desastre de indiscreción que aconsejó disponer de agentes especialmente preparados para este tipo de misiones.

Las unidades técnicas están relacionadas con el cifrado de las comunicaciones —más que imprescindible en el extranjero— y con obtener en los aparatos telefónicos y en los ordenadores la información necesaria para hacer frente a las amenazas contra el Estado. Una parte de sus agentes son técnicos radiotelegrafistas, grandes especialistas que comienzan su formación estudiando el código Morse. A ellos se unen otros expertos en una diversidad de labores relacionadas con Internet, como los numerosos matemáticos que diseñan claves capaces de resistir ciberataques.

En el conjunto del CNI, casi dos de cada tres agentes proceden de la vida civil, el 28 por ciento son militares de todas las graduaciones y poco más del 10 por ciento son policías y guardias civiles. Cerca del 70 por ciento trabaja en la sede central en Madrid, un 24 lo hace por el resto de España y los demás, un 6 por ciento, están destinados en las setenta delegaciones existentes en el extranjero, la mayor parte como oficiales de enlace —acreditados en una embajada con estatus diplomático y con conocimiento del servicio secreto local— y el resto como ilegales, los llamados «agentes secretos», que trabajan de manera encubierta con un trabajo o una empresa tapadera. La media de edad del personal supera por poco los cuarenta años, una media que supone que hay mucha gente con una larga experiencia junto a jóvenes, cerca de los treinta años, que han entrado en los últimos quince.

Disponen de un carné oficial que los identifica como funcionarios del CNI, algo que puede parecer sorprendente, pero que es una consecuencia de los tiempos modernos. A pesar de que en el mismo solo aparece su número de identificación y una foto, lo usual es que no lo enseñen excepto que la situación se les complique o tengan que acreditar su identidad porque han sido pillados in fraganti por la Policía o la Guardia Civil. Otro documento, este sí con fines más operativos, los identifica como personal del Ministerio de la Presidencia. Hay mucha gente que se traga que ir de parte del Gobierno en una misión secreta puede ser diferente a ser del CNI. Al menos, impone.

La presencia femenina ha aumentado poco a poco, de forma continua. Han alcanzado una ratio de una mujer frente a dos hombres. Tras el fallido golpe de Estado del 23-F y la llegada a la dirección de Emilio Alonso Manglano, el servicio guardó en el baúl de los recuerdos los uniformes militares y procedió a su «civilización», sin grandes aspavientos, pero sin permitir un paso atrás, a pesar de que dentro muchos pensaban que los civiles no podían ser tan buenos como los militares en las tareas de inteligencia. La nula estima que sentían por las mujeres la pudieron comprobar las primeras promociones de chicas recién licenciadas que ingresaron amparadas por sus relaciones familiares con el estamento militar.

Una pequeña representación de esas jóvenes ha conseguido escalar hasta altos puestos del servicio, la mayor parte gracias a sus propios méritos, y todas ellas beneficiadas por el deseo de Gobiernos y directores de proyectar una imagen más igualitaria entre sexos. El ingreso de mujeres se disparó desde el año 2002 y no es ajeno a esa práctica el hecho de que la Dirección de Recursos Humanos dependa directamente de la Secretaría General, ocupada siempre por una mujer.

Las cinco secretarias generales que ha habido en el CNI ingresaron en los años 80 favorecidas por el impulso modernizador de Alonso Manglano. Todas superaron una carrera con muchos obstáculos en la que demostraron sus buenos oficios en el espionaje en tareas especialmente complicadas y conflictivas.

María Dolores Vilanova entró con 24 años y de ella comentaban sus compañeros, acostumbrados a trabajar entre hombres, que era «guapa, simpática y soltera». El machismo imperante hacía que sus colegas pronosticaran que no llegaría lejos y menos cuando se casó con un agente del servicio —¡a cuidar de los hijos!—. Se equivocaron. Esa chica avispada y discreta era rápida y tenía una capacidad innata de trabajo como analista en el Área del Magreb de la División de Contrainteligencia. Cuando dio a luz a su tercer hijo, no solo había demostrado capacidad para compatibilizar vida familiar y laboral, sino que Alonso Manglano lo sabía y la designó jefa del Área del Magreb de la Contra. Hubo cierto malestar con su nombramiento, el primero de una mujer para un cargo de mando, pero ella navegó con dignidad por los pasillos de la sede central entre los comentarios críticos y machistas de algunos militares de mucha más edad.

En 1996, el director Calderón la ascendió a responsable de la División de Contrainteligencia, puesto que desempeñaba cuando en 2002 el director Dezcallar la aupó a la Secretaría General. Duró algo más de dos años, sustituida tras la llegada de un nuevo director. Los enemigos que había hecho en el CNI hicieron todo lo posible para hacerle pagar su trabajo independiente y consiguieron que se tuviera que buscar un puesto fuera del servicio, al que volvió tras la llegada del director Sanz. Afectada por un mal endémico en La Casa, que alcanza unas cifras superiores a otras profesiones, terminó divorciándose.

Otro perfil interesante es el de Esperanza Casteleiro, su sustituta en la Secretaría General. Hija de militar, encarriló sus aptitudes en la División de Inteligencia Interior, dedicada a la lucha contra el terrorismo y el golpismo. Allí demostró su valía, dejando en fuera de juego a los que auguraban que la maternidad pondría fin a su ascendente carrera. Tuvo tres hijos y siguió subiendo peldaños en la División hasta que en 1987 colgó el traje de analista y consiguió ser destinada a la delegación en Brasil, un trabajo de acción sobre el terreno. En 2002, fue designada jefa del Área de Gestión en la Dirección de Recursos Humanos, desde donde fue ascendida por el director Saiz a secretaria general. Su mano dura y experiencia le granjearon grandes enemistades, motivo que no influyó cuando su jefe la sustituyó en 2008. La caída no la deprimió y volvió a demostrar sus dotes de espía. Consiguió el destino de jefa de la delegación en Cuba, uno de los más complicados en aquellos momentos. Puso en marcha una operación de inteligencia que desencadenó la liberación de presos políticos por el régimen castrista. Sus órdenes eran arriesgar y así lo hizo, a costa de terminar siendo expulsada.

Un tercer ejemplo del trabajo que desempeñan las mujeres es el de Elena Sánchez, sustituta de Casteleiro en la Secretaría General. Entró en el año 1988, a los 26, cuando gracias a sus predecesoras los militares reinantes entonces habían empezado a aceptar el ingreso femenino. Licenciada en Filología inglesa, casada con dos hijos —no se ha divorciado—, familiar de militares —cómo no—, especialista en el Magreb, trabajó en temas de terrorismo yihadista. Fue sustituida algo más de un año después de la llegada del director Sanz, que en un primer momento valoró el hecho de que se sincerara ante la ministra de Defensa, Carme Chacón, en contra del anterior director, Alberto Saiz, y se pusiera del lado de quienes lo denunciaron. La premió dejándole elegir el destino al que deseaba ir (Estados Unidos). Actualmente es subdirectora en la Dirección de Inteligencia.

La sustituyó Beatriz Méndez de Vigo. La carrera de esta mujer no se desarrolló por destinos operativos tan destacados como los de sus antecesoras, pero tuvo una amplia experiencia que la facilitó alcanzar puestos importantes. Es licenciada en Derecho y domina el inglés y el alemán. Es hija de militar, de familia aristocrática y hermana pequeña del ministro del PP Íñigo Méndez de

Vigo. Lo suyo fue en un principio la Inteligencia Exterior, debido a que cuando ella ingresó no era normal conocer esos idiomas. Posteriormente fue destinada al área de Relaciones con Servicios de Inteligencia de Europa, donde llegó a ocupar el puesto de mando. En 2011, era representante del CNI ante los servicios de inteligencia de Alemania cuando fue designada secretaria general. Su carrera no incluye una larga experiencia en las unidades de inteligencia, pero sus relaciones con el Partido Popular, a través de su hermano, sirvieron a la vicepresidenta del gobierno, Soraya Sáenz de Santamaría, para colocar a alguien de su confianza junto al director Sanz, designado en primera instancia por el gobierno de José Luis Rodríguez Zapatero.

La actual secretaria general, Paz Esteban López, licenciada en Filosofía y Letras, ha desarrollado una carrera bastante similar a sus antecesoras. Ingresó en La Casa en 1983, no es hija de militar y fue recomendada por alguien que sabía que el servicio buscaba mujeres que hablaran idiomas, en su caso inglés. Comenzó a trabajar a los 25 años y pasó una etapa en la que sus compañeros militares, más que fijarse en sus dotes profesionales, prestaban atención a su melena rubia y a lo arreglada que acudía cada día al trabajo.

Al principio fue destinada al Área de Países Occidentales de la División de Inteligencia Exterior. Una de sus primeras misiones tuvo relación con uno de los problemas internacionales por los que pasaba España tras la llegada del PSOE al poder. El presidente Felipe González había llegado al cargo manifestando su oposición a la OTAN y apostando por un referéndum para que el pueblo decidiera si España debía pertenecer a la Alianza. Esteban fue la encargada de hacer pedagogía para el gobierno, es decir, de proponerles argumentos para defender la permanencia.

Su trabajo fue muy bueno durante los primeros años y terminó ocupando la Secretaría de esa División, encargada de coordinar las cuatro áreas existentes entonces. Con el paso del tiempo alcanzó el puesto de jefa de gabinete para asuntos internos del director Félix Sanz, que en junio de 2017 pensó en ella para sustituir a Méndez de Vigo cuando esta dejó de contar con su confianza.

De derechas, casada con un civil que nada tiene que ver con el servicio, está considerada una buena agente, muy trabajadora, a la que le cuesta tomar decisiones en contra de la política oficial.

Los éxitos alcanzados por las mujeres españolas en el terreno laboral no están teniendo un fiel reflejo en el CNI. Es una casa estricta, en la que piensan que el trabajo deber ser lo primero y no caben otro tipo de planteamientos. Existen varias denuncias en los tribunales por mujeres agentes que consideraron que el servicio las había discriminado por motivos relacionados con la maternidad o el matrimonio.

Una de ellas llegó al Tribunal Constitucional. Era un recurso de una agente que se quedó embarazada de su segundo hijo en marzo de 2010 y cuando se enteró su jefe, le notificó que paralizaba su integración definitiva en La Casa y pediría un nuevo informe sobre ella. La agente aportó al Tribunal suficientes indicios para fundamentar su denuncia: no fue expulsada por no ser idónea para el trabajo en el que llevaba seis años, sino por su condición de mujer que se había quedado embarazada. También aportó las calificaciones que le habían hecho sus mandos hasta ese momento, todas muy buenas. El abogado del Estado que defendía al CNI no aportó los supuestos dos informes en su contra aduciendo el secreto de las actuaciones. El Constitucional anuló el despido por discriminación, poniendo especial énfasis en que se había producido por estar embarazada.

Un segundo caso fue el de Alejandra, una directiva destinada en la Oficina Nacional de Seguridad —información clasificada OTAN y Unión Europea— que fue cesada por intentar acogerse en 2008 al Plan Concilia, promovido por la Administración, y pedir la reducción de jornada.[3]

Otra situación singular fue la de Maricruz Perote, una agente que en 2007 fue apartada de su cargo por estar casada con un súbdito alemán. Había conseguido una plaza como delegada en Alemania, pero unos días después de estar allí fue llamada a Madrid para comunicarle que había perdido el destino por ocultar que estaba casada con un alemán que tenía negocios en la patria de Merkel, algo incompatible con su deber de defender los intereses españoles. Una argumentación falsa, porque todo el mundo conocía su matrimonio, ceremonia a la que incluso habían asistido muchos de sus jefes. La sometieron a una pantomima de juicio interno, sin ninguna garantía procesal, y la condenaron a quedarse sin destino y a varios meses sin empleo y sueldo. El Tribunal Superior de Justicia de Madrid dejó claro a los altos mandos del CNI que no respetaron sus derechos y ordenó readmitirla pagándole todo el sueldo devengado durante los anteriores cinco años. El prestigioso penalista Enrique Gimbernat escribió: «Que esta mujer haya tenido que esperar cinco años para

---

3. Para conocer este caso en detalle, véase Antonio Rubio, «El CNI expulsa a una de sus mejores espías por acogerse a la conciliación familiar», *El Mundo*, 17 de febrero de 2008.

que se reconozcan judicialmente derechos que no admiten discusión en una sociedad democrática pone claramente de manifiesto cómo se las gasta el CNI». A pesar de la oposición de algunos directivos, el director Sanz ordenó readmitirla.

Ahora mismo, las mujeres están presentes en la mayor parte de las operaciones importantes y su trabajo ha sido vital para cosechar algunos grandes éxitos. Son agentes operativas en la calle que controlan mejor los movimientos de sospechosos que no imaginan que una chica joven los pueda estar vigilando. Han participado activamente en la liberación de españoles secuestrados en el extranjero. Al menos una de ellas mantuvo una relación amorosa con un etarra, lo que ayudó a la caída del jefe de ETA Mikel Garikoitz. Sin contar las decenas que trabajan en temas tecnológicos o que realizan análisis de información de una forma brillante. El problema grave: no ocupan los puestos de responsabilidad que deberían teniendo en cuenta que son una tercera parte del personal de La Casa. Los militares siguen copando los más importantes destinos del organigrama.

Una parte del personal, del que apenas se habla, son los policías. Suponen algo más del 10 por ciento del total de funcionarios de La Casa, sumados a los guardias civiles, que están destinados en su mayoría a la unidad operativa, donde aprovechan su experiencia en misiones conflictivas en la lucha contra ETA en el País Vasco y sur de Francia o en unidades de élite de la Benemérita.

Los policías son cerca de cincuenta en toda España y están integrados en la denominada Brigada Operativa de Apoyo (BOA). Su estatus y forma de trabajar son completamente distintos al del resto del personal. Llevan a cabo sus investigaciones de una forma compartimentada y trabajan apoyando las misiones de la Dirección Técnica de Inteligencia.

Su dependencia orgánica es de la Dirección General de la Policía, mientras que funcionalmente dependen del CNI. El director adjunto operativo (DAO) de la Policía es el encargado de seleccionar a los candidatos una vez que se han establecido las vacantes. Son puestos mejor pagados, muy solicitados por los policías. El DAO se los ofrece y el seleccionado se reúne con la gente de recursos humanos del CNI, que decide si les acepta. Antes, como cualquier otro candidato, deben firmar el documento por el que se comprometen a guardar reserva sobre todos los asuntos que conozcan en su nuevo destino. La BOA cuenta con un jefe, responsable directo de todos sus subordinados, que es un policía nombrado por acuerdo entre la dirección de la Policía y la del CNI.

Los policías no trabajan en la sede central. En Madrid tienen como tapadera una agencia de viajes situada en la zona centro, cerca de El Retiro. Allí, gracias a sus claves personales, tienen acceso al sistema informático central de la Policía para buscar datos de sospechosos involucrados en operaciones de La Casa. Mantienen la placa de policía con todos los derechos, pues son los únicos funcionarios del CNI que cuando lo desean pueden regresar a su cuerpo, lo que les permite llevar a cabo investigaciones en la calle sin necesidad de simular una falsa identidad, como hacen con frecuencia el resto de los espías.

Los agentes de la BOA despiertan cierta desconfianza entre el resto de los policías, especialmente entre los destinados en la Comisaría General de Información. Muchos los acusan de buscar datos de la lucha antiterrorista entre sus compañeros de los servicios de información policial para pasárselos a sus jefes del CNI y apuntarse éxitos en la persecución de delitos. Esta inculpación fue habitual en diversos momentos de la lucha contra ETA, y lo es ahora en la persecución de yihadistas, porque ambas instituciones se pelean por asumir investigaciones, negándose a compartir información para demostrar que son los responsables de grandes operaciones contra el terrorismo.

La BOA es una unidad muy necesaria para el CNI, que le aporta información de máxima utilidad que el servicio tardaría mucho en conseguir e, incluso, no podría solo con sus propios medios. En sus inicios, el objetivo al que dedicaban más horas era la lucha contra ETA, y desde la creación del CNI lo invierten principalmente en la persecución del yihadismo.

El organigrama robado por los rusos y el nuevo

Antes del verano de 2007 el director Alberto Saiz descubrió un boquete de enormes dimensiones en la seguridad de La Casa. Habían olfateado la existencia de un topo tras comprobar que espías rusos en Madrid eludieron de forma incomprensible los controles de la unidad operativa no en una, ni en dos, sino en tres ocasiones, lo cual los llevó a la apertura de una investigación interna.

Aunque los agentes sean impolutos en el momento de su ingreso, el devenir de la carrera les cambia con frecuencia el carácter y, lo que es grave, a veces las experiencias vividas los llevan a modificar su escala de valores. Son agentes que se sienten maltratados por la institución, consideran que no los valoran adecuadamente y deciden traicionarla. Roberto Flórez fue detenido en julio de 2007, tras dos años de investigación interna, acusado de haber robado documentación desde 2001 a 2004, fecha en la que abandonó voluntariamente el servicio. Que un agente pueda sacar papeles sin ser detectado y los venda habla de un fallo de la División de Seguridad por no darse cuenta del potencial peligro que suponía su cabreo contra la institución. Este agente se ofreció al SVR, el servicio secreto exterior ruso, y a cambio de dinero les pasó los procedimientos que seguía el CNI para controlar sus movimientos por España, la estructura interna, identidades de muchos de sus miembros y diversas actividades en materia de contrainteligencia. Entre la información filtrada estaba el organigrama con el nombre de todos los responsables del servicio.

La trascendencia era menor de lo que podría parecer porque internamente todos los funcionarios utilizan un alias compuesto por su nombre y un apellido falso, habitualmente relacionado con el auténtico (misma letra de inicio). El hecho es que el organigrama tiene consideración de secreto, más que por la estructura de puestos —que facilita una información muy genérica—, por el hecho de mantener en la sombra la identidad de sus titulares.

Jorge Dezcallar había comenzado una reestructuración del organigrama. Se había dado cuenta de que el CESID que había heredado tenía más que ver con la mentalidad militar de sus antecesores —Alonso Manglano, Félix Miranda y Javier Calderón— que con lo que debía ser un servicio secreto de cara al futuro, con un civil al frente.

La división tradicional establecía una serie de órganos burocráticos dependientes directamente del director, entre los que estaban la asesoría jurídica, el gabinete, la oficina de personal o administración y servicios. La parte productiva también dependía del máximo jefe, estructurada en cuatro divisiones: Inteligencia Interior, Contrainteligencia, Inteligencia Exterior y Economía y Tecnología. En un aparte, con dependencia también del director, estaba la División de Apoyo Operativo. Todo empezaba y terminaba en el director.

La estructura fue sufriendo pequeños cambios hasta que Dezcallar impulsó la Ley de Creación del CNI. Estableció el puesto de secretario general con las funciones de coordinar todas las tareas burocráticas, principalmente las relacionadas con el personal. También introdujo un cambio fundamental: creó por debajo de él las Direcciones Técnicas de Inteligencia y de Recursos. El director no era un profesional del espionaje y renunciaba al control del día a día de los asuntos, que depositaba en profesionales de su confianza. Eso sí, se guardaba el poder de supervisión y decisión sobre todas las materias.

Si bien el número dos de La Casa era la secretaria general, en aquel entonces María Dolores Vilanova, el auténtico hombre fuerte pasó a ser el director de Inteligencia Miguel Sánchez, un agente que llevaba años trabajando estrechamente con Vilanova.

Este organigrama demostró su funcionalidad, operatividad y modernidad muy pronto. Con lo que nadie contaba era con que el director Dezcallar tuviera solo dos años para desarrollarlo. Los atentados contra trenes en Madrid el 11 de marzo de 2004 fueron la antesala de la derrota electoral del Partido Popular y la llegada de Rodríguez Zapatero al Gobierno, quien puso al frente del servicio a Alberto Saiz.

Sobre la base anterior, el nuevo director profundizó de una manera intensa en los cambios en el organigrama y en el de los titulares de los cargos. Su gran apuesta fue levantar una tercera dirección técnica, la de Operaciones, integrando en ella las divisiones de Operaciones y la Técnica, y dotándolas de una importancia que nunca habían tenido.

Por debajo del director técnico de Inteligencia, puesto en el que inicialmente permaneció Sánchez, se afianzaron tres subdirecciones: Inteligencia Exterior, Contraterrorismo y Contrainteligencia, las tres grandes patas informativas del CNI. Bajo ellas estaban las divisiones, como Terrorismo Interior, Terrorismo Yihadista o Inmigración, esta última creada por iniciativa de Saiz. También decidió convertir en divisiones los asuntos económicos, y a las ciudades de Barcelona y Madrid, ambas con una gran cantidad de asuntos importantes «locales» que, según su criterio, requerían una estructura propia y cierta autonomía de funcionamiento.

La llegada de Félix Sanz le imprimió al servicio un concepto distinto al que había estado imperando no solo con los dos directores civiles anteriores, sino incluso con los militares que estuvieron en el origen del CESID. Recolocó la Secretaría General en el organigrama con mando directo sobre los directores de Inteligencia, Operaciones y Recursos, que ya no despachaban con él, sino con su titular, la nueva y real número dos, Beatriz Méndez de Vigo.[4]

Nombró a dos militares (ambos coroneles) al frente de Inteligencia y Operaciones, dejando clara la prioridad del primero sobre el segundo, y puso a un civil (un abogado) en la Dirección de Recursos. Sus cambios en las divisiones fueron mínimos: hay dieciocho, que a su vez se compartimentan en departamentos, áreas y grupos temáticos (financiación del terrorismo, por ejemplo) y geográficos (Gibraltar es uno de ellos).

Actualmente de la Dirección Técnica de Inteligencia dependen cuatro subdirecciones: Inteligencia Exterior se encarga de conseguir información fuera de nuestras fronteras; Inteligencia Interior busca prevenir cualquier amenaza contra la independencia de España en campos como el político, económico o militar; Contrainteligencia busca detectar y neutralizar las actividades de otros servicios de inteligencia en España, y Contraterrorismo lucha contra los yihadistas o grupos armados interiores como ETA.

La Dirección Técnica de Operaciones tiene dos patas: la División de Acción Operativa, que lleva a cabo las misiones más arriesgadas en la calle con medios especiales, y la Técnica, encargada de vigilar el

---

4. Esta organización interna es tratada ampliamente en el capítulo I.

espacio radioeléctrico y de ejecutar todo lo relacionado con la captación de cualquier tipo de comunicaciones, incluida la obtención de información e imágenes por satélite.

Sanz creó un centro de prospectiva para adelantarse a los retos a los que se enfrentará la inteligencia hasta el año 2030. Para llevar a cabo este trabajo puso al frente a María Dolores Vilanova, una de las más experimentadas agentes de La Casa.

También es importante destacar la Oficina de Control Judicial Previo, dependiente directamente del director, y dirigida por un juez. Su misión es actuar de enlace entre el CNI y el magistrado del Tribunal Supremo encargado de autorizar las penetraciones clandestinas y las intervenciones telefónicas que podrían violar la intimidad de los ciudadanos españoles. Para cada caso concreto, la Oficina realiza una petición al magistrado solicitándole un auto —siempre será secreto— en el que justifica los motivos por los que pide medidas especiales contra un sujeto. Uno de los aspectos trascendentales es que el CNI tiene que especificar en qué punto de la Directiva de Inteligencia formulada por el Gobierno —el magistrado dispone de una copia— se recoge la necesidad de la intrusión. Esto es muy importante porque, a diferencia del trabajo diario del resto de los jueces, que exigen pruebas de la comisión de un delito para autorizar las violaciones de la intimidad, el magistrado del Supremo trata con un organismo que no parte de delitos, sino de sospechas.

El manual ICAS: informantes, colaboradores y agentes secretos

*U*n profesor de la facultad de Ciencias Políticas de la Universidad Complutense de Madrid fue captado como informante en la década de los 90. Su amplio conocimiento de los temas del Magreb llevó a agentes de la División de Inteligencia Exterior a ponerse en contacto con él para solicitarle ayuda. Sabían que iba a realizar un viaje a Marruecos para asistir a un curso junto a eminencias locales en temas de seguridad y le propusieron que a su vuelta les hiciera un informe, que le pagarían adecuadamente, sobre el contenido de las jornadas y sobre varios de los asistentes. Fue el primero de muchos otros escritos, que con el tiempo se complementaron con reuniones personales en las que respondía a las dudas que su controlador le planteaba. Nunca nadie en la facultad ha descubierto la ayuda que presta al servicio de inteligencia como informante.

Hay miles de personas —muchas más que agentes— que colaboran con el CNI sin que sus nombres aparezcan oficialmente en ningún sitio. El prestigioso abogado que presta su nombre para la creación de empresas pantalla, las secretarias de altos cargos de compañías que informan de la agenda diaria de su jefe, el informático que desarrolla virus para atacar a simpatizantes del Estado Islámico, el economista que crea sociedades internacionales para mover el dinero del servicio por todo el mundo, el ladrón que roba la información de los clientes de un banco suizo y antes de ser detenido llega a un acuerdo de colaboración a cambio de protección y dinero, la funcionaria de la Seguridad Social que entrega en secreto información interna y el guardia de seguridad que por las noches sustrae información de algún despacho del edificio privado que custodia.

Los procedimientos y las técnicas de funcionamiento diario del servicio secreto español varían con cierta frecuencia, igual que la del resto de agencias de inteligencia del mundo. Por la necesidad de actualizarlas, o cuando ha habido una filtración, las modifican de forma continua.

El manual ICAS —Informadores, Colaboradores y Agentes Secretos— no habla de los más de 3.500 agentes del CNI que están en nómina, sino de un número aún superior de informantes que mantienen una relación permanente o eventual con La Casa sin que exista un contrato de por medio. Esto no quiere decir que lo hagan gratis, sino todo lo contrario. La inmensa mayoría recibe una contraprestación por su trabajo, ya sea monetaria o a cambio de algún favor o regalía. El servicio prefiere una relación en la que se mueva dinero, pues es un sistema que anima y ata al colaborador.

Existen tres figuras de, llamémosles, trabajadores externos: los informantes, los colaboradores y los agentes secretos. Los informantes —o confidentes— son personas que por su puesto de trabajo o relaciones personales, profesionales o religiosas están en disposición de facilitar información de interés a La Casa —como un periodista en un medio de comunicación que les adelanta las noticias que sus compañeros investigan—. Los colaboradores son personas que en virtud de su especialidad llevan a cabo trabajos técnicos que facilitan la labor de los agentes del CNI —como el que presta su casa para colocar la recepción de una escucha telefónica—. Y agente secreto es el que, sin pertenecer al CNI y sin recibir la protección que este ofrece, lleva a cabo trabajos para los que se requiere una alta especialización que imparte el servicio. Todos ellos suelen ser denominados «colaboradores» en la terminología del día a día.

Sus identidades son celosamente guardadas en un archivo informático que no está conectado a ninguna red, por lo que ningún ataque exterior puede dejarlo al descubierto. Al mismo solo pueden acceder oficialmente tres personas: el director, la secretaria general y el director técnico de Inteligencia. Cada colaborador tiene una ficha en la que se incluyen todos sus datos personales y profesionales, una foto y el alias con el que se le va a conocer en la correspondencia interna. En algunas ocasiones, cuando es especialmente esquivo, la unidad operativa monta acciones para disponer de su imagen. En la ficha aparece una valoración sobre él y los motivos que llevaron a contactarlo.

Cada división controla a sus colaboradores. En los informes internos incluyen una hoja con los alias de los agentes que han conseguido la información y los colaboradores que han contribuido. Unos datos que desaparecen de las copias finalmente enviadas fuera de los muros de la sede central. Mensualmente informan de lo que han pagado a cada uno de ellos, diferenciando lo que es sueldo fijo de lo que son gratificaciones por informaciones puntuales de valor especial. Disponen de un programa informático que permite comprobar en cualquier momento cada pago realizado.

Antes de captar a un informante, colaborador o agente secreto, se lleva a cabo un proceso interno de valoración. Se investiga su vida privada y pública, aunque, a diferencia de los agentes en nómina, el nivel de exigencia no es tan alto. Javier de la Vega era un experto en la creación de estructuras societarias y la gestión de fondos. El CNI acudió a él porque necesitaba levantar sociedades en el extranjero que le permitieran mover dinero en algunas de sus operaciones encubiertas para pagar a colaboradores necesitados de clandestinidad o, por ejemplo, el desembolso de rescates para liberar a españoles secuestrados. Sabían que era uno de los mejores, confirmaron que guardaría el secreto sobre los trabajos que le encargaran, pero sabían que se movía por arriesgadas arenas movedizas. Unos años después de que empezara a trabajar para ellos, fue detenido por ayudar al exbanquero Mario Conde a mover su dinero de otros países a España —un trabajo similar al que ellos le habían encargado—. Cuando fue apresado, la Guardia Civil encontró 160.000 euros en efectivo en su casa y él, tan pancho, se defendió aduciendo que una parte era el pago del CNI por unos servicios que se negó a especificar.[5]

En lo que técnicamente se llama «reserva de inteligencia» —especialistas que colaboran sin ser miembros del CNI en la producción de inteligencia—, hay muchos nombres de técnicos muy buenos en lo suyo a los que el servicio encarga trabajos puntuales o análisis de un tema en el que son especialistas y a los que pagan en efectivo para que no quede huella de la colaboración. Eso sí, el departamento de control de gastos del servicio exige una hoja firmada —no hay copia para el receptor— en la que reconoce haber cobrado una cantidad concreta de euros. Esto se hace para evitar la tentación de que los agentes se inventen a un colaborador y se queden con el dinero. Un mal ya extirpado, pero que se dio en los inicios del servicio secreto.

A otro colaborador, Matías Bevilacqua, un reconocido informático que trabajaba en Cataluña, lo detuvo la Policía al desmantelar la Red Pitiusa, que supuso la detención de muchas personas acusadas

5. Daniel Montero desveló esta historia en «El abogado encarcelado con Mario Conde por blanquear su botín es colaborador del CNI», *El Español*, 21 de abril de 2016.

de espionaje a gente famosa, como la hermana de la reina Letizia. Su especialidad es el trabajo forense de destripar ordenadores para sacar a la superficie la información que permanece oculta. El CNI le entregaba discos con la memoria de un ordenador y le indicaba el tipo de datos que buscaba. Al estilo de los investigadores de CSI, analizaba toneladas de información en la que aparecían incluso los datos que el usuario creía haber borrado, pero que permanecían en la memoria del ordenador. Otras instituciones prestigiosas, como el Consejo de Europa, también le pidieron trabajos similares, aunque este último no le pagó como el CNI, que le dio dinero en metálico procedente de los fondos reservados.

Conseguir colaboradores suele ser más conflictivo que en el caso de la contratación de un especialista en una materia concreta, como Bevilacqua. Antes de iniciar el proceso de captación, se elabora un perfil sicológico —carácter, estado de ánimo, lenguaje corporal, gustos...— y se lleva a cabo una investigación previa para saber cuál puede ser la mejor manera de acercamiento y la forma de conseguir que acepte —dinero, debilidades o servicio patriótico—. Después se selecciona un captador, un equipo de ayuda y un explotador, que acceden al objetivo, siempre cuando está solo, y le plantean la oferta.

Saber lo que ansía el candidato es básico antes de intentar captarlo. No todo el mundo está decidido a trabajar para el CNI aunque sea eventualmente. En muchos casos esa ayuda supone traicionar la confianza que otras personas han depositado en él, lo que puede llevarle a delatar el acercamiento e, incluso, a que se convierta en agente doble y la información que pase sea la que interesa a quien tiene que vigilar.

En los últimos años el mayor número de colaboradores han sido captados en el mundo del extremismo islámico. En cada mezquita, en cada grupo de musulmanes radicales, en el entorno de cada sospechoso, el CNI ha intentado colocar un informante. Son inmigrantes que han llegado a España en busca de una vida nueva o que han tenido un desliz —ellos o uno de sus familiares—, y a los que el servicio les ofrece ayuda para quedarse en España, para conseguir salir antes de prisión o, simplemente, para obtener dinero para vivir algo mejor. Si el proceso previo a la captación no ha sido bien ejecutado o si el colaborador no responde a los estímulos que le ofrece el captador, el asunto se les puede ir de las manos.

Eso les pasó a Begoña y Pepe —nombres en clave—, dos captadores que un día del verano de 2012 se acercaron a Olga, la secretaria del abogado Javier Gómez de Liaño, exmagistrado de la Audiencia Nacional, para proponerle que espiara a su jefe, les contara todo lo posible sobre sus clientes y les facilitara documentos del bufete. La mujer no solo se negó sino que de inmediato se lo comentó a Gómez de Liaño, que presentó una denuncia que, como es habitual en estos casos, no llegó a nada a pesar de la investigación policial que confirmó todos los extremos.[6]

El fenómeno que suele darse en contadas ocasiones es el de ciudadanos que utilizan una supuesta colaboración con el CNI para conseguir sus objetivos personales. Al principio de este capítulo he referido el caso del suplantador de El Lobo por motivos sexuales, pero más salvaje fue el de un policía de Xátiva que en 2014 se hizo pasar por reclutador para captar agentes femeninas que antes de firmar el contrato estaban obligadas a acostarse con él.

Otro caso, el más conocido por la opinión pública española, es el de Francisco Nicolás Gómez Iglesias, apellidos que comparte —y nada más— con el de un antiguo agente del CESID. Este individuo estuvo mucho tiempo haciéndose pasar por conseguidor en materias delicadas, como solucionar la imputación de la infanta Cristina en los trapicheos de su marido Iñaki Urdangarín o buscar una salida a los negocios sucios de la familia de Jordi Pujol. Pillado cuando traspasó la línea roja y empezó a contar con desparpajo que representaba a la Casa Real, al Gobierno y al CNI, no se le ocurrió otra cosa que decir que era un *charlie*, un colaborador del servicio secreto. Su primer gran fallo fue utilizar un término como «charlie», que nunca se ha usado en el CNI, y el segundo, inmenso, fue explicar que había empezado a colaborar tras reunirse con la jefa de gabinete del director, porque de hecho ese gabinete tiene dos: una que lleva los asuntos del servicio y otra para los temas relacionados con el exterior. Esta última fue quien lo recibió y su relación con el funcionamiento diario de La Casa es nula. Además, algunas de las cualidades que son imprescindibles para que cualquier persona se vincule a La Casa son la capacidad de guardar secretos, no llamar la atención en público y moverse con discreción en el ambiente en que actúa. Ninguno de estos atributos tiene cabida en la personalidad de este joven impostor.

Hay un último tipo de colaboradores que se incluyen en el apartado de agentes secretos, pero a los que internamente se les llama «agentes oscuros». Tienen una conexión oculta con el servicio y llevan a cabo misiones en las que ni siquiera su entorno más cercano puede sospechar que están trabajando para La Casa. Deben

6. Manuel Cerdán contó este incidente en «El CNI intentó captar como "topo" a la secretaria del abogado Gómez de Liaño», *El Confidencial,* 16 de julio de 2014.

buscarse ellos mismos sus tapaderas, contactos y medios, y el CNI solo les ayuda cuando es seguro que nadie puede detectar la relación. Si su misión sale mal, el servicio negará la relación incluso más veces que las que lo hizo san Pedro con Jesucristo. Estos agentes saben lo que se juegan, por lo que siempre desmentirán trabajar para La Casa, corroborando la negación de sus jefes ocultos. El caso más representativo es el de Mikel Lejarza *El Lobo*, quien, a los pocos años de terminar su brillante infiltración en ETA que acabó con dos tercios de la banda en prisión, optó por romper su compromiso con el entonces CESID y convertirse en agente oscuro. Nunca ha dejado de ejecutar misiones para el servicio secreto, nunca ha dejado de cobrar de él, pero no existe vínculo oficial. Cuando fue detenido en Barcelona a principios de la década de los años 90 por dirigir una red de espionaje supuestamente privada, nunca aceptó ante el juez que trabajara para el servicio secreto.

Otro caso distinto es el de Francisco Paesa, que no ha mantenido una relación permanente y exclusiva con el servicio secreto español, francés o suizo, pero que actuaba cuando alguno de ellos le ofrecía una cantidad de dinero interesante para ejecutar una operación para la que consideraban que él era el mejor preparado. Paesa consiguió vender dos misiles a ETA con un dispositivo oculto de seguimiento que permitió descubrir un importante arsenal de armas escondido en la cooperativa Sokoa, en el sur de Francia. Recibió el dinero pactado, y a otra cosa.

Un paseo por la sede central:
el kalashnikov del Mossad, retratos sin nombre...

*E*l restaurante La Pérgola fue durante muchos años el torreón desde el que se podía observar el interior de la sede central y un lugar idóneo para cruzarse con agentes. Desde allí, un fotógrafo de prensa podía inmortalizar los edificios del complejo del servicio secreto a una distancia justa para ofrecer calidad de imagen sin que los funcionarios que aparecían paseando por su recinto —siempre escasos— fueran identificables. Antes o después, el restaurante tenía que poner el cartel de cierre. Igual que actuaban algunos periodistas podían hacerlo otros servicios de inteligencia, aunque la información que obtendrían sería más bien escasa: la vista era sobradamente conocida y ningún sistema de grabación puede conseguir escuchar lo que allí se habla por la existencia de contramedidas electrónicas que lo impiden.

Por delante de la fachada principal de la sede central del CNI, en la avenida Padre Huidobro sin número, pasan diariamente miles de coches que recorren algún tramo de la A-6. No hay garitas de vigilancia, ni personal armado hasta los dientes. La vigilancia exterior corre a cargo de sofisticadas cámaras de vigilancia.

La entrada habitual se realiza por la parte trasera, por la calle Argentona, donde trabajadores y visitantes se colocan delante de una puerta corredera que sí cuenta con personal muy serio de la División de Seguridad jugando un papel de escasa amabilidad. Los funcionarios estacionan sus vehículos en los aparcamientos subterráneos para evitar la identificación de sus matrículas. Los visitantes los dejan en una explanada exterior, cerca del control de seguridad instalado en un edificio cercano a la puerta.

Allí les exigen el DNI y los invitan a que guarden en un cajetín con llave el teléfono móvil. Nadie que no sea agente puede entrar con dispositivos electrónicos. Si la reunión que van a mantener es en alguna de las salas de entrevista de ese mismo edificio, no tendrán que pasar más medidas de seguridad. Si la reunión es en uno de los edificios de las divisiones, cabe la posibilidad de que tengan que pasar por un detector de metales aún más moderno que el de los aeropuertos.

Exteriormente nada transmite la imagen de búnker que muchos imaginan que debe proteger a un servicio secreto. Los árboles bien cuidados y la magnífica alfombra verde invitan a respirar hondo y a relajarse, nada que ver con lo que es el trabajo diario del espionaje, mejor representado por algunos agentes que de vez en cuando salen a la calle a fumarse un pitillo. Lo único llamativo es un monumento de Alberto Corazón, colocado en una pradera, en honor de los ocho agentes asesinados en Irak en 2003.

Hay cinco edificios que acogen a cerca de dos mil agentes. El proyecto inicial, impulsado por el director Alonso Manglano, levantó cuatro, pero dejó preparada la estructura para levantar uno más si el previsible crecimiento futuro lo aconsejaba. En la etapa de Saiz, tras los atentados del 11-M, contrataron a más de mil personas, lo que urgió a construirlo.

En el interior hay escasa actividad en los pasillos y las conversaciones no traspasan las paredes que separan las dependencias. Es como entrar en un mundo silencioso y sigiloso, en el que nadie quiere que el vecino de despacho sepa en lo que está trabajando.

Las puertas se abren con una tarjeta y una clave secreta, distinta para cada trabajador del centro, que deja grabados los datos por si la División de Seguridad necesita investigarlos. Cada dependencia solo permite el acceso de personas concretas, de tal modo que un agente perteneciente a la División de Contraterrorismo no puede entrar en el ala reservada a Contrainteligencia.

El edificio más importante, el central del complejo, en forma de Y, se llama Hexágono y cobija a los altos cargos del CNI. Hay que pasar por un pasillo solitario con cuadros en las paredes de todos los directores desde 1977 para llegar al despacho del actual, Félix Sanz, el más amplio de todos, que en general son de dimensiones reducidas, primando la operatividad y olvidándose de impresionar a visitantes que nunca entrarán en ellos. El del director cuenta con una mesa de despacho y dos sillas para invitados. Dispone de un espacio más cómodo con sofás y sillones en torno a una mesa baja de cristal para reuniones menos protocolarias. En esta zona más informal hay un detalle muy especial, una fotografía enmarcada pocas veces presente en organismos oficiales pero muy reveladora: el rey emérito Juan Carlos vestido de traje y apoyado en un bastón.

Junto a ese despacho, y comunicado con él, está el de la secretaria general, Paz Esteban. No tan amplio y más vacío, ofrece una imagen más despersonalizada que el del director, quizás porque ella es una profesional del servicio acostumbrada a que nada —con alguna excepción— refleje aspectos personales de su vida.

Los despachos de los tres directores técnicos están diseminados por el edificio, rodeados de sus más estrechos colaboradores. Todos coinciden en los mismos detalles: muebles impersonales —menos el del director—, paredes desnudas, estanterías sin adornos más allá de algún recuerdo adquirido en algún viaje al extranjero, ausencia significativa de papeles sobre la mesa y, lo que no se ve, cajones cerrados cuya llave siempre va en el bolsillo o bolso del agente.

Hay algunos pasillos con historia que rara vez se enseñan a los periodistas, pero sí a otro tipo de visitantes. En uno hay una vitrina donde se muestran algunos de los regalos recibidos por los directores, entre los que, rodeado de metopas extranjeras, llama la atención el kalashnikov que hace años le entregó durante una visita el jefe del Mossad, el servicio secreto israelí, a Alonso Manglano.

En otra pared, sin acceso habitual para los visitantes, cuelgan retratos al óleo de agentes que marcaron el pasado de La Casa, cuya identidad nunca fue conocida por la opinión pública, pero que con sus acciones le facilitaron grandes éxitos.

Paseando por los pasillos de mármol, siempre brillantes como si de un hospital se tratara, la imaginación del visitante inevitablemente se va a los graves asuntos que esos funcionarios están analizando para salvar vidas, obtener información que permita decisiones acertadas al Gobierno o solucionar un chantaje al Estado. Lo único que podrá hacer cualquiera será fantasear, porque no conseguirá atisbar nada que sea reservado. Los papeles se mueven de una dependencia a otra sin que ningún agente, ni siquiera sus propios vecinos, lo sepan. Nadie se fía de nadie, el mejor medio para evitar cualquier tipo de filtraciones. Por si acaso, los de Seguridad se pasearán por los cinco edificios cuando la mayor parte de sus ocupantes se haya ido a casa, para comprobar que no hay papeles sobre la mesa y que los cajones están cerrados. Más le vale a ninguno no cometer ese gravísimo error.

Los papeles —también las grabaciones de voz e imagen— llegan cada día a centenares al archivo, situado en el sótano. Es, quizás, la zona de más complicado acceso y con más medidas de seguridad. Allí se guarda toda la información generada por La Casa en disquetes y microfichas que los agentes acuden a consultar con frecuencia. Almacenan la historia de España, pero no una cualquiera: la de las alcantarillas del poder de estos últimos cincuenta años. Todo lo archivado sigue unos parámetros para la búsqueda, excepto al menos tres carpetas que permanecen al margen desde la etapa de Alonso Manglano: la del 23-F, la de los masones y la del archivo Jano —el creado en la época de Franco, y actualizado posteriormente, sobre la vida pública y privada de las personalidades más importantes del país.

Otra de las dependencias importantes con acceso restringido es el Centro de Operaciones, la conexión más directa con las grandes crisis que combate el CNI en cada momento, para intentar obtener información y aportar soluciones. Las paredes de esa estancia circular están atestadas de pantallas que muestran a sus usuarios las mejores imágenes de los lugares en conflicto y de los mapas del país o región. A un lado, cabinas de teléfono para mantener conversaciones con garantía de que nadie las está escuchando. Varios relojes digitales señalan la hora exacta de las ciudades donde están teniendo lugar los acontecimientos. En el centro, mesas con los imprescindibles ordenadores.

Además, las instalaciones de la sede incluyen una infinidad de despachos y salas de trabajo, algunas de las cuales tienen nombre. Una de ellas se llama Héroes de Irak y está dedicada a los ocho agentes asesinados en aquel país. Otra recuerda al teniente general Manuel Gutiérrez Mellado, creador del CESID en 1977.

Por lo demás, hay dependencias más corrientes, como un gimnasio enorme para que los agentes, que con frecuencia no salen en todo el día de las instalaciones por su ubicación en las afueras de Madrid, puedan mantenerse en forma y desenchufar mentalmente. Una cafetería inmensa, en la que pueden relajarse, aunque no siempre ha sido así. Hace años Alonso Manglano mandó instalar cámaras para vigilar a los agentes en su momento de relax, en el colmo de la desconfianza, aunque posteriormente fueron retiradas. También hay un centro médico en el que un doctor atiende al personal y les somete a las revisiones oportunas.

La sede central no alberga a todo el personal. La mayor parte de las unidades de la Dirección de Operaciones se han unido en un cuartel de El Pardo con gran capacidad, muy cercano al palacio de la Zarzuela. Antes estaban diseminadas por distintos barrios de Madrid, lo que disminuía su operatividad y dificultaba el trabajo de coordinación de su responsable. Nada más entrar, una placa recuerda el fallecimiento en acto de servicio en Irak de dos de sus mejores agentes, Carlos Baró y Alfonso Vega —«Solo el orgullo por su heroica muerte supera el dolor de su pérdida»—. Disponen de la máxima clandestinidad porque ellos son los que más la necesitan: diariamente varios centenares se mueven por las calles de toda España siguiendo a objetivos, entrando en locales y colocando micrófonos.

Otro edificio, más cercano a la sede central, se está construyendo en la zona para albergar funcionarios de la Dirección de Inteligencia, dado que en el complejo principal apenas hay espacio para el personal actual y el CNI tiene previsto contratar a otros quinientos agentes hasta el año 2020.

Quién le iba a decir a Alonso Manglano cuando en 1981 llegó al cargo de director y tenía su despacho en un pequeño inmueble del paseo de la Castellana, pegado al Ministerio del Interior, que treinta y cinco años después sus 1200 agentes se triplicarían y dispondrían de tantos edificios. Un servicio secreto pequeño convertido en un servicio a lo grande.

El presupuesto se dispara tras el 11-M, cae con la crisis económica y vuelve a subir con la amenaza yihadista y el ciberterrorismo

¿*Q*ué información relevante ofrecen los presupuestos del CNI? El dinero del que dispone un servicio de inteligencia y el detalle sobre cómo lo invierte permiten comprender cuáles son sus principales objetivos, la importancia que le otorga el Gobierno y la sensibilización de la opinión pública respecto a las amenazas que sienten más cercanas y acuciantes.

El CNI tiene quince veces menos presupuesto que los servicios británicos, seis veces menos que los franceses y los italianos, y doscientas veces menos que los estadounidenses. Estos datos los facilitó el director Dezcallar en la comisión de investigación del 11-M, para aclarar posteriormente: «Tenemos un Volkswagen que funciona bien, pero no es un Rolls». Además, hay que tener en cuenta que en esos países no existe el fenómeno español de un solo servicio secreto para todo y como mínimo hay uno para el interior y otro para el exterior, incluso un tercero para el espionaje técnico.

Cuando Jorge Dezcallar llegó a la dirección en 2001 disponía de un presupuesto heredado de 108 millones de euros, una cantidad indudablemente baja que apenas varió al año siguiente. El gran aumento se produjo en 2003 y el motivo no fue otro que la percepción, por primera vez, de que existía una amenaza global del terrorismo tras los atentados del 11-S en el corazón de Estados Unidos y la posterior invasión de Afganistán. Una amenaza nueva y clara que obligó a un reforzamiento del personal y los medios, lo que subió el gasto a 137,9 millones de euros.

Teniendo en cuenta que los presupuestos se deciden en los últimos meses del año anterior, el incremento en 2004 hasta los 161,9 millones reflejaba una España cuyo presidente, José María Aznar, estaba luchando por ocupar un lugar privilegiado en la imagen pública de apoyo a la guerra contra Irak, junto al estadounidense George Bush y el inglés Tony Blair. Los planes de Dezcallar y su equipo fueron empezar a hacer frente a la amenaza exterior que se cernía sobre los intereses españoles, y que podría dispararse en los años siguientes, mediante el control de los sectores radicales yihadistas que se movían por nuestro país.

Los atentados contra los trenes en Madrid el 11 de marzo de 2004 desbordaron los proyectos que La Casa acababa de poner en marcha, dejando en evidencia que habían llegado tarde y ofreciendo públicamente una pésima imagen del CNI y de los servicios de información de la Policía y la Guardia Civil. No solo fueron incapaces de coordinarse para hacer frente a la amenaza, sino que además carecían del personal necesario, del despliegue imprescindible por diversas ciudades españolas y de los medios técnicos adecuados para investigar y vigilar a miles de potenciales terroristas.

Alberto Saiz, a pesar de ser un novato en inteligencia, no tardó en percatarse de la gravedad de la amenaza terrorista contra España, sumada a otras de las que se hablaba menos pero que exigían disponer de medios cuanto antes. Destacaba el riesgo creciente procedente del ciberespacio y el aumento de mafias de todo tipo, entre las que se incluían con prioridad las del tráfico de seres humanos y el blanqueo de dinero. Sin contar la incontrolable marea de inmigración procedente del norte de África.

El presidente Rodríguez Zapatero fue muy sensible a esas necesidades y año tras año aprobó aumentos considerables de gasto: en 2005 pasó a 189,7 millones de euros, que en 2008 alcanzaron el máximo, 264,7. Si en 1981 el director Emilio Alonso Manglano hizo en el CESID una primera transición para convertirlo en un moderno servicio secreto, Saiz ejecutó la segunda transición y potenció el CNI hasta llevarlo a ocupar uno de los puestos más importantes entre los servicios de inteligencia occidentales. Alcanzó la cifra de 3.500 agentes —mil más de los que había— y adquirió medios tecnológicos ultramodernos, lo que supuso un alto desembolso dada la precariedad existente hasta entonces. Sin olvidar que en esta complicada etapa la amenaza de ETA continuó siendo prioritaria y los medios del servicio contra ella no disminuyeron un ápice, más bien al contrario.

La guerra de agentes descontentos contra Saiz forzó su dimisión, y ocupó su lugar el teniente general Félix Sanz. La gran reforma del servicio estaba hecha, pero el nuevo director aterrizó en un momento en que la crisis económica azotaba cruelmente a España. El presupuesto que heredó en 2009 reflejaba ya esa situación con la primera disminución, en esa década, del dinero disponible en diez millones de euros.

En los años siguientes las amenazas no sufrieron modificaciones, más bien al contrario, pero tuvieron que avanzar a ritmo más lento en la dotación de medios técnicos. En 2010 el presupuesto se rebajó a 241,37 millones y en 2011 a 228,20. Sanz lloró todo lo que pudo por los despachos de los políticos, pero el Gobierno socialista no estaba para hacer ningún tipo de excepciones.

La llegada de Mariano Rajoy a la presidencia mantuvo el gasto del CNI en la misma vía secundaria de desaceleración, pero el cambio de dependencia del servicio desde el Ministerio de Defensa al de Presidencia, comandado por Soraya Sáenz de Santamaría, facilitó que los problemas de la inteligencia tuvieran una interlocutora con mayor influencia, muy interesada en sus temas, que poco a poco fue entendiendo la importancia de la seguridad desde las alcantarillas.

Mientras tanto, Sanz ejecutó un plan de ahorro inteligente. Se llevó al CNI al almirante José María Terán Elices para que hiciera un análisis de la política de personal y propusiera cambios que permitieran ahorros sin que eso provocara un malestar descontrolado. Gracias a su trabajo, fueron quitando de aquí y de allí, devolvieron a las Fuerzas Armadas personal que sobraba en determinadas divisiones y pudieron sortear algunos efectos de los recortes. Hubo que frenar planes de expansión y gasto, como la reducción drástica del coste del edificio que iban a construir en las inmediaciones de la sede central. Les benefició la derrota de ETA, lo que supuso que el gran número de experimentados agentes destinados a luchar contra esa lacra pudiera disminuir y ayudar a cubrir las necesidades de otras divisiones emergentes.

En 2014 se congeló el presupuesto del año anterior, un primer paso que precedió al nuevo aumento del año 2015 en veinte millones de euros, y al de 2016 en diecisiete, hasta los casi 241 millones. La labor de concienciación de Sanz había producido finalmente resultados. Desde poco tiempo después de llegar al cargo se había convertido en el principal publicista de La Casa, dedicado a dar conferencias en lugares doctos en los que se quejaba del poco dinero que recibían para las crecientes amenazas a las que tenían que hacer frente. Llegó a afirmar que el CNI le costaba a España «menos que la cláusula de rescisión de Messi».

El panorama desolador que recordaba una y otra vez en sus intervenciones giraba alrededor de tres cuestiones: los peligros del terrorismo yihadista, cuyos atentados se repetían en todo el mundo y lo obligaron a ampliar delegaciones y contar con agentes en setenta países; las crecientes amenazas contra los intereses económicos, dejando entrever que los ataques a la moneda española en la confluencia del euro podían responder a intereses espurios, y la necesidad de hacer frente a las agresiones en el ciberespacio que no solo sufrían ellos o las instituciones del Gobierno, sino una multitud de empresas españolas.

Nadie en el Parlamento ni en la opinión pública se quejó de este aumento perfectamente fundamentado por el CNI, mientras otros departamentos se seguían apretando los cinturones: frente a la inseguridad creciente, necesitaban contar con más dinero para hacerle frente. Gracias a ese ambiente, a mediados de 2016, Sanz consiguió que el Gobierno en funciones disparara su presupuesto concediéndole sesenta millones de euros extra para adquirir tecnología y poner al día sus instalaciones. Con ello consiguió a la chita callando disponer del mayor presupuesto nunca entregado al servicio de inteligencia.

De cara al futuro, ese gran vendedor que es Félix Sanz ha ideado el Concepto Estratégico 2015-2020, que establece un nuevo aumento de la plantilla de quinientos agentes —hasta los cuatro mil— y más medios técnicos, lo que exigirá que el presupuesto siga aumentando año tras año.

Mención aparte merece el capítulo de gastos reservados. Desde 1996, en que disponían de seis millones de euros, hasta los 19,8 que había veinte años después, la situación ha cambiado mucho. Triplicarlos parece importante, pero es que los gastos que van a ese capítulo tienen una trascendencia especial. De entrada, todos los colaboradores cobran a cargo de esos fondos y son varios miles. Además, hay operaciones puntuales que exigen el desembolso de cantidades muy elevadas para conseguir la colaboración de traficantes de armas, blanqueadores de dinero o mafiosos cuyos emolumentos están a años luz de los seiscientos euros mensuales que pueden invertir en un colaborador en el mundo islámico. Hay que recordar que el Ministerio del Interior pagó de una vez cerca de dos millones de euros a Francisco Paesa para que ayudara a localizar al prófugo exdirector de la Guardia Civil, Luis Roldán.

Desde esa perspectiva, como mencionamos en el capítulo anterior, los especialistas consideran que el CNI tiene que gastar bastante más en fondos reservados que esos veinte millones que tiene adjudicados anualmente. A los que habría que sumar los gastos imprevistos que ha tenido que acometer en los últimos años referidos al pago de rescates de ciudadanos españoles en el extranjero, varios de ellos a cambio de millones de euros. Pero como no hay control presupuestario de estos fondos, las dudas que pudieran plantearse no llevarían a ningún lado.

Los exagentes nunca dejan de serlo, ¿o sí? Olga Ramos cantó para Los Ojos de España, el club de exagentes operativos

*E*s uno de los centenares de casos ocurridos desde la creación del CNI, pero con varias guindas que lo convierten en especial, Julio López Borrero es uno más de los agentes que abandonó de manera voluntaria La Casa para acometer nuevos retos privados en el terreno que controla como nadie: el espionaje por señales. Fue descubierto por la prensa extranjera, denunciado por algunos políticos y negado por todos aquellos que lo deberían haber protegido. Representa un caso controvertido sobre eso que es ley en el servicio secreto: un agente nunca deja de serlo. Cada uno que juzgue.

Los partidos políticos de la oposición en Panamá no pudieron creer lo que descubrieron en la segunda mitad del 2005 y lo denunciaron públicamente: el presidente Torrijos había contratado como asesor en materia de seguridad nacional a un espía extranjero que estuvo años antes involucrado en un espionaje ilegal.

Días después de saltar la noticia, el ministro de la Presidencia panameño Ubaldino Real intentó justificar la decisión:

> Julio López Borrero ha sido contratado por el Estado, por conducto de este Ministerio, para prestar servicios como consultor en materia de seguridad; carácter bajo el cual maneja información relacionada con los estamentos de seguridad estatales, que de hacerse pública podría comprometer asuntos de seguridad nacional. Con fundamento en lo antes expresado, se considera legalmente viable declarar como de acceso restringido toda información referente a la relación existente entre el Estado y el señor López Borrero.

A la opinión pública panameña le resultó chocante que un exagente español estuviera empotrado en un organismo delicado de su Administración, pero lo que les puso de los nervios fue descubrir la parte tenebrosa de López Borrero. Militar e ingeniero, poco sabían de su pasado en España, excepto que había sido jefe de área en el Departamento de Acción Operativa del CESID a finales de los años 80 y principios de los 90 cuando se creó, bajo su dirección, el Gabinete de Escuchas. Su trabajo fue grabar conversaciones de las más altas autoridades del Estado, entre ellos el rey Juan Carlos, los ministros Francisco Fernández Ordóñez y José Barrionuevo, además de numerosos empresarios, jueces y periodistas. López Borrero fue juzgado por este caso que costó el puesto al director Alonso Manglano, al ministro García Vargas y al vicepresidente Serra.

Un alto directivo del CNI habló con un periodista para aclarar que López Borrero había pedido la excedencia un año antes: «Dijo que tenía una gran oferta y se largó. Estaba destinado en Madrid cuando se produjo su petición. Anteriormente había estado destinado en Panamá, donde debió haber hecho los contactos que le han facilitado el trabajo. El embajador no debe enterarse del tema».

Esta puya venía a raíz de unas declaraciones del embajador español en Panamá, Gerardo Zaldívar, que ante la polémica surgida en el país quiso aclarar que López Borrero era consejero de la embajada española y trabajaba para el CNI: «No tengo un seguimiento de su trabajo, porque no es de mi competencia ni tengo por qué hacerlo».

Como el Gobierno panameño recibió todo tipo de críticas por tener en nómina a un presunto espía español para que se cerciorase de que no les colocaban micrófonos, el presidente Torrijos dirigió la responsabilidad a su predecesora en el cargo, Mireya Moscoso. Esta entró rápido en el cuadrilátero de combate negándolo todo: «La única conexión que tenía López Borrero con mi Gobierno era que trabajaba en la embajada de España en materia de seguridad, pero en mi Administración jamás trabajó».

¿Era López Borrero agente del CNI en aquel momento o lo había dejado para dedicarse a asuntos privados? ¿Trabajó para el Gobierno panameño sin pasar información al CNI? Al margen de que estuviera fuera o dentro del servicio secreto, ¿mintió el embajador cuando dijo que era personal en nómina? El asunto, como pasa con frecuencia, nunca se aclaró totalmente.

Otros delegados del CNI, y antes del CESID, destinados en México, Venezuela, Chile o Colombia —como Miguel P.— fueron posteriormente fichados por organismos o empresas poderosas para que aplicaran en su beneficio sus conocimientos sobre seguridad e inteligencia. El último fue Miguel Sánchez, que tras una larga y brillante carrera en el espionaje, en la que llegó a ser director técnico de Inteligencia, fue contratado en 2016 como director de Seguridad Corporativa de Telefónica.

La respuesta a la pregunta genérica sobre si los exagentes siguen colaborando con el CNI es... depende. La mayor parte de ellos, cuando abandonan el servicio después de muchos años, vuelven a su casa y sienten la liberación de poder empezar a ser sinceros con su familia y amigos; dejan atrás una etapa apasionante de su vida y buscan desenchufar. Otros son todavía jóvenes y para seguir viviendo tienen que buscar trabajo en el campo que mejor controlan, el de la seguridad. Si en algún momento tienen información que puede ser útil para el servicio, o los agentes en activo consideran que por su nuevo destino los pueden ayudar, entonces vuelven a establecer relación.

La División de Seguridad del servicio secreto tiene activada la llamada Operación Sombra, consistente en investigar a los exagentes para saber a qué se dedican y si pueden suponer un problema para La Casa. Han manejado mucha información durante sus años de servicio y hay que evitar cualquier tipo de traición.

Con objetivos como este, nació en 2010 la Asociación de Ex-Miembros del Servicio de Inteligencia Español —AEMSIE—. Impulsada entre bambalinas por el director Félix Sanz, está presidida por Juan Martín Roy, con una larga carrera en la División de Contrainteligencia y como jefe de delegación en un país sudamericano. Surge oficialmente alejada de intereses partidistas y políticos para «ocupar un espacio en la cultura de inteligencia». Su objetivo es agrupar a todas las personas dispersas, que cifran en unas 400, que han trabajado en el CESID y el CNI. Hablan de mantener los lazos de amistad y solidaridad entre los asociados, así como de prestar asistencia a los que se encuentren en situación de dificultad personal o familiar. También mencionan su deseo de contribuir a mantener la imagen de los servicios secretos, preservar su memoria y reivindicar su contribución a los logros de la sociedad española. En estos años parece que han hecho más bien poco para conseguir este último y triple objetivo.

Detrás de la asociación late la necesidad de ejercer un control discreto sobre los antiguos miembros. También persiguen un objetivo más simple: esos exagentes podrían ser contactados por La Casa para que realicen trabajos puntuales. Es el caso de un jefe de seguridad, a quien se le podrían solicitar datos concretos sobre su empresa o sobre un directivo de la misma.

La otra asociación existente es mucho más antigua, tiene más de veinticinco años, se llama Los Ojos de España y está integrada por exagentes de la unidad operativa. Se reúnen varias veces al año, en un ambiente festivo, los compañeros que compartieron todo tipo de situaciones límite entrando en domicilios para ocultar micrófonos o siguiendo a un peligroso agente del KGB. Pueden pasar muchos meses sin verse, pero nunca faltan a su cita en la festividad de San José. En algún día cercano a esa fecha, se encuentran con el pretexto de celebrar el patrono de tantas y tantas personas a las que vigilaron y a las que en clave interna llamaban «pepes». En su día, el propio jefe de la unidad, Juan Alberto Perote, acudía a esa discreta y bulliciosa cita para cantar emocionado con sus antiguos compañeros, al final de la comida, su himno *Los ojos de la española*.

En una ocasión, no hace muchos años, los miembros de la asociación decidieron reunirse en el restaurante El último cuplé, que regentaba Olga Ramos y después su hija Olguita. Un espectáculo clásico, rodeado de un ambiente romántico. La cupletista, que siempre hacía bromas entre los asistentes, no consiguió que los organizadores le facilitaran nombres y anécdotas de sus compañeros para personalizar sus chistes. El secretismo seguía imperando en sus vidas. Lo que resultó impresionante fue el momento en que Olguita entonó *Los ojos de la española* y todos los presentes la cantaron entusiasmados, a voz en grito, con ella. Nunca supo que había tenido en su sala a más de un centenar de antiguos James Bond.

La Casa, cuentan muchos agentes, tiene tendencia a no prestar atención a los agentes que ya no les son de utilidad. Es algo frecuente en los servicios de inteligencia de todo el mundo, nada parecido al comportamiento de los cuerpos policiales. Los infiltrados son el mejor ejemplo. Cuando ya no pueden trabajar en esa misión, en la Policía española o en el FBI estadounidense, les colman de gloria, aunque sea con discreción, y les buscan una labor donde puedan vivir con algo más que dignidad. En los servicios de inteligencia, a estos ex los desprecian, pasan de ellos. El servicio, dicen sus propios agentes, no tiene corazón. Mientras están dentro, entienden que tiene que ser así, pero cuando salen se dan cuenta de que ningún organismo, incluido el servicio secreto, debería comportarse de esa forma tan fría.

José Luis Cortina, el espía eterno que quiere un reconocimiento del rey

*D*entro de los exagentes destaca uno de ellos, quizás el más conocido, que merece un apartado especial. Es el caso más representativo de un militar que antes que nada fue espía y que, de una manera u otra, treinta y cinco años después de haberla abandonado, no ha dejado de tener una relación especial con La Casa y con los temas de inteligencia y seguridad.

José Luis Cortina pertenecía ya en 1973, fecha del asesinato del presidente del gobierno Luis Carrero Blanco, a la unidad operativa de la Segunda Bis del Alto Estado Mayor. De ahí pasó al CESID, donde dirigió la Agrupación Operativa de Misiones Especiales (AOME).

El 23 de febrero de 1981, durante el golpe de Estado, su nombre no apareció en ningún momento en los medios de comunicación. Sí lo hizo unos días después, cuando uno de sus mejores agentes, Juan Rando, descubrió que varios de sus compañeros de la unidad operativa habían guiado a los guardias civiles del teniente coronel Tejero hasta el Congreso de los Diputados. Rando investigó el tema con sigilo y cuando tuvo información contrastada, habló con su amigo y compañero, Diego Camacho, para contarle no solo que diversos elementos de la AOME habían colaborado con los golpistas, sino que su jefe, el comandante Cortina, era el cabecilla.

Camacho transmitió la información al secretario general del CESID, Javier Calderón, el verdadero hombre fuerte del centro en ese momento, quien le pidió silencio y tiempo para investigar a los denunciados. Ese mismo día, Cortina intentó reunirse con Rando y cuando este le dio largas sospechando de sus aviesas intenciones, le tendió una trampa. En las semanas posteriores el agente sufrió varios intentos de asesinato.

Cortina fue procesado por la intentona golpista y el fiscal le pidió doce años de cárcel. El comandante lo negó todo desde el primer minuto y así se mantuvo a pesar del odio manifestado por los otros implicados, entre ellos el propio Tejero, que aseguraba que se había reunido con él para preparar el golpe.

El día que le tocó declarar en el juicio —en marzo de 1982— el fiscal militar estuvo especialmente duro e insistente con él. La mayor parte de los acusados reconocía su participación y alegaba obediencia debida a las órdenes impartidas por sus jefes, procedentes a su vez del rey Juan Carlos. Por el contrario, Cortina lo negaba absolutamente todo: no se había reunido con Tejero y no había organizado un encuentro entre el teniente coronel de la Guardia Civil y el general Armada, que supuestamente transmitía las intenciones del rey. Cortina se sintió molesto por las preguntas y muy nervioso por lo incisivo que resultó el interrogatorio del fiscal.

El CESID había cambiado de dirección, Calderón había tenido que irse y el nuevo responsable, Alonso Manglano, había enviado a varios agentes e informadores al proceso. Uno de ellos informó que el día de su declaración, durante el receso para el almuerzo, Cortina se fue al teléfono público que había cerca de las mesas del comedor de los acusados y llamó a alguien no identificado al que le advirtió: «Si el fiscal me jode, saco lo de Carrero Blanco».

El informe del CESID no da más detalles de esa tensa y amenazadora conversación, pero algunos presentes en el juicio ese día contaron que la actitud del fiscal tras el receso cambio radicalmente y que a Cortina se le aligeró la tensión acumulada por la mañana y se creció. El comentario sobre el asesinato de Carrero Blanco tenía que ver con el hecho de que un coche del servicio secreto estuvo en la escena del crimen el mismo día en que se perpetró. Oficialmente, haciendo una vigilancia para otra operación que nada tenía que ver con el presidente del Gobierno.

El tribunal terminó exonerando en su sentencia a Cortina de cualquier responsabilidad por falta de pruebas. Los importantes datos aportados por Juan Rando y Diego Camacho sobre el golpe de Estado, recogidos en un informe interno elaborado por el CESID, nunca fueron incluidos en la causa ante la sorpresa de los que conocían su contenido. El comandante Cortina volvió al Ejército con el expediente inmaculado. Muchos años después, José Bono, mientras era ministro de Defensa en el gobierno de Rodríguez Zapatero, reconoció: «El CESID estuvo presente en el 23-F y hubo complicidades con los golpistas».

Tras su reingreso en las Fuerzas Armadas, el ministro de Defensa Narcís Serra, aconsejado por el director Alonso Manglano, tuvo controlado a Cortina en destinos nada conflictivos, apartados de los focos mediáticos. Siguió su carrera militar, le hicieron coronel —por méritos de antigüedad—, pero cuando en 1989 le llegó el momento de ascender a general, el gobierno socialista no le incluyó en la lista de seleccionados.

En enero de 1991, el diario El Mundo publicó dos planes secretos del ejército, los llamados Papa Tango y Papa Golf. Se montó un gran revuelo y la investigación que persiguió al filtrador señaló a Cortina. Fue finalmente declarado inocente, pero ya su carrera militar estaba concluyendo.

Cortina entró en el mundo de los negocios privados con la empresa Y2V, donde volvió a los temas de inteligencia y seguridad que tanto dominaba. Uno de sus primeros contactos fue el secretario general del Partido Popular, Francisco Álvarez Cascos, quien lo recibió en su despacho y aceptó que les asesorara en diversos temas. Una relación que el político mantuvo cuando fue nombrado vicepresidente del gobierno, aunque nunca lo incluyó de manera formal en la lista de asesores del palacio de la Moncloa.

Esta colaboración con el principal partido de la oposición, y luego con el gobierno de Aznar, supuso su regreso a los aledaños del poder tras su época de ostracismo con los socialistas. También fue una de las vías para ampliar sus negocios y acceder en los años siguientes a diversos tipos de contratos. El espía había vuelto al trabajo que más le gustaba.

El director Javier Calderón, su íntimo amigo, le ofreció la posibilidad de colaborar con discreción en el servicio secreto. En una de las primeras fiestas de Navidad que celebró el CESID bajo su mandato, en la que es tradición invitar a antiguos agentes —nunca a los que han salido de malas maneras—, incluyó por primera vez su nombre en el listado. Fue un regreso al regazo familiar respaldado por su eterno compañero.

Con la potestad que ofrece el cargo de director, Calderón le encargó informes sobre diversos temas pagados con cargo a los fondos reservados, donde si bien es cierto que dejan huella, nunca es conocida por la opinión pública. Una parte de esos trabajos tenían que ver con el terrorismo de ETA y la situación en el País Vasco, un asunto en el que precisamente el servicio siempre había dispuesto de muy buena información. Calderón le encargó un análisis meses antes de las elecciones en el País Vasco de mayo de 2001. El informe terminó en manos de Ramón Ichaso, jefe de la División de Inteligencia Interior, el responsable de la lucha antiterrorista. Persona de gran integridad, en cuanto lo leyó detectó que contenía información procedente de informes anteriores de La Casa, que no tenía sentido el pago de tanto dinero de los fondos reservados y presentó su dimisión.

Calderón se indignó por su actitud, aceptó su renuncia y nombró para sustituirlo a un coronel cuyo alias es *Peces*. Este tardó pocos meses en presentar también su dimisión por la misma causa, alegando discrepancias con la gestión del director.

En la segunda legislatura de Aznar al frente del Gobierno, Calderón fue sustituido por Dezcallar y el chollo de Cortina se acabó en el CESID. Asistió a la primera fiesta de Navidad invitado por el todavía número dos, Aurelio Madrigal, heredado de la etapa de Calderón, pero su presencia disgustó al nuevo director y se le retiró de la lista.

Mantuvo las buenas relaciones con la dirección del PP gracias a la empresa Ombudsman, propiedad de varios integrantes del clan Cortina, de la que era accionista importante M. A. P., su mujer. Esta empresa estuvo durante años contratada por el Ministerio del Interior del gobierno de Aznar para la protección de cargos amenazados por ETA.

Ombudsman se terminó convirtiendo en la mayor contratista de escoltas privados del Ministerio del Interior y posteriormente, ya en el año 2007, consiguió otro jugoso contrato para encargarse de la seguridad de diversas dependencias del Ministerio de Defensa.

En esos años Cortina había disminuido la actividad de Y2V y había levantado el grupo Athenea, dedicado a temas de seguridad y defensa. Sacó a la calle una revista con el mismo nombre, en cuyo consejo asesor había un antiguo jefe del Estado Mayor del Ejército, cinco tenientes generales, un almirante y un general de división. Tres de ellos habían trabajado además para el servicio secreto.

Con el paso del tiempo muchos de estos generales se fueron hartando de Pepe —como le llaman todos los que lo conocieron en el CESID— y lo abandonaron. Después sustituyó la revista sectorial *Athenea* por una de venta en kioscos llamada *One Magazine*, que no consiguió su objetivo de arrasar en ventas. Pero sí el de ser la única publicación general que habla de las fuerzas armadas y trata de ofrecer una imagen positiva de la institución.

Personas que lo han conocido bien en esta última etapa consideran que todos sus esfuerzos fueron y van encaminados a conseguir convertirse en la persona que más hace por la defensa de España desde fuera de los ejércitos. Con ese objetivo, puso en marcha la feria de armamento bianual Homsec, que permite enseñar al mundo los grandes desarrollos de la industria española. Feria que en ningún momento ha dado beneficios, pero que él sigue impulsando.

Si en la etapa de Dezcallar y Saiz no tuvo contactos con el CNI, todo cambió tras la llegada del teniente general Sanz, del que fue compañero en la Escuela de Estado Mayor y con el que mantenía amistad. En una de las celebraciones de Homsec fue donde se visualizó esa buena relación, cuando el director de La Casa fue a saludarlo y estuvo un tiempo hablando con él delante de los medios de comunicación.

No hay constancia de que Sanz le haya encargado trabajos, pero sí de la deferencia que muestra hacia el hombre que movió los hilos para eliminar a Juan Rando cuando sacó a la luz su implicación en el 23-F. En 2015 se conmemoraron los cincuenta años de la creación de los grupos operativos del servicio secreto. Sanz consideró que podía ser un buen pretexto celebrar un acto especial en la sede central y que lo presidiera el rey Felipe, en lo que sería su primera visita oficial a La Casa.

Un día de noviembre todo estaba preparado. Acudieron el rey y la vicepresidenta del gobierno y responsable política del servicio, Soraya Sáenz de Santamaría. Los recibieron un amplio grupo de agentes en activo y retirados, lo más granado en la historia de la unidad especial. Los actos ya habían comenzado cuando apareció José Luis Cortina, sofocado por el retraso. A algunos les había extrañado no verlo al inicio del evento, conociendo su buena relación con el director, pero al final se sumó y pudo estrechar la mano de Felipe VI.

Fue el momento más cercano, al menos según cuentan quienes lo conocen, al cumplimiento de su gran sueño. Cortina considera que lo han menospreciado y que se merece un reconocimiento de la Corona por su contribución a la política de defensa. Creen que piensa, aunque nunca lo diga en público, que actuó perfectamente el 23-F y que daría todo lo que tiene por un acto en el Palacio de la Zarzuela en la que el rey le impusiera una medalla como reconocimiento a sus largos años de servicio.

III

La victoria contra ETA

Si te he visto, no me acuerdo

Conocí a Francisco Lerena, alias *Alejandro*, a raíz de la publicación de su libro de memorias *Así intentamos matar al Rey.*[1] Corría el año 2008, sabía desde hacía tiempo algunas de sus proezas como agente y no paré hasta conseguir una reunión para entrevistarlo para *Interviú,* el semanario en el que trabajaba.

Lo que previamente conocía de Lerena, sumado a la lectura pausada y absorbente de su biografía, había creado en mi cabeza una imagen de él cercana a un James Bond tranquilo. Me caí de semejante error a los pocos minutos de conversación y volví a la idea inicial cuando más de una hora después nos despedimos. Paco era un personaje singular cercano a George Smiley, el protagonista fascinante de muchas novelas del maestro John Le Carré. Era un espía auténtico, nada de merengue escondiendo el bizcocho y el azúcar glaseado de la tarta. Era un ser humano con sentimientos, alguien que se había jugado la vida convencido del deber de servir que había mamado en la Guardia Civil.

En los años 80, tras el frustrado golpe de Estado del 23-F, Lerena hizo un inmejorable trabajo como agente infiltrado en la extrema derecha que continuaba batallando en las cloacas para subvertir el régimen y provocar la llegada de una dictadura militar. Evitó varios atentados, uno con explosivos, que podría haber tenido consecuencias dramáticas, contra un autobús de familiares de ETA que se dirigía a visitar a sus presos. Lo que lo convirtió en un mito del espio-

---

1. Francisco Lerena Z., *Así intentamos matar al Rey. Un espía del CESID en el último intento de golpe de Estado, 1985,* Madrid, Espejo de Tinta, 2005.

naje y lo hizo pasar a la historia fue su labor para impedir que en 1985, durante el desfile de las Fuerzas Armadas en A Coruña, explotara una bomba debajo de la tribuna desde donde presidiría el acto la familia real al completo, acompañada por el presidente del Gobierno Felipe González y el ministro de Defensa Narcís Serra.

Había conocido a muchos agentes durante los anteriores veinte años y era la primera vez que me sentía delante de un Smiley. Lerena no era alto, no parecía demasiado fuerte, la sonrisa no le salía con facilidad, no se sentía alguien especial. Había realizado su trabajo y en ese momento lo contaba con suma naturalidad. No tardé en descubrir que la tristeza que desprendían sus ojos estaba relacionada con los acontecimientos que provocaron su salida por la puerta de atrás del servicio secreto. Pero estábamos haciendo una entrevista y no pude detenerme mucho en ese aspecto.

Volví a verlo tiempo después y durante los años siguientes nos hemos reunido varias veces delante de un café con leche y unos churros. Al principio de nuestros encuentros, quedábamos en la calle delante de algún bar y él aparecía por sorpresa, nunca sabía de dónde. Imagino que me había estado observando, oculto en algún sitio, mientras yo lo esperaba en el punto convenido. A pesar del tiempo que había pasado, Lerena seguía cumpliendo estrictas medidas de seguridad, tal era la preocupación que tenía de que alguno de los malos a los que había engañado en su infiltración en la extrema derecha pudiera vengarse tras la publicación de su libro.

Hablábamos de mil cosas. De la familia, de la vida, de política, de espionaje. Llegamos a ser amigos, al menos yo lo considero como tal. Al principio me costó comprender su sentido trágico de la existencia y más tarde, por desgracia, me sentí identificado con sus problemas.

Cada vez que pienso en él lo imagino decepcionado y hundido cuando, tras jugarse la vida en la infiltración, descubrió que el servicio secreto no pensaba cumplir ninguna de las promesas que le había hecho en el momento de captarlo. Día tras día, mientras charlábamos relajadamente en un solitario bar, fui conociendo los detalles más íntimos de su aventura. Paco Lerena lo dejó todo, abandonó sus expectativas de futuro en una ciudad lejana y se vino a Madrid para convertirse en agente de un servicio que le aseguró un sueldo digno y, sobre todo, una salida profesional para cuando concluyera la tarea. ¿Hacía falta prometerle lo que no pensaban cumplir? Sí, era imprescindible. Un hombre con mujer e hijos no lo abandona todo para embarcarse en una aventura sin perspectiva de futuro. Ellos lo sabían y por eso lo engañaron dejándolo luego tirado.

Cuando finiquitó con su actuación la amenaza de la extrema derecha, le fueron bajando el sueldo mientras le prometían regentar alguna de las tapaderas que el servicio estaba montando. Más tarde, lo arrojaron al lodazal. Paco, al que se conoce como *Lobo Azul*, comparando su exitosa infiltración con la de Mikel Lejarza en ETA, no volvió a levantar cabeza. Le destrozaron la vida.

Un amigo espía siempre me habla de la frialdad de La Casa, que todos más o menos entienden mientras reciben un sueldo, pero ninguno lo hace cuando se va. Muchos como Paco han sufrido por culpa de esa organización que pocas veces agradece los servicios prestados a las personas que se la juegan en su nombre.

Lo mismo le pasó a Chema, el hombre sin rostro y sin nombre que antes de los Juegos Olímpicos de Barcelona se infiltró en la banda terrorista Terra Lliure y consiguió la información necesaria para desarticularla. Chema fue captado por Mikel Lejarza, a quien el servicio secreto había encargado la misión de buscar a la persona adecuada para meterse en la banda catalana y facilitar su final.

No fue tarea fácil. Dos personas antes que él lo habían intentado pero fueron descubiertas. A la tercera fue la vencida. Con el apoyo de Lejarza y de las estructuras del servicio secreto, lo consiguió. Pero llegó el momento posterior al celebrado éxito del desmantelamiento de las estructuras y las detenciones. Chema fue extraído oportunamente antes del final de la operación y desapareció de España. Lo llevaron a un país lejano y a partir de entonces La Casa se fue olvidando de él. Ya no les era de utilidad.

Por el contrario, la gratitud llevó a que Juan Pujol, alias *Garbo,* el agente doble que durante la Segunda Guerra Mundial convenció a los alemanes de que el desembarco aliado en Europa se realizaría en el paso de Calais y no en Normandía, fuese condecorado con la Orden del Imperio Británico, el mayor reconocimiento posible de ese país. Además, como engañó a los alemanes incluso después del fiasco de Normandía, Hitler le concedió la Cruz de Hierro. Tanto reconocimiento habla de la grandeza de los países y de los servicios secretos con quienes los sirven hasta la extenuación con riesgo de sus vidas.

A veces la opinión pública se indigna cuando cuerpos como la Policía entregan cruces rojas al mérito a gente que no ha arriesgado su vida y ni siquiera ha pisado la calle. Una forma de actuar que se repite en el CNI, aunque la ciudadanía lo desconozca.

El reconocimiento a la labor realizada sí fue premiada en el caso de Mikel Lejarza, aunque con llamativos matices. Un día de 2010, un amigo me llamó la atención sobre la entrega de condecoraciones que había realizado el Ministerio de Defensa en las Navidades anteriores. Busqué el Boletín de Defensa y me encontré con una larga lista de premiados. Solo al final de ella, entre el personal civil, descubrí el nombre de Miguel Ruiz, una de las identidades que utiliza El Lobo, al que concedían la Cruz al Mérito Militar con distintivo blanco. Algo inusual, pero muy merecido, para el agente que había infringido a ETA el mayor daño en toda su historia y que en los treinta y cinco años posteriores no había dejado de jugarse la vida en la lucha antiterrorista, persecución de mafiosos o blanqueo de dinero. Me alegré. Aprecio personalmente a Mikel y sé la ilusión que le hacía, por lo que tardé un minuto en telefonearle para felicitarle y transmitirle mi orgullo y alegría.

Lo que no le dije, para no chafarle el momento, fue la sorpresa que me había encontrado cuando busqué su nombre entre el largo listado de premiados. Al llegar a la importante Gran Cruz al Mérito Militar con distintivo blanco —más destacada que la de Lejarza— encontré el nombre de Agustín Cassinello, que sin duda se la merecía, pero que en los meses anteriores había sido acusado de participar en la conspiración para destronar al director Saiz. Debajo de él aparecía Francisco Montes, que seguro que también se la merecía, que se había enfrentado abiertamente con Cassinello y fue el artífice de que Saiz lo cesara.

Mi sorpresa no había hecho más que empezar. Después descubrí en la lista de agraciados con la Gran Cruz al Mérito Naval con distintivo blanco —seguro que merecida— a Raquel Gutiérrez, la directora de Inteligencia nombrada por Saiz e inmediatamente cesada por su sustituto Sanz.

Creí que ya no podía sorprenderme cuando un poco más abajo encontré a otro condecorado —¿seguro que se la merecía?—: Ramón Trillo, el magistrado del Tribunal Supremo que había firmado las órdenes de autorización de las operaciones más secretas del CNI en la etapa de Saiz.

Resulta que el director del CNI le había dado a El Lobo después de treinta y cinco años de jugarse la vida la condecoración más baja y a los otros cuatro las más altas. Esa es la forma del servicio secreto de agradecer los servicios prestados. Todavía estoy alucinando.

El fin de ETA (I): cómo acabaron con la banda

*E*l 22 de marzo de 2006 ETA enviaba un comunicado a la EITB, la televisión pública vasca, en el que anunciaba un «alto el fuego permanente» con la intención de superar el conflicto con el Estado. Después de casi tres años sin causar víctimas mortales, la banda terrorista utilizó un concepto similar al del IRA cuando dio el primer paso en el proceso de paz en Irlanda del Norte.

El presidente del gobierno Rodríguez Zapatero creyó desde el primer día que era posible que ETA abandonara las armas. Su escudero para dirigir las conversaciones, Alfredo Pérez Rubalcaba, al que designó ministro del Interior en abril, pocas semanas después del anuncio de la banda, también confiaba en conseguir un hito histórico apoyándose en los pasos recorridos en secreto bajo su supervisión hasta ese momento.

El CNI dirigido por Alberto Saiz, por el contrario, era escéptico, nunca creyó que fructificaran las conversaciones y desde el primer día actuó como si no fuera a haber un acuerdo, preparando el día después. La Casa no manifestó una opinión contraria al proceso negociador porque sabían, por los análisis que ellos mismos habían realizado en las negociaciones fracasadas llevadas a cabo por los gobiernos anteriores, que sentar a una mesa a representantes de la banda siempre había ofrecido buenos resultados ya que el fracaso final producía un descrédito de ETA en los ambientes abertzales que la apoyaban.

Durante los ocho meses que duró el «alto el fuego permanente», Rubalcaba blindó la negociación alejando de la lucha contra ETA a los agentes del CNI y a la Guardia Civil, de tal forma que la Policía, que él controlaba directamente y era de su máxima confianza, fuera quien estuviera en primera línea de combate y evitara que nadie metiera la pata deteniendo o dando pasos en falso que repercutieran negativamente en la negociación. En aplicación de esta estrategia para no entorpecer el proceso se produjo el caso Faisán, que implicó a dos policías —uno de ellos el jefe superior de Policía del País Vasco, Enrique Pamies— por el chivatazo que recibió el 4 de mayo de 2006 Joseba Elosúa, propietario del bar Faisán, para evitar que fuera detenido en una redada contra la red de extorsión de ETA.

El CNI aceptó su alejamiento del frente de batalla, activó todos los medios para estar listo el día en que ETA blandiera de nuevo las armas y se puso a trabajar en lo que mejor hacía hasta ese momento: espiar al entorno etarra, a los intermediarios, a los negociadores y a todos los que estaban implicados en el proceso, ya fuera en países como Suiza o en la retaguardia política y militar en el País Vasco. Ya antes de oficializarse los encuentros entre los mediadores del Gobierno y de ETA, y durante todo el tiempo que duraron, La Casa facilitó al Palacio de la Moncloa información sobre todo lo que estaba pasando, lo que permitió a Zapatero contrastar los datos que le llegaban, de una manera más oficial, del ministro Rubalcaba.

El 30 de noviembre de 2006, segando las grandes esperanzas en un acuerdo de paz manifestadas en público por el presidente del Gobierno, ETA hizo estallar un coche bomba en la terminal 4 del aeropuerto de Barajas. Mató a dos ecuatorianos, lo que cerraba las puertas a cualquier intento de reabrir las negociaciones. El sector duro de la banda, encabezado por su jefe militar Mikel Garikoitz Aspiazu *Txeroki*, había acabado con la posibilidad de un pacto. Volvía la guerra abierta.

Los investigadores señalaron como responsables del atentado a los cuatro integrantes del comando Elurra. Dos de ellos cayeron una semana después en Guipúzcoa cuando ya preparaban un nuevo ataque. Los otros dos fueron perseguidos por las Fuerzas y Cuerpos de Seguridad del Estado, pero fue el CNI quien encontró la pista que llevó hasta su paradero.

La División Técnica del CNI había pirateado el ordenador de un colaborador de la banda que se puso en contacto con uno de los perseguidos. Los mandos del CNI decidieron que no debían limitarse a entregar la información a la Guardia Civil para que con la Gendarmería francesa procediera a explotar los datos y conseguir las detenciones. Propusieron participar ellos en el operativo de búsqueda para que la información que obtuvieran les llegara con más nitidez y la experiencia beneficiara a sus actuaciones futuras. Y también para actualizar su conocimiento sobre los mecanismos de trabajo de los terroristas de ETA en suelo galo. De esta forma, en los equipos de trabajo que persiguieron a Joseba Iturbide y Mikel San Sebastián no solo había agentes de la Guardia Civil y la Policía francesa, sino también agentes operativos del CNI.

Tras la detención de los dos terroristas concluyó la desarticulación de todo el comando que había efectuado el atentado en la terminal 4 y todos los esfuerzos se dedicaron a cazar a Txeroki, el número uno de ETA y responsable del fin de las negociaciones.

En noviembre de 2008, un equipo operativo del CNI fotografió a un sospechoso durante el encuentro con un etarra. Nadie lo identificó en un primer momento, hasta que el servicio secreto consiguió hacerlo por medios técnicos: se trataba, nada más y nada menos, que de Txeroki. Las fotos que había de él eran antiguas y el cambio de apariencia había sido inteligente, pero lo habían descubierto.

El 17 de noviembre de 2008, en Cauterets, una localidad de los Pirineos al sudoeste de Francia, las fuerzas de seguridad francesas detenían a Mikel Garikoitz. Junto a los asaltantes de la casa iban los guardias civiles, como se contó, y agentes del CNI, lo cual se ocultó.

Dos semanas después, el 8 de diciembre, el trabajo en la sombra del CNI ofreció los datos necesarios para que sobre el terreno los equipos operativos encontraran a Aitzol Iriondo Yarza *Gurbitz*, que había sido el lugarteniente de Txeroki hasta su detención y que había asumido el papel de jefe militar. Fue detenido en Gerde, también en el sur de Francia. Un nuevo golpe que aumentó la desmoralización que se empezaba a palpar en ETA, que no terminaba de entender cómo las fuerzas de seguridad podían estar localizándolos. En sentido contrario, esta detención tuvo un efecto alentador en la Guardia Civil, pues consideraba que Iriondo era el autor material, un año antes, del asesinato de dos de sus compañeros en Capbreton.

Después siguieron las detenciones de todo aquel que ocupara sucesivamente la máxima responsabilidad en ETA. No habían pasado dos años desde la captura de Txeroki, en mayo de 2010, cuando otra operación permitió la detención del nuevo jefe de ETA, Mikel Kabikoitz, y su lugarteniente Arkaitz Agirregabiria. Fueron apresados sin que pudieran imaginar que su localización había sido provocada por una conversación entre dos colaboradores de la banda que hablaban de «prestarse las llaves del piso de Bayona». Esa charla había sido captada por el CNI.

Estos continuos golpes que acabaron con la resistencia de ETA a abandonar las armas se debieron al gran esfuerzo realizado por la Guardia Civil y la Policía francesa sobre el terreno. Pero, especialmente, a que entró en el escenario a pleno rendimiento el CNI, que consiguió la información para estas y otras detenciones. Todos sabían que tenían un arma secreta, pero desconocían cómo funcionaba.

El fin de ETA (y II): el espionaje masivo, la fórmula mágica que no se vio

*D*etrás del narrado fin de ETA, hubo un operativo del CNI sin el que nada de eso habría ocurrido. Diversas intervenciones de conversaciones, seguimientos y otras acciones consiguieron el objetivo de sacar de las sombras los movimientos de sus máximos dirigentes y de sus comandos terroristas. Pero todos esos éxitos, y otros muchos más que ignoramos, fueron conseguidos por el CNI gracias a lo que alguno ha definido como la «fórmula mágica», un sistema similar a lo que actualmente conocemos como «espionaje masivo». Sus detalles pertenecen al libro de los secretos de Estado que guarda La Casa, pero es posible entender cómo funcionó y sus consecuencias. Además, existió una segunda clave: la intervención activa de la unidad operativa en el sur de Francia, decisiva para aplicar sobre el terreno esa «fórmula mágica».

Tiempo antes de que ETA comenzara la tregua, la División Técnica había estado trabajando en un sistema de intervención de comunicaciones que la capacitara para entrar en cualquier dispositivo utilizado por usuarios españoles y de todo el mundo. Conocían algunas de las capacidades de otros servicios de inteligencia pertenecientes a países como Estados Unidos, Gran Bretaña y Alemania. Ninguno de ellos los ayudaría a subir la empinada cuesta tecnológica si antes, ellos solos, no habían subido un trecho importante.

Entre el experimentado personal que tenían ya esa División y los nuevos fichajes, consiguieron importantes avances que llevaron a los mandos del servicio a apoyarlos con nuevas inversiones y más medios humanos. Si los resultados que obtenían eran buenos, esa nueva capacidad les podía ser de gran utilidad en la lucha contra ETA.

Aunque les costó un tiempo perfeccionar el sistema, sus progresos fueron tremendos y los capacitaron para escuchar casi cualquier conversación que circulara por cable, satélite, radio o Internet. Servicios de otros países terminaron reconociendo las altas prestaciones de sus intervenciones, solo superadas por los grandes de Occidente, que llevaban años dedicados a esa labor y habían invertido una cantidad suculenta de millones inalcanzable para el presupuesto del CNI.

Amparado por los buenos resultados ya obtenidos en ese espionaje tecnológico, el CNI entró en el selecto grupo del espionaje masivo, estableciendo colaboraciones con Estados Unidos y Gran Bretaña entre otros. Facilitaron inmensos paquetes de datos que interesaban a la NSA y a la CIA, y a cambio recibieron algunas herramientas informáticas básicas para profundizar en el espionaje masivo, como la que permite seleccionar entre millones de mensajes almacenados aquellos relevantes para una operación concreta.

Una de las prioridades del CNI era acabar con ETA. Eran decenas los teléfonos y ordenadores interceptados en España, gracias a las órdenes judiciales firmadas por el magistrado del Tribunal Supremo Ramón Trillo adscrito al servicio. Se dieron cuenta de que podían utilizar la nueva tecnología para perseguir el corazón que hacía latir a ETA, sus terroristas y estructuras asentadas en el sur de Francia. Como estaban en el extranjero, gozaban de la ventaja de que no necesitaban órdenes judiciales, porque ningún servicio de inteligencia las requiere para actuar fuera de sus fronteras. Cuando la dirección del CNI decidió profundizar en los aledaños de ETA, activaron sus medios técnicos en la distancia, desde la División Técnica ubicada en la sede central en Madrid, que posteriormente pasó a compartir instalaciones con la unidad operativa cerca de allí, en El Pardo.

Tras la ruptura de la tregua, el mecanismo de investigación ya se había asentado y llegó el momento para el CNI de participar en el partido. La División Técnica llevaba tiempo interviniendo comunicaciones en el sur de Francia y numerosos agentes seleccionaban pacientemente aquellas que podían resultar relevantes (el funcionamiento del espionaje masivo es explicado con más detenimiento en el capítulo VII). Gracias a una de ellas, la Guardia Civil pudo realizar una de las primeras operaciones que acabó con la detención de destacados miembros de ETA. La calidad de la información sorprendió a la Guardia Civil pero, como era su costumbre, no preguntó por su origen. Las fuentes y medios son siempre secretos, no se comparten ni con el mejor amigo.

Visto ese primer éxito, el CNI dio el siguiente paso en la estrategia que había diseñado para acabar con ETA. El director Saiz recibió en su despacho al general de la Guardia Civil responsable de información con la intención de modificar las reglas del juego que habían imperado hasta ese momento. La división del trabajo en la lucha contra la banda, sin ser tajante, respondía a un esquema: la Guardia Civil actuaba prioritariamente en el sur de Francia, la Policía en el País Vasco y el CNI en el entorno de la banda.

Los espías estaban dispuestos a seguir facilitándoles la información de alta calidad, pero querían participar activamente en el escenario francés. Disponían de una «fórmula mágica» que les permitía acceder a esos datos y querían aumentar su eficacia desplegando a sus agentes operativos en el sur de Francia para que llevaran a cabo acciones que ayudaran a lograr el objetivo. Para facilitarles este trabajo y adquirir el conocimiento necesario sobre el terreno, también querían entrar a forma parte de los equipos que llevaban a cabo las detenciones, no en primera línea de las operaciones, pero sí en primera línea de observación.

Con el plácet de la Guardia Civil, el siguiente paso fue convencer al servicio secreto francés para que extraoficialmente los dejaran actuar en su territorio, informando previamente de las acciones que iban a ejecutar y contando con su aprobación. Es algo habitual entre servicios amigos, con la única regla del silencio y de que cada uno asuma la responsabilidad de sus actos, sin implicar al otro, si es descubierto. La aceptación fue plena. El CNI tuvo el permiso para enviar equipos operativos al sur de Francia para colocar micrófonos en casas de etarras y sus simpatizantes, y para hacer los seguimientos que creyeran convenientes. Saiz tuvo que repetir la visita en varias ocasiones, para limar asperezas y hacer frente a las críticas que llegaban al servicio francés procedentes de algunos de sus propios agentes, de la Gendarmería francesa y hasta de guardias civiles aislados, que sentían que el servicio de inteligencia español se estaba pasando en sus actuaciones.

La unidad operativa tuvo que facilitarles una preparación especial a sus agentes. No era lo mismo espiar a Otegi y a los dirigentes de la izquierda abertzale en el País Vasco que ejecutar misiones en Francia sobre terroristas de ETA armados en las que se jugaban la vida.

La conjunción del espionaje masivo de las comunicaciones y la acción de los agentes operativos en Francia facilitó la obtención de información tan valiosa que hizo que la banda terrorista nunca supiera la razón por la que sus cúpulas militares y sus comandos iban cayendo uno tras otro en tan poco tiempo. Perdieron la guerra a manos del CNI.

Espías muertos en la lucha contra ETA
y la guerra sicológica

*E*n 2016 el director Félix Sanz inauguró oficialmente una placa en la sede central del CNI para reconocer y mantener viva la llama en honor de los agentes que habían caído en acto de servicio. La CIA, en la entrada de su sede de Langley, en Virginia, tiene un monumento mucho más aparatoso en recuerdo de sus víctimas, en el que honran con una estrella, sin identificar el nombre, a cada uno de sus fallecidos.

Algunos de los asistentes al acto en Madrid recordaron a aquel agente que estaba infiltrado en ETA en los 80. Vivía en el País Vasco, donde su trabajo clandestino de varios años había comenzado a dar resultados. Había sido aceptado en la comunidad terrorista e incluso mantenía una relación con una joven etarra que lo había ayudado a transmitir confianza al grupo.

Vivir en ese ambiente agobiante veinticuatro horas al día le exigía muy de vez en cuando oxigenarse cogiendo el coche y conduciendo hasta Madrid. No podía desenchufar durante semanas, pero era un relax poder estar tranquilo algunos días sueltos en compañía de su mujer y sus hijos. Ellos desconocían hasta el menor detalle de su misión. Nada sobre que estaba participando fictamente en la batalla de ETA contra el Estado, nada de que estuviera liado con una terrorista.

Un día, seguro que contento y feliz, salió del País Vasco camino de Madrid para descansar en su hogar con su familia. Durante el trayecto la suerte lo abandonó: tuvo un accidente de coche que le segó la vida. La desolación en La Casa fue horrible. Avisaron a su mujer y fueron a hacerle compañía.

De repente ocurrió algo lógico, pero en lo que no habían pensado, que los dejó descolocados. En el círculo etarra donde actuaba el agente se enteraron del accidente y la que se creía su novia decidió acercarse al entierro en Madrid para rendirle un último adiós. El panorama que se les presentó a sus jefes era preocupante: la chica podía descubrir que su enamorado era un espía, pero, lo que para ellos era aún peor, la viuda podía enterarse durante las exequias de que su marido tenía una relación con otra. Pusieron todos los medios para que la etarra no llegara a tiempo y ninguna de las dos mujeres se enterara de nada.

La placa que colocó Sanz también homenajea a Antonio Recio, el primer agente del servicio secreto que murió a manos de ETA. Su pertenencia al servicio fue ocultada a la opinión pública cuando fue asesinado el 23 de marzo de 1979. Inspector de Policía, estaba destinado en el CESID y regentaba un almacén de fontanería.

Ese trágico día, minutos después de que abandonaran las instalaciones sus ocho trabajadores, entraron tres terroristas que le dispararon a bocajarro, haciendo inútil su intento de sacar la pistola para defenderse. Cuando estaba en el suelo agonizando, le pegaron un tiro de gracia en la cabeza.

Recio había quedado esa mañana para viajar a La Rioja con el jefe de la delegación del servicio secreto en el País Vasco, Ángel Ugarte, quien llegó al almacén pocos instantes después, tras oír de lejos los disparos. Cuando se acercó, comprobó que su agente estaba muerto. Buscó su cartera, cogió el carné blanco con su fotografía que lo identificaba como agente secreto y se lo guardó. Después lo dejó todo como estaba y al salir se encontró con un inspector de Policía, al que le hizo un gesto negativo con la cabeza y le advirtió: «Yo no he estado aquí. Encárgate tú».

Estos son solo dos de los casos que muestran que la guerra contra ETA ha sido una constante del servicio secreto desde su creación, y que les costó la vida a algunos de sus hombres. Tras el nacimiento del CNI, el director Dezcallar tuvo que afrontar una etapa muy dura, en la que la banda seguía activa asesinando, y el presidente Aznar estaba ejecutando una política de guerra sin trincheras que abarcó a todo el conglomerado relacionado con los terroristas, más allá de la detención de sus comandos.

El CNI invirtió considerables esfuerzos para acabar con ETA, como ya lo había hecho en el pasado. Esta vez desde escenarios que no estaban en el foco del conflicto, pero que eran críticos para acabar con la banda. A la tradicional y persistente persecución de los terroristas, más la exploración permanente de su entorno, con especial énfasis en su versión política, sumó otros campos como la investigación de sus finanzas y el tráfico de armas.

El servicio de inteligencia español siempre adoptó los caminos más difíciles, aquellos que exigían agentes especialmente preparados, relaciones complicadas o medios técnicos de nueva generación difíciles de imaginar. Estos últimos facilitaron, como ya he descrito, muchos de los éxitos del servicio. Nunca hablaban de ellos, porque era básico que los etarras desconocieran sus capacidades para aprovecharse de sus puntos débiles. A principios del mandato de Dezcallar, España carecía de satélites de espionaje capaces de intervenir en algunos aspectos de la lucha antiterrorista. Su importancia era limitada, pero él consideró que les podían sacar partido en muchas misiones.

El director del CNI habló con el presidente Aznar, quien pidió ayuda directamente a su colega Bush. Eran los años posteriores a los atentados del 11-S en Estados Unidos y la colaboración entre los dos países estaba creciendo. El CNI se encontró con las puertas abiertas de la CIA y la NSA, quienes además de facilitarles información concreta, colaboraron entregando al servicio español tecnología muy interesante.

Dezcallar supo que España tenía que dotarse de medios tecnológicos propios para acometer esta lucha, que también podrían ser utilizados para otros campos de sus investigaciones. Así fue como puso en marcha el Centro Criptológico Nacional, dedicado a la defensa de los ataques procedentes de *hackers,* mafias y potencias extranjeras.

El CNI siempre hizo un gran trabajo en la colocación de dispositivos de escucha a los etarras. Agentes de la unidad operativa se desplazaban a sus casas o centros de reuniones en el País Vasco y colocaban —siempre de noche— pequeños *canarios* que permitían luego a otros agentes escuchar sus conversaciones. En los últimos años la nueva tecnología permitía hacerlo de una manera más fácil: introducían programas piratas en sus teléfonos que convertían los aparatos en micrófonos y además les robaban toda la información que pasaba por ellos.

Algunos de esos pinchazos telefónicos pusieron sobre la pista de la reunión que Josep Lluís Carod Rovira, número dos de la Generalitat de Cataluña, mantuvo con los jefes de ETA Mikel Albisu, alias *Antza,* y José Antonio Urrutikoetxea, alias *Josu Ternera,* a principios de enero del 2004. Una vez que tuvieron el dato, los agentes operativos entraron en acción para controlar el encuentro. En este caso no avisaron ni a la Guardia Civil ni a la Gendarmería francesa. No querían que el líder catalán terminara en una cárcel gala.

La red internacional del CNI fue de gran utilidad para acabar con ETA. Ellos fueron los que buscaron en el extranjero la forma en que la banda compraba sus armas y no cejaron hasta descubrir sus contactos con traficantes instalados en los países balcánicos. Este trabajo fue muy importante para cortarles el suministro.

Además de la ayuda de Estados Unidos, los servicios secretos que más han colaborado y lo siguen haciendo son los franceses, cuya ayuda el CNI valora como imprescindible para haber llegado a la derrota de ETA.

Otra de las especialidades del CNI ha sido la guerra sicológica contra ETA. Montar operaciones de engaño que sirvan para crear estados de ánimo favorables, para volver a las personas en contra de la banda o para crear tensión entre los etarras. A veces no hizo falta que las diseñaran, el efecto se conseguía solo. Como cuando se publicaron informaciones sobre la colaboración de los satélites estadounidenses con España, que sembraron el pánico entre los etarras por la sensación de que estaban siendo vigilados en cualquier momento por un ojo oculto en el cielo.

En la historia del servicio secreto hay una operación significativa que supuso el inicio de la política de desinformación. Ocurrió en 1980. Uno de los jefes de antiterrorismo y Mikel Lejarza *El Lobo* convocaron en un piso de Madrid, cercano a El Corte Inglés del paseo de la Castellana, a un periodista belga con el cebo de que iba a entrevistar a un miembro de ETA.

El etarra encapuchado le aseguró que estaba pensando en abandonar la banda porque estaba convencido de que la lucha armada ya no tenía sentido. Le contó la libertad con la que miembros de ETA se movían por Bélgica sin problemas, cómo organizaban con total libertad atentados desde allí y la existencia de campos de entrenamiento donde practicaban el tiro.

Unos días después, el periodista publicó una gran exclusiva en su influyente diario denunciando cómo el Gobierno belga permitía la libertad de movimiento de los terroristas por el país. Hasta sacó una foto del etarra con la capucha, que no era otro que Lejarza. A raíz de ese reportaje, el Gobierno belga empezó a ponerles trabas, especialmente en la compra de armas, y el servicio constató la influencia de la guerra sicológica.

Otegi, el hombre más espiado de España

*A*ntes de que comenzara el verano de 2004 dos hombres llamaron a la puerta del domicilio de Arnaldo Otegi, máximo dirigente de Batasuna, en Elgóibar (Guipúzcoa). Su mujer, María Julia Arregi, les abrió la puerta y les preguntó qué deseaban. Se presentaron como empleados de Euskaltel, la empresa de comunicaciones vascas. Estaban haciendo en la zona labores de ampliación de la red de fibra óptica y de captación de clientes. Se habían encontrado con un problema: necesitaban tomar imágenes del cableado de la fachada, que no se veía desde el exterior, pero se habían dado cuenta de que sí estaban a la vista desde su casa.

La esposa de Otegi aceptó que pasasen y los acompañó hasta el otro extremo de la vivienda, desde donde podrían hacer su trabajo. Poco después comenzó su mosqueo. Los hombres, en lugar de trabajar juntos, se separaron y ella no pudo controlar lo que hacían. Sí notó que observaban distintos lugares de la casa con detenimiento y al irse le dio la impresión de que con sus cámaras, de una forma disimulada, grababan el interior de varias habitaciones.

Otegi había comentado en varias ocasiones que había sido sometido a espionaje por parte del CNI, por lo que su mujer consideró la situación y se asomó a la ventana para anotar la matrícula del coche en el que se desplazaban los dos operarios. De inmediato telefoneó a un amigo abertzale para contarle lo que había sucedido, quien a su vez llamó a Euskaltel. La empresa confirmó sus sospechas: no habían encargado un trabajo de ese tipo a ninguno de sus trabajadores. Posteriormente descubrieron que las placas de matrícula eran de identidad reservada.

Otegi y sus compañeros de partido estuvieron seguros de que

había sido una penetración clandestina del CNI y más cuando hacía pocas semanas que una noticia publicada en *El Mundo* había desvelado que el 11 de marzo —fecha del atentado islamista contra trenes en Madrid— y los días posteriores, el servicio secreto había estado escuchando las conversaciones de Otegi para intentar confirmar o desmentir si ETA estaba detrás de las bombas de la capital. Fue gracias a estas intervenciones que descubrieron la llamada de un desconocido perteneciente al mundo etarra que le informaba al líder abertzale de que la banda terrorista nada tenía que ver con las bombas.

La izquierda abertzale siempre ha sido objetivo del servicio secreto. Lo mismo daba que estuviera agrupada en coaliciones y asociaciones legales que en grupos fuera de la ley. Sus relaciones de dependencia con ETA eran el argumento poderoso que guiaba a los espías para considerar prioritaria la necesidad de descubrir todo lo relacionado con sus actividades. El dosier sobre Otegi es uno de los más voluminosos de la División de Contraterrorismo de La Casa, y está ejecutado con un control permanente de sus actividades desde que entró en ETA, pero especialmente a partir de 1990, cuando fue designado portavoz de Herri Batasuna.

Como en todos los informes, lo primero que se hizo fue recoger los datos de sus antepasados —de marcada tendencia socialista, aunque hay algún anarquista— y muy especialmente sobre sus padres, Ascensio Otegi y María Dolores Mondragón. También analizaron con todo detalle la relación que mantenía y la influencia que ejercía sobre él su mujer, María Julia Arregi, madre de sus dos hijos. Entre los datos recopilados, aparecía su ojito derecho, su hijo Hodei, que militó en las juventudes abertzales y tuvo diversos problemas con la Policía.

La personalidad de Otegi se recoge en un apartado especial. Ahí figura que es un gran conversador, al que le encanta polemizar. Cuando ya era el líder de la izquierda abertzale informaban de que siempre que podía prolongaba durante horas la sobremesa de las comidas y cenas, en las que delante de una y otra copa debatía con pasión sobre los problemas de Euskadi y sus soluciones. También destacaban que se montaba muy bien la vida, porque sus comidas las pagaba siempre la coalición abertzale, ya que cobraba un sueldo bajo que no le daba para muchos dispendios. Una mera insinuación, nada demostraba que Otegi tuviera un exceso de cariño a la bebida.

En el dosier, en el que se incluyen análisis, seguimientos habituales, intervención de comunicaciones y entradas en su domicilio, también figura su evolución política, desde que a los diecinueve años abandonó Elgóibar, su pueblo natal, para irse a estudiar a Francia, aunque en realidad se fue para integrarse en ETA político-militar. Más tarde, en lugar de seguir el ejemplo de Kepa Aulestia y otros y abandonar las armas, se inclinó por seguir pegando tiros y se enroló con los milis. Estuvo involucrado en los secuestros del político conservador Javier Rupérez y del empresario Luis Abaitúa, que le terminaron suponiendo una condena de seis años, de los que cumplió tres.

En todos estos informes de La Casa hay un apartado para definir sus relaciones con el resto de dirigentes abertzales, muchas de las cuales han evolucionado a lo largo de los años. Uno de ellos es Joseba Permach, con el que mantuvo durante mucho tiempo una óptica diferente sobre el rumbo que debían seguir en la política vasca. Permach siempre estuvo presto a sustituirlo. En algunos momentos tuvieron serios enfrentamientos debido a que Permach era de un sector más duro, aunque siempre intentaban silenciar las diferencias. En la etapa anterior a su ingreso en prisión en 2011, también tuvo desavenencias silenciadas con Pernando Barrena, a quien le costaba entender los tejemanejes que mantenía con otros partidos políticos y las concesiones que les hacía.

Estas informaciones no solo las obtenían los espías del control de Otegi. El resto de los dirigentes abertzales estaban sometidos a una vigilancia similar. De hecho, cuando Pernando Barrena era portavoz de Sortu en 2014, disparó un tiro al aire al verbalizar su sospecha de que su teléfono estaba intervenido por el CNI al detectar que la batería se le gastaba más rápido de lo habitual en algunos momentos clave de su trabajo. Según su interpretación, era motivado por un programa espía «indetectable» que le habían instalado.

A comienzos del año 2002, como máximo representante de la izquierda abertzale, Otegi comenzó a reunirse en secreto en un caserío de Elgóibar con el dirigente socialista Jesús Eguiguren para hablar sobre paz y el fin de ETA. No tardaron en descubrir que ninguno de sus movimientos pasaba desapercibido al servicio secreto —y a la Ertzaintza, que también perseguía información sobre esos temas—. Buscaron otro sitio más discreto en Azpeitia, pero los espías no tardaron mucho en dar con ellos. Esas conversaciones, que serían el germen de una tregua de la banda —rota, cuando el acuerdo estaba cercano, por el atentado contra la terminal 4 del aeropuerto de Barajas—, comenzaron de una manera complicada por la oposición del presidente Aznar, pero culminarían con cierta libertad tras la llegada del presidente Rodríguez Zapatero.

Antes y después de que ETA dinamitara el aparcamiento de la T4, y con él las negociaciones, el control sobre Otegi y los líderes abertzales llevó a que muchos políticos vascos, catalanes y madrileños sospecharan o descubrieran que sus conversaciones telefónicas o personales con Otegi eran seguidas y grabadas por agentes de La Casa. Dirigentes del PNV, como el lendakari Juan José Ibarretxe, denunciaron en numerosas ocasiones el espionaje a que estaban siendo sometidos por el CNI. Era cierto, con un matiz: el origen de las acciones encubiertas estaba en el control sobre Otegi.

El CNI quiso saber durante la malograda tregua lo que Otegi y sus compañeros opinaban y las acciones de cualquier tipo que planearan. Tras la ruptura, su interés residía en su postura en relación a ETA y, por encima de todo, querían estar informados hasta el último detalle de la vida del que podía convertirse en el Gerry Adams español. Eso sin contar que sabían que Otegi mantenía relaciones con la cúpula de ETA y que detectar a los mensajeros podía llevarlos hasta los jefes.

Desde que Otegi ingresó en 2009 en la prisión de Logroño y recuperó la libertad en marzo de 2016, no cejó el control del CNI sobre él. Por diversos medios, La Casa montó un dispositivo permanente para saber a qué se dedicaba, qué opinaba y con quién se relacionaba. Conocían su influencia en la izquierda abertzale y no lo perdieron de vista. En la actualidad, esa operación continúa. Algunos opinan que el CNI lo conoce mejor que su mujer. Argumentos tienen para sostenerlo.

Anido, el último gran infiltrado

*L*os héroes de la lucha contra el terrorismo de ETA permanecen escondidos y casi nunca se habla de ellos. El último conocido es José Antonio Anido Martínez, apellidos que el infiltrado tuvo que cambiar cuando acabó la operación por motivos de seguridad. De padres gallegos que emigraron a Francia, Anido ingresó en la Guardia Civil y pronto vio que lo suyo eran las misiones arriesgadas en las unidades de élite. Era lanzado, con sangre fría y mucho atrevimiento, cualidades imprescindibles que a finales de los años 80 recomendaron a sus jefes seleccionarlo para una infiltración en ETA.

Muchos han sido los espías que, desde la creación de la banda, intentaron infiltrarse y pocos fueron los que lo consiguieron. La experiencia acumulada aconsejaba que el topo debía disponer de una historia pasada que alejara las sospechas del entorno de ETA, que desde el varapalo sufrido en 1975 con la infiltración de Mikel Lejarza *El Lobo*, era muy quisquilloso con las personas que se acercaban a ellos. Anido no despertó desconfianza en ningún momento.

Los servicios de inteligencia lo tuvieron en cuenta para dotarle de una tapadera creíble. Decidieron que Anido utilizara en parte su vida real como base del papel que tendría que representar, así era más difícil que al investigarlo descubrieran que no era quien decía ser. Gallego de nacimiento, criado en Francia, sus padres estaban asentados en Estrasburgo. De ahí arrancó la posterior ficción: estaba viviendo en España cuando se declaró objetor de conciencia negándose a acudir a la llamada del Ejército. Su comportamiento era perseguido con la cárcel, por lo que había decidido escapar a Bayona.

Allí entró en contacto con círculos etarras, buscando con tranquilidad, sin prisas, las amistades que en el futuro le permitieran abrirse camino para convertirse en miembro de ETA. Este proceso suele llevar años y exige suma paciencia para no levantar recelos. De entrada lo consiguió: le llamaban Joseph, sus padres vivían en una ciudad tan poco sospechosa como Estrasburgo y lo respaldaba su enfrentamiento con la Justicia española.

A principios de los años 90 consiguió ser aceptado por el mundo de ETA en Francia, que en un primer momento le encargó misiones de escasa trascendencia; más tarde sirvió de apoyo a los movimientos de sus dirigentes en el sur de aquel país aprovechando que la Policía no recelaba de él por no ser vasco y carecer de antecedentes penales por colaboración con banda armada. Los etarras no vieron en él a un posible miembro de un comando, sino a esa persona discreta y limpia que los podía ayudar en su trabajo logístico.

En 1992 se había convertido en el hombre de confianza y chofer de Mikel Albisu *Antza*, uno de sus principales dirigentes de la rama política. Desde el asiento del conductor escuchaba sus conversaciones, lo llevaba a reuniones secretas y conocía a los miembros de ETA con los que trataba. Era un puesto de segundo nivel para la banda, pero de primero para el servicio secreto.

Ese año, gracias a su información, cayó en Bidart la cúpula de ETA: Francisco Múgica Garmendia —jefe de los comandos—, José Luis Álvarez Santacristina —el ideólogo— y José María Aguirre Erostarbe —el experto en bombas—. La desarticulación trajo un premio extra: Antza pasó a ser el jefe político, responsable de la estrategia, publicaciones, relaciones internacionales y contactos con la izquierda abertzale. Un botín que Joseph fue entregando poco a poco a su controlador del servicio y que abrió de par en par la intimidad de la banda a los espías. Entre sus éxitos posteriores, en 1994, en Toulon, delató a Alberto López de la Calle, responsable de numerosos asesinatos, entre ellos los de varios guardias civiles.

Tantos éxitos lo convirtieron en la mejor fuente de las fuerzas de seguridad españolas sobre lo que pasaba en el interior de ETA. Los etarras siempre estaban al acecho de cualquier infiltrado, vivían obsesionados con estar agujereados, a pesar de lo cual seguían sin sospechar de él. Algo que pudo costarles caro, porque el siguiente en su lista de objetivos era el propio Antza. Pero la suerte le volvió la espalda.

Corría el año 1995 cuando un grupo de colaboradores de la banda pasó por Estrasburgo y buscó refugio en la casa de los padres de Anido. Casualidad o intención premeditada, nunca se sabrá. Antes de comenzar su trabajo de infiltración, el topo tuvo que sentarse a hablar con sus padres dado que iba a entrar en ETA con su verdadera identidad. No les contó lo que iba a hacer, pero les advirtió de que en algún momento podrían acudir a su casa miembros de la banda y ellos deberían tratarlos con suma amabilidad.

Así lo hicieron cuando recibieron la visita sorpresa. Fueron amables, les ofrecieron quedarse a dormir y les dieron de comer. Se comportaron mostrando en todo momento que sabían lo que hacía su hijo y que iban a colaborar sin delatarlos.

Todo debía haber salido a las mil maravillas, pero hubo un detalle que no contemplaron. Los etarras aprovecharon la visita para rebuscar en los cajones de los armarios, quizás porque tantas detenciones habían movido a la banda a sospechar de todos y de todo.

De repente, Antonio Anido y Rosalía Martínez se asustaron cuando sus invitados salieron precipitadamente sin despedirse. Algo había pasado. Miraron por toda la casa y descubrieron que sus huéspedes habían estado hurgando en los armarios y habían encontrado varios álbumes de fotos que ellos creían bien escondidos, en los que guardaban fotos antiguas, incluyendo la etapa en que su hijo se había formado como guardia civil. En uno de los álbumes había un hueco, sin duda perteneciente a una foto que se habían llevado: José Antonio vestido con el uniforme de la Benemérita.

Se les cayó el alma a los pies. Alertaron de inmediato de lo que había pasado a un teléfono de contacto de La Casa. Tuvieron tiempo para avisar a José Antonio, ahora Joseph, para que lo abandonara todo y saliera huyendo. La tapadera se había roto, pero por suerte la caza del topo no dio resultado.

El servicio secreto lo escondió durante unos meses en Madrid y Barcelona y finalmente le cambiaron la identidad —pasó a ser Antonio Cabana Romar, los segundos apellidos de sus padres— y lo enviaron a Colombia. Allí asumió un puesto de seguridad en la embajada española.

Pasó unos años de descompresión, pero en 1998 se vio envuelto en un tiroteo en las calles de Bogotá que lo dejó de nuevo en evidencia. Acompañado del también guardia civil Domingo Gómez Franco, que resultó muerto, intentaron atracarlos cuando transportaban un maletín con dinero para la embajada. Su identidad fue revelada y de nuevo tuvo que desaparecer. ¿Cómo se llamará ahora? Pocos lo saben. Sigue trabajando para el CNI.[2]

2. El periodista gallego Xosé Manuel Lema ha sido uno de los periodistas que mejor ha investigado la vida de Anido. Sobre él publicó una documentada investigación en www.anosacosta.es en junio de 2010.

Agustín Cassinello, la conflictiva carrera de uno de los mayores expertos antiterroristas

$\mathcal{M}$uchos son los agentes del CNI que han destacado por su trabajo en la lucha anti-ETA en los momentos más complicados. Agentes que en su gran mayoría se reconvirtieron en algún momento o que desde el inicio de sus carreras se especializaron en cualquier tipo de terrorismo y cosecharon grandes éxitos y, cómo no, sus consecuentes fracasos. En el mundo del espionaje el que no se arriesga y se lo juega todo, no consigue nada.

Agustín Cassinello nunca ha pertenecido a esa casta que se dedica a escaquearse, más bien se podría afirmar que su exceso de predisposición a conseguir la mejor información a lo largo de su carrera le ha valido estar expuesto a que sus enemigos en algunas ocasiones lo dejaran en evidencia.

Hijo de Andrés Cassinello, exjefe del Seced y responsable en la Guardia Civil de la lucha antiterrorista, Agustín entró en el servicio secreto en los años 80 y fue uno de los primeros agentes seleccionados por el director Alonso Manglano cuando comenzó el despliegue internacional del servicio. Lo envió a Albania, un país en efervescencia en aquellos años, donde su tapadera fue el puesto de agregado cultural en la embajada. Cassinello acudió a primeros de diciembre de 1986 a Tirana, acompañando al embajador Luis Cuervo, al acto de presentación de credenciales, en el que se oficializaba la relación entre los dos países. El espía, militar de carrera, se llevó preparado a ese acontecimiento un borrador de acuerdo cultural que más adelante firmarían los dos países.

Su primer destino en el extranjero marchó muy bien y a principios de los años 90 consiguió un puesto más importante y conflictivo, acorde con su ardor guerrero. Fue destinado a Egipto, donde supo desde el primer día que uno de los temas prioritarios para el servicio era el terrorista, el que más le gustaba. Su carácter decidido lo llevó a buscar la información exclusiva de las fuentes directas. En 1992, los palestinos del grupo terrorista Hamás habían sido expulsados del sur de Líbano por los israelíes y reinaba la incógnita sobre qué actuaciones pensaban llevar a cabo. Cassinello no lo pensó dos veces, no era un guardia civil que debía por encima de todo respeto a las leyes, era un espía que debía hablar hasta con el demonio para entrar en el meollo del asunto. Durante meses hizo gestiones para reunirse con dirigentes de Hamás y el 21 de febrero de 1993 le dieron una cita en Jartum, la capital de Sudán.

Hasta allí se fue para reunirse con una delegación palestina con la que mantuvo una interesante conversación sobre sus planes a corto y medio plazo. Lo que no esperaba era que el portavoz de Hamás en Ammán desvelara posteriormente que se habían reunido con un espía español. Una indiscreción impensable, pero típica de un grupo terrorista que aprovecha cualquier circunstancia para sacar provecho.

El escándalo fue mayúsculo en España y aterrizó en el parlamento. La oposición, representada por el Partido Popular y su diputado Javier Rupérez, se escandalizó por el hecho de que el servicio secreto se reuniera con un grupo terrorista de los más peligrosos que había en el mundo. Una declaración que fue contestada por el Gobierno socialista y su ministro de Exteriores, Javier Solana, recalcando lo evidente: los espías tenían la obligación de buscar información para España sobre lo que ocurría en Oriente Medio.

Cassinello no fue sancionado, ni mucho menos, por jugársela para obtener datos de calidad y ser traicionado por los de Hamás, deseosos de sacar réditos de imagen pública por el contacto. Su carrera, hasta entonces como oficial de inteligencia en lugares conflictivos, terminó siendo premiada en la etapa del director Calderón con su nombramiento de jefe del departamento de Contraterrorismo, dedicado principalmente a la lucha contra ETA.

Agustín había emulado la carrera de su padre por méritos propios y con destinos operativos quizás más complicados. Era un agente de cerca de cuarenta años, gran experiencia, que había llegado muy alto. Sus resultados fueron impresionantes, siguiendo el gran trabajo que el CESID ya había realizado en los años anteriores. Además de las investigaciones contra los comandos, el gobierno de Aznar recibía información puntual sobre los contactos que la entonces coalición legal Herri Batasuna mantenía con otros grupos políticos. En aquella etapa, el PNV denunció públicamente en varias ocasiones el espionaje del servicio secreto sobre sus actividades, cuando lo que los espías hacían era grabar las conversaciones que mantenían con dirigentes de HB.

El éxito del trabajo del departamento de Cassinello se fundamentaba en parte en el amplio sistema de micrófonos e intervenciones telefónicas que años antes de su llegada había instalado la unidad operativa en la sede de Herri Batasuna en Vitoria. Esos aparatos transmitían las conversaciones al piso de arriba, donde un agente que vivía allí estaba pendiente del sistema de grabación. En marzo de 1998 trabajadores de la sede batasuna llamaron a la compañía telefónica y todo se descubrió.[3]

La convulsión política fue tremenda: el servicio secreto había espiado a una formación política legal. Además de judicializarse el incidente, se exigieron responsabilidades políticas. El ministro de Defensa Eduardo Serra dio la cara por el servicio y por su director, pero exigió dimisiones de agentes por el grave error cometido al no detectar con tiempo suficiente lo que iba a pasar y haber procedido a hacer desaparecer la base. Con todo el dolor de su corazón, Calderón cesó al hijo de su amigo Andrés Cassinello, y lo envió con el mismo estatus y sueldo a la Oficina de Seguridad de la OTAN, un puesto burocrático para que dejara pasar el tiempo y todo se olvidara.

Unos años después, Cassinello consiguió volver a la actividad en la que más había disfrutado: delegado del servicio en el extranjero. En esta ocasión fue a parar a Inglaterra, donde su paso estuvo vinculado a otro gran logro. Alexander Litvinenko era un prestigioso agente del servicio secreto ruso que había tenido desavenencias con Putin y se había visto obligado a huir de Rusia en compañía de su familia. Recaló en Londres, donde el MI6 lo acogió y le asignó un sueldo a cambio de su colaboración. Litvinenko había trabajado en la parte más oscura del KGB, lo que le permitió obtener información de gran calidad sobre las mafias locales y la eliminación de opositores al régimen de Putin.

Cassinello conoció por su enlace del MI6 inglés la información que les estaba pasando e ideó convertirlo en colaborador del CNI. Sus gestiones fructificaron en 2006, cuando el exespía ruso aceptó ayudar a los españoles con datos sobre las actividades de la mafia rusa y varios de sus dirigentes en nuestro país. A cambio de un sobre mensual, entró a formar parte de la lista oscura de informadores

3. El incidente está explicado más detenidamente en el capítulo I.

del CNI. Cassinello incluso consiguió que Litvinenko aceptara acudir a Madrid para declarar sobre algunos de esos temas ante la Audiencia Nacional.

El asunto de su declaración judicial se truncó en el último momento. El 1 de noviembre de 2006 enfermó de repente. Los médicos descubrieron que había sido envenenado con polonio, un material radioactivo ante el que no pudieron hacer nada. Perdió la vida unas semanas después.

Este éxito a sumar en la carrera de Cassinello llevó al director Saiz a proponerle en el verano de 2008 el cargo de director técnico de Inteligencia. Suponía su ascenso a la cúpula del espionaje, el puesto profesional más alto al que puede aspirar cualquier agente de carrera sin intervención política. Es de imaginar la alegría que sintió, sin duda mucho menor que la desmoralización que lo invadió tres meses después cuando fue cesado por discrepancias con Saiz.

Cassinello se negó a presentar la dimisión y obligó al director a cesarlo.[4] Una decisión que tuvo mucho que ver con la explicada operación del CNI que permitió la detención del número uno de ETA, Garikoitz Aspiazu. Sin embargo, esa acción no se produjo hasta unos días después de su destitución, cuando ya no estaba en el cargo.

Tras ser aparcado por Saiz, se le acusó de ser uno de los cabecillas de la conspiración que consiguió el cese del director. Su sustituto, Félix Sanz, lo recuperó para La Casa nombrándole primero asesor personal y colocándolo después como jefe de departamento en la División de Inteligencia Exterior, con lo que volvió a desarrollar activamente las tareas que siempre había controlado y tanto le gustaban. Allí estuvo varios años hasta que problemas de gestión llevaron a Sanz a trasladarlo a la Escuela del CNI como mero profesor, perdiendo su estatus. Algo gordo debió pasar para que el hijo de Andrés Cassinello acabara su carrera de esa forma.

---

4. La historia y consecuencias de su cese son narradas ampliamente en el capítulo I.

IV

La lucha contra el yihadismo

La primera vez que entré en el CNI...
para hablar del 11-M

A veces uno piensa que hay determinados deseos que nunca podrá cumplir en la vida, por mucho que le apetezcan. Visitar las instalaciones del CNI era uno de mis caprichos, aunque no me engañaba: estaba fuera de mi alcance, sobre todo porque no existía la posibilidad de apuntarme a una visita guiada o pagar una entrada. Alguien poderoso tenía que invitarme y esos precisamente eran los que deseaban tenerme cuanto más lejos mejor. Era una respuesta crítica a mi postura profesional independiente. Tema zanjado, lo había dado por imposible. Alonso Manglano era muy restrictivo con las visitas de periodistas, y Calderón, que no podía ni verme, las convirtió en habituales pero solo para los que no eran tan pinchaúvas como yo. Para mí, por encima de todo estaba la defensa del derecho de la opinión pública a conocer los hechos que les afectaran. Había optado por el control social del poder y casi entendía, poniéndome en su punto de vista, que les disgustara mi trabajo y me tuvieran presidiendo una oscura lista negra. Por todo ello, me pareció mentira que tuviera la oportunidad de poder recorrer la sede central —unos meses más tarde volví allí para una comida de trabajo, acompañado por lo más granado de mis jefes del Grupo Zeta.

Ese día de 2005, cuando la puerta de entrada de la sede oficial del CNI se abrió para dejarme pasar conduciendo mi coche, era como si un muro se estuviera cayendo delante de mí. Después de veinte años haciendo periodismo de investigación sobre servicios de inteligencia, tenía una cita oficial allí mismo, en uno de sus despachos principales.

Me había reunido en hoteles cinco estrellas con agentes enviados personalmente por el director Alonso Manglano; con Jesús del

Olmo, el número dos del director Félix Miranda, en rincones oscuros de hoteles elegantes —«A muchos en La Casa les caes fatal», recuerdo que me dijo— y con el director Calderón en el reservado de un restaurante bastante caro, con mi director Pedro Páramo de intermediario. Dezcallar prefirió tener un interlocutor de más altura que yo —en todos los sentidos—, y se reunía con mi director Jesús Rivasés en el restaurante de un exclusivo y reservado club. Y, claro, había mantenido encuentros con muchos agentes, que necesitaban guardar la clandestinidad para evitar sanciones, en tascas, grandes almacenes, jardines, interior de vehículos o habitaciones de hoteles.

Alberto Saiz ocupó la dirección de La Casa en 2004. Aterrizó haciendo caso omiso a las recomendaciones de sus nuevos empleados sobre que yo no era de fiar —más adelante cambiaría de opinión—. Tras conocerlo en actos abiertos, un día le pregunté por los atentados del 11-M y me invitó a hablar del tema con Miguel Sánchez, el director de Inteligencia, número tres y en la práctica el agente más influyente. Sánchez me invitó a reunirnos en su despacho, sabedor de que nunca había estado en la sede central y que me encantaría darme un paseo, por pequeño que fuera, por los amplios jardines, sus suelos relucientes y sus pequeños despachos. Había descrito pormenorizadamente sus instalaciones en la primera parte de *La Casa* con los datos aportados por muchos agentes, pero sin haber tenido la posibilidad de verlo con mis ojos. Antes que yo habían estado allí decenas de periodistas y representantes del mundo de la política. Hasta Xabier Arzalluz e Iñaki Anasagasti, los dirigentes del PNV que continuamente los acusaban descarnadamente de violar su intimidad, habían sido invitados a impartir una conferencia y a comer con sus más destacados representantes.

Sabía que no podría grabar la charla con Sánchez, por lo que me llevé un cuaderno de notas. Al entrar en el edificio de seguridad esperaba tener que abandonar el móvil en un cajetín, pero me sorprendió tener que pasar un control posterior tipo aeropuerto en la explanada de entrada del edificio principal, con un guardia esperándome únicamente a mí, que me invitó a depositar todos los objetos metálicos en una bandeja y que con una amable sonrisa contempló mi cara de susto cuando el maldito aparato pitó una y otra vez. Sin inmutarse, me tranquilizó sonriendo mientras me señalaba mi cinturón como el causante de que se disparara la alarma.

Fui directamente al despacho de la primera planta donde me esperaba el director de Inteligencia. Estuvo simpático y amable con naturalidad. No solo porque estuviera en su terreno, sino porque era un buen relaciones públicas acostumbrado a tratar con gente bastante más complicada que yo. Entre ellos, había habido terroristas y representantes de otros servicios secretos de países cuyos ciudadanos los temían más que a cualquier delincuente armado. Yo era un periodista en busca de una explicación razonable de por qué el CNI había fallado en el 11-M. Él era la persona que lo conocía todo. Para que no hubiera dudas, me aclaró desde el principio que el director le había pedido que me atendiera.

Seguro que su despacho actual como director de Seguridad en Telefónica es más grande y lujoso del que yo contemplé ese día. Las paredes estarán menos vacías, habrá más recuerdos y fotos personales, y los muebles serán menos de Ikea y más de El Corte Inglés. Nada me llamó especialmente la atención, exceptuando las fotos colocadas junto a la ventana: aparecía él con algunos de los agentes asesinados en Irak un par de años antes.

Fue una conversación amable y muy interesante. Me explicó cómo había sido la lucha de La Casa contra el terrorismo yihadista, reconoció que deberían haber desplegado antes los medios para hacer frente a la amenaza de ese naciente terrorismo y me aseguró que tenían controlados a varios de los terroristas meses antes, pero que por desgracia se les escaparon. Cuando dieron la alerta a la Policía para localizarlos, ya se habían esfumado y no supieron de ellos hasta los atentados contra los trenes.

La esencia de su narración me pareció sincera. Esa mezcla de esfuerzo sin recompensa por hacer frente a la nueva amenaza, la sorpresa por los movimientos inusitados de los terroristas, la dificultad incomprensible de un ente del Estado para contratar con rapidez agentes y prepararlos para su trabajo, y el malestar colectivo por no haber podido impedir la matanza. En el aire flotaba una voluntad de autojustificación, de hicimos todo lo que pudimos, lo que estuvo en nuestras manos. Yo fui sincero, le dije que no había funcionado la coordinación debida con la Policía y la Guardia Civil, que cada uno iba a su bola y así no se puede funcionar. Me lo rebatió, pero sus argumentos esta vez no me convencieron.

Durante algunos meses seguimos en contacto. De vez en cuando le llamaba para confirmar algunas de las historias que iba a publicar. Siempre fue respetuoso y jamás me ofreció informaciones que estuvieran bajo secreto. Un día, tiempo después, dejó de atender mis llamadas. Tardé en descubrir que Saiz lo había cesado por discrepancias en el funcionamiento de La Casa. Pidió destino en el extranjero y se fue a Londres. Saiz se lo concedió, pero siendo un exdirector de Inteligencia lo envió como número dos de la delegación, como si él no estuviera más preparado que cualquier otro. Ahora, en Telefónica, trabaja para una de las grandes empresas españolas, aportando su gran experiencia no solo en temas de seguridad en España, sino también en el extranjero. Para no sentirse muy solo, ya ha fichado a alguna agente.

El espía que mendigó en la puerta de una mezquita

*E*l mendigo había tomado posesión de un rincón no demasiado limpio, cerca de la puerta de la mezquita, para pedir limosna. Nadie se lo quitaba. Cada mañana iba allí, con su ropa vieja y ese aspecto de acudir al trabajo para conseguir unas monedas que le permitieran comer algo a lo largo del día. La gente lo conocía, nadie le molestaba. Siempre miraba a la cara a cada uno de los fieles musulmanes implorando una ayuda. Así una semana tras otra.

Nadie descubrió que su nombre era Alfonso Vega, que no era musulmán ni que llevaba encima una pequeña cámara para fotografiar a quienes pasaban por su lado. Tampoco supieron nunca que en los alrededores había otras personas dando cobertura a aquel mendigo aparentemente igual a otros muchos que vagabundean por las grandes ciudades.

Vega era en realidad uno de los más experimentados agentes de la unidad operativa del CNI. Su misión allí era detectar la presencia de varios sospechosos vinculados con el terrorismo yihadista, pasando desapercibido, sin que nadie de los que acudía a la mezquita sospechara que estaba siendo vigilado.

Antes de cumplir ese trabajo, Vega había tomado cervezas en herriko tabernas de San Sebastián con radicales de la izquierda abertzale haciéndose pasar por uno de ellos. Siguió hasta México a peligrosos pistoleros de ETA, colocó micrófonos en embajadas en España sospechosas de apoyar al terrorismo y controló en Bosnia a los temidos comandos de la muerte.

El «mendigo» Vega pasó trece años en la unidad operativa. Un hombre que nació para estar en primera línea de batalla, que disfrutaba con el riesgo, que nunca quiso ser otra cosa que un hombre de acción al servicio de España. Había nacido en Stuttgart (Alemania) en 1962, cuando su padre guardia civil había decidido abandonar el cuerpo y emigrar buscando un futuro mejor para su familia. A los seis años de edad regresó a España para vivir con sus abuelos en el pueblo de Bamba, Zamora.

Creció con la idea de ser militar de operaciones especiales. Destacó en todos los deportes que practicó: arquero, tirador de carabina de aire comprimido y jugador de hockey sobre patines. A los veinte años cumplió su sueño de ingresar en la Academia Básica de Suboficiales con uno de los primeros números. Obtenido el grado de sargento, no tardó en conseguir una plaza en la Academia de Operaciones Especiales: era muy estudioso, trabajador, duro, increíblemente duro, y militarmente enérgico.

Durante el curso celebrado en Jaca, que muchos comienzan pero una parte no acaban por su extrema dureza, tuvo la mala suerte de caerse en la ascensión a una montaña y al clavar el piolet se le desarticuló el brazo. La exigencia extrema del curso hizo que sus compañeros se compadecieran de él porque con esa limitación era casi imposible aprobar. Pero el sargento Vega siguió en la academia con el brazo vendado asumiendo todos los problemas sobrevenidos. Siguió lanzándose en helicóptero e incluso aprendió a montar y disparar las armas con la izquierda. Un éxito en su carrera en las peores circunstancias.

Allí aprendió todas las artes extremas de la guerra, incluida la forma de deshacerse de un centinela. Según contó el propio Alfonso, un capitán peruano que estaba realizando el curso con él, que había operado contra el grupo guerrillero Sendero Luminoso, le explicó que cortar un cuello «no creas que es tan fácil, a mí me ha tocado hacerlo de verdad y la piel se pone muy dura».

El curso fue intenso y largo, pero lo aprobó con buena nota. Pidió destino en los Grupos de Operaciones Especiales, primero en Oviedo y luego en Burgos, ciudad donde su prestigio como militar lo llevó a recibir una gran sorpresa. Un día le ordenaron vestirse de paisano y viajar a Madrid, donde alguien lo esperaba en el Cuartel General del Ejército. Disciplinado, cumplió la orden y se encontró con un teniente que había conocido anteriormente y que le contó que el servicio secreto quería ficharlo. Puso reparos: tenía a su familia en Burgos y era un follón trasladarse a la capital. Lo convencieron para que realizara las pruebas y las pasó. Lo siguiente fue trasladarse a vivir varios meses a Madrid para hacer el curso de agente operativo, el más exigente de los que se realizan en el servicio de inteligencia. Corría el año 1990, Alfonso Vega tenía 28 años.

Había sido muy feliz siendo militar y le encantó convertirse en espía. Conocía a la perfección lo que era ser un operativo militar y le entusiasmó la investigación y los sistemas civiles de actuación, totalmente distintos a los procedimientos militares. Durante el tiempo que duró el curso estuvo viviendo en Madrid con su abuelo y posteriormente se llevó a su familia a una casa que compraron en Alcalá de Henares. Comenzó una nueva vida en la que durante los primeros años realizaba su trabajo en la capital y después empezó a viajar con frecuencia a San Sebastián.

Fueron cientos de misiones en las que se movió con una pericia que sus mandos reconocieron muy pronto. Su principal objetivo fue la banda terrorista ETA. La capacidad de Alfonso para mimetizarse con el ambiente y cambiar de aspecto lo llevó a introducirse en cualquier ambiente hostil para con su sangre fría conseguir la información terrorista que buscaba. En San Sebastián hizo amigos en los ambientes abertzales, con los que iba a tomar copas y a escuchar conversaciones a las herriko tabernas.

En estos trabajos anti-ETA los agentes operativos consiguen mucha información que posteriormente otros explotan sin que ellos sepan las consecuencias, pero hay ocasiones en las que palpan los resultados, como en aquella ocasión en la que gracias a su información se pudo desmantelar un zulo repleto de armas.

En numerosas operaciones Alfonso escondió micrófonos junto con sus compañeros gracias a arriesgadas penetraciones clandestinas en pisos y sedes. En alguna ocasión hasta los colocó intencionadamente mal para que los etarras los descubrieran y pensaran que el servicio había centrado sus esfuerzos en una de sus delegaciones y en la otra hablaran con tranquilidad pensando que estaba limpia. Persiguiendo los movimientos de los etarras, a veces se tuvo que desplazar a México, en una época en la que en ese país los terroristas pasaban desapercibidos y se creían fuera de todo control.

De todo ello nunca hablaba con su familia, a pesar de la satisfacción que sentía por el deber cumplido. A su madre, curiosa a veces, le decía que era mejor que no supiera nada de su vida profesional. Al resto les explicó en su momento, para dejarlo claro, que no debía hablar de su labor, porque la seguridad empezaba por el silencio: «Cuanto menos se habla, más seguridad».

Mientras hacía este tipo de labores, Alfonso no paraba de formarse. Hizo un curso de conducción para circunstancias extremas con la Guardia Civil, era paracaidista, buceador y no paraba de ejercitarse en el tiro, una disciplina en la que destacó tanto que terminó dirigiendo los ejercicios cuando iba con sus compañeros.

Su solvencia como agente lo llevó a realizar misiones en África y en otros lugares del mundo, a las que iba voluntariamente, deseoso de verse inmerso en nuevos retos como agente operativo. Una vez participó en la entrada clandestina en una embajada extranjera en Madrid, en la que tenían que abrir la caja fuerte y fotocopiar todos los documentos guardados allí. Para hacerlo sin ser detectados, no se les ocurrió otra manera que provocar un incendio en el edificio anejo, esperar a que llegaran los bomberos y aprovechar la confusión para llevar a cabo la penetración.

Después de todas esas operaciones, decidió acometer un nuevo desafío: ir destinado a Bosnia. Chapurreaba el inglés y el francés, y antes de viajar al destino empezó a estudiar el alfabeto cirílico, que no dejó de aprender durante todo el tiempo que estuvo allí gracias a las dos colaboradoras del servicio naturales del país.

Después de un año en el extranjero, regresó y se reincorporó a su grupo en la unidad operativa. En ese tiempo, le descubrieron un cáncer muy grave a su padre. Alfonso vivía en Madrid y muchos días al terminar su labor cogía el coche y se iba al hospital de Salamanca para quedarse a pasar la noche con él y que su madre pudiera irse a casa a descansar. Al día siguiente, sin dormir, regresaba al trabajo y desarrollaba su jornada como si nada.

Sus ansias de cumplir con las misiones más arriesgadas lo animaron a solicitar una plaza en Irak. Hasta la invasión estadounidense, en el país había dos delegados destinados en Bagdad. Tras el conflicto y la decisión de enviar tropas militares españolas, se decidió sumar otros dos equipos que se dedicaran íntegramente a cuidar de ellos en Nayaf y Diwaniya. Uno de estos cuatro puestos era para un jefe de operaciones procedente de la División de Acción Operativa. Alfonso Vega se presentó voluntario, pero no fue el único. Tuvo que pasar exámenes, aportar su ventajosa experiencia acumulada en casi trece años de agente en la calle y finalmente le concedieron la plaza. Se alegró inmensamente y se puso a estudiar árabe aceleradamente. Apenas disponía de tiempo, pero aprendió las herramientas básicas que le permitieran moverse por las conflictivas zonas de Irak haciéndose pasar por uno de sus habitantes. Ya había estado en circunstancias más difíciles y el idioma nunca había sido un problema, especialmente porque si hacía falta se las arreglaba con el inglés y el francés.

En julio de 2003 viajó a Irak acompañado de Carlos Baró, el agente con el que formaría equipo, aunque cada uno trabajaría en temas distintos. Alfonso se movía por el país con cierta naturalidad gracias a su enorme destreza para mimetizarse en el terreno como un camaleón. Cambió tanto de aspecto que viendo las imágenes de su estancia en Irak es difícil reconocerlo. Se dejó un gran bigote, se enfundó una túnica local blanca y nadie dudó de que fuera un iraquí más.

Uno de los contactos secretos que Alfonso mantenía en Bagdad para intercambiar información era el capitán de navío Manuel Martín-Oar. Este había llegado en mayo a Bagdad para trabajar como adjunto al embajador especial, Miguel Benzo, en el Consejo de Cooperación Internacional, organismo dependiente de la Autoridad Provisional en la Coalición, encargado de la ayuda humanitaria, de la relación con las ONG y con la ONU. Su misión era internacional y no formaba parte del contingente español enviado al país.

Vega le transmitía información sobre lo que estaba pasando en Irak y Martín-Oar le ayudaba en lo que podía. El 18 de agosto Alfonso se reunió con el capitán de navío en su despacho de la ONU. Tras el encuentro, abandonó el edificio y regresó a su zona de trabajo. Quince minutos después tuvo lugar un atentado con bombas contra el edificio oficial. Hubo una cierta confusión de inicio sobre el paradero del militar español, aunque por desgracia al final se supo que había perdido la vida. Quince escuetos minutos permitieron que Alfonso salvara la vida.

Algo similar le ocurrió el 9 de octubre. El día anterior había hablado por teléfono con José Antonio Bernal, el agente que estaba destinado en el equipo de Bagdad. Le comentó que había un asunto antiterrorista que le quería comentar. Le pidió que ese día lo esperara en su casa y no se fuera hasta que él llegara acompañado de un legionario que en algunas ocasiones le proporcionaba labores de escolta. Alfonso no llegó porque durante el viaje desde Diwaniya le surgió otro tema y unos chiíes acabaron a tiros con Bernal. Se quedó preocupado pensando que José Antonio podía haber salvado la vida si no lo hubiera estado esperando, pero la investigación posterior de los acontecimientos demostró que ese hecho no tuvo nada que ver.

Durante el tiempo que estuvo en Irak luchando contra el terrorismo, el brigada pidió a sus familiares que no lo llamaran, que él lo haría cuando pudiera. Las últimas semanas, tras el asesinato de Bernal, cuando la situación se puso más complicada, les telefoneaba cada dos días, alertándoles al final de la conversación de cuándo exactamente volvería a contactar. En esas pequeñas charlas siempre quitaba hierro a todo lo que podía pasar y les pedía que no temieran nada.

A principios de noviembre, Alfonso tuvo un par de semanas de vacaciones en España. Además de relajarse, aprovechó para hacer las gestiones oportunas para su futuro tras la estancia en Irak. Quería una vacante en Bosnia, donde ya había estado anteriormente. La mayor parte del tiempo lo pasó con su mujer, Isabel Martín, y sus hijos Patricia y Alejandro. No regresó a su trabajo antes de acercarse a Gerona para pasar un día con sus padres, su hermano y su familia. Durante la comida estuvo la mitad del tiempo pegado al teléfono, hablando con sus compañeros de Irak. Antes de despedirse, al ver la cara de tristeza de su madre le dijo que no se preocupara pues volvería antes de que comenzaran las fiestas de Navidad.

Unos días después de su regreso a Irak, recibió junto a los otros tres agentes allí destinados a los cuatro que un mes después los sustituirían en la misión. El 29 de noviembre, el cuarto día de la estancia conjunta de los dos equipos, les tendieron una trampa cuando regresaban desde Bagdad, donde habían estado de visita en diversas instituciones, a Nayaf y Diwaniya, los cuarteles de las tropas españoles donde residían. Siete de ellos fueron asesinados. Alfonso estaba especializado en conducción en situaciones extremas y logró evitar en un primer momento al coche atacante desde el que les dispararon. Pero la intensidad del fuego de kalashnikov dirigido al conductor para conseguir frenar el coche hizo que muriera en los primeros momentos de la refriega.

Atrás dejó una lista enorme de misiones cumplidas con gran éxito, sin que la opinión pública se enterara de su gran trabajo. Muchas de ellas relacionadas con la lucha contra el yihadismo. Para identificar terroristas, fue durante semanas un mendigo al que algunos dieron una limosna sin saber que a partir de ese momento los ojos del CNI nunca más dejarían de estar posados sobre ellos.

Los yihadistas que se les escaparon
y los informantes que cambiaron de bando

*E*xiste la falsa creencia, basada en afirmaciones repetidas hasta la saciedad, de que el CNI es el órgano que informa al presidente del Gobierno y a los ministros para que puedan adoptar sus decisiones. La realidad es que el servicio secreto hace bastante más que eso. De la mayor parte de sus actuaciones, el responsable político, que en la actualidad es la vicepresidenta del Gobierno Soraya Sáenz de Santamaría, no se entera al detalle, ni tiene por qué, ni le interesa.

Una de las muchas misiones que históricamente llevan a cabo los espías ha sido la lucha contra el terrorismo. No hay que olvidar que fue un agente, Ángel Ugarte, el primero que mantuvo una negociación con ETA cuando el Gobierno estaba presidido por Adolfo Suárez.[1] Aunque siempre le transmiten sus conclusiones al Gobierno, también informan de sus resultados operativos del día a día a las Fuerzas y Cuerpos de Seguridad del Estado —principalmente, aunque no solo a ellos— para que ejecuten las detenciones e impidan atentados en operaciones en las que los espías no pueden actuar sobre el terreno por carecer de competencias policiales.

Este trabajo es al que se dedica la División de Contraterrorismo Islámico, dependiente de la subdirección de Contraterrorismo. La fecha clave para comenzar a hablar del esfuerzo de La Casa en este ámbito es 1996, año en el que se crea el Área de Terrorismo Islámico en la División de Contrainteligencia Exterior. Fue enton-

---

1. Todos los detalles aparecen en el libro escrito por el propio Ángel Ugarte con el periodista Francisco Medina, *Espía en el País Vasco*, Barcelona, Plaza y Janés, 2005.

ces cuando un pequeño grupo de agentes comenzó a batallar contra esta amenaza por iniciativa de María Dolores Vilanova, la entonces jefa de la División.

El CESID de aquella época trató este terrorismo como un asunto distante. Los atentados de grupos como Al Qaeda tenían lugar en países alejados de España y su ogro era Estados Unidos, no Europa. En nuestro país siempre había habido elementos activos de esos grupos y otros que iban y venían, pero nos usaban como base logística, sin intención de actuar en el territorio. La Policía ejercía un buen control sobre ellos, incluso mejor que el del servicio secreto, y fueron diversas las operaciones en las que ambos chocaron persiguiendo sospechosos o tratando de captar fuentes.

Era una época en la que, tras la caída del Muro de Berlín y la menor intensidad de la amenaza procedente de Rusia, se decía que los servicios secretos de todo el mundo estaban buscando nuevos enemigos para justificar sus elevados presupuestos. El nuevo demonio llegó en avión el 11 de septiembre de 2001. Al Qaeda osó atacar Estados Unidos y matar a cerca de 3000 personas.

Habían pasado cinco años desde que el CESID había dado un tímido paso para conocer la amenaza islamista. El 11-S había coincidido con el nombramiento de un nuevo director, Jorge Dezcallar, que se encontró de sopetón con esa nueva situación. Muchos pensaron que el atentado estadounidense no tenía nada que ver con la seguridad de Europa. Interpretaron que Estados Unidos había llevado a cabo una política expansionista que le había granjeado la enemistad de los radicales musulmanes.

En España se activaron voces de alarma. Algunos de los suicidas de los aviones que se estrellaron contra las Torres Gemelas y el Pentágono habían sido detectados meses antes en nuestro país. La todopoderosa CIA pidió ayuda a posteriori para investigar sus movimientos y detectar grupos afines a Al Qaeda en territorio español y en Europa.

Dos meses después, Abu Dahdah fue detenido como responsable de una célula de Al Qaeda en España y como cooperador en los atentados de Nueva York. Representaba la conexión española y el fiscal llegó a pedir al tribunal que lo condenara a 74.337 años de prisión como cómplice o cooperador necesario en las muertes del 11-S. Al final, la pena se limitó a doce años de prisión.

La percepción en los dos años posteriores a esos atentados de que el terrorismo islamista estaba cambiando su cara respecto a España, hizo que el recién nacido CNI se pusiera las pilas para hacer frente a la nueva amenaza. El servicio decidió potenciar un área específica para luchar contra este tipo de terrorismo y consiguió el permiso del Gobierno para contratar nuevos agentes y recabar más medios. Lo que ocurre en estos casos es que, como hemos visto, el periodo de captación es largo, hay que preparar a los agentes, conseguir que entiendan la cultura árabe... Y eso lleva mucho tiempo, demasiado. En ello estaban cuando se produjeron los atentados de Madrid. Antes el CNI detectó e informó al Gobierno de que se estaba gestando una amenaza peligrosa contra España. Tres fueron los principales detonantes que sirvieron a los espías para emitir esta alerta.

El primero fue que el presidente José María Aznar apareció en la famosa fotografía de las Azores del 16 de marzo de 2003 que selló la alianza de varios países para la invasión de Irak. Junto al británico Tony Blair, arropó al estadounidense George Bush en la declaración de guerra. España había adquirido visibilidad mundial y el perfil de riesgo para sufrir un atentado subió exponencialmente.

El segundo detonante ocurrió el 16 de mayo de 2003, cuando se produjeron cinco atentados simultáneos en Casablanca, Marruecos, uno de ellos contra la Casa de España. Al margen de que la elección fuera interesada para dar un toque de atención a la política de Aznar, la DST, el servicio secreto marroquí, procedió a una limpieza de elementos islamistas en el país que obligó a muchos de ellos a escapar, decidiendo esconderse en territorio español.

Y el tercero fue el más evidente: el líder de Al Qaeda Osama Bin Laden recogió el malestar de los sectores radicales del mundo árabe y en uno de sus mensajes colocó a España en el punto de mira como objetivo para todos los que siguieran su doctrina.

Al mismo tiempo que el CNI avisaba del peligro que se cernía sobre nuestro país, aumentaba el despliegue de medios —todavía escasos— para controlar a los sospechosos de poder llevar a cabo un atentado. Algo que también hacían la Policía y la Guardia Civil, que perseguían a elementos vinculados a redes islamistas.

¿Qué fue lo que impidió que el CNI descubriera la trama? La razón principal fue que los sospechosos a los que vigilaban se les escaparon en el último momento. ¿Sospechosos o confidentes? Esa es una pregunta sin resolver en el caso de Amer el Azizi, un marroquí al que tenían controlado y con el que mantenían una relación no aclarada. Nacido en Casablanca, traductor de español, había ayudado a captar a los miembros de la célula de Al Qaeda que dirigía Abu Dahdah y a uno de los personajes clave del 11-M, Sarhane Ben Abdelmajid Fakhet *El Tunecino*.

En noviembre de 2001 agentes de la Policía tenían controlado a Azizi, incluso con cámaras escondidas instaladas en los alrededores de su domicilio, prestos para detenerlo junto a sus compañeros en la llamada Operación Dátil. Entonces dos agentes del CNI fueron a verle y golpearon repetidamente la puerta de su casa sin conseguir respuesta. Azizi se mosqueó, se cortó la barba y consiguió huir de España. Nunca se ha conocido exactamente la relación que mantenía con el CNI, pero la Policía le achacó a este actuar por su cuenta y frustrar su detención.

Convertido en enlace entre los terroristas y Al Qaeda, Azizi regresó a Madrid a principios de 2003, lo que descubrieron tiempo después porque vendió legalmente su coche. Luego desapareció y no se supo nada de él hasta que la dirección de Al Qaeda confirmó que un misil lanzado por un dron en Pakistán había acabado con su vida.

Otro de los implicados en el 11-M al que controlaron los agentes del CNI fue Jamal Zougam, empleado de un locutorio. Como en varios de los casos de terroristas muertos o detenidos, intentaron convertirlo en colaborador al mismo tiempo el CNI y los servicios de información de la Policía. Cada uno de ellos campaba a su aire, iba a su bola, compitiendo entre sí los que deberían ser sus aliados en la lucha contra el terrorismo. Este suceso quedó en evidencia cuando Zougam fue detenido.

El tercer caso y más importante fue el de Allekema Lamari, que había sido militante del argelino Grupo Islámico Armado (GIA) y que fue clave en los atentados contra los trenes de Madrid. Al poco de llegar a España en 1977, fue detenido en una operación policial contra una célula del GIA. En 2002, quedó en libertad por un error judicial y a partir de ese momento todos sus movimientos en su nueva residencia en Valencia fueron controlados por el CNI.

El inicio de la operación fue perfecto. El servicio captó a Sabagh Safwan, más conocido como *El Pollero*, que mantenía buenas relaciones con los islamistas. Le encargaron controlar todos los movimientos de Lamari. Gracias a él, los espías supieron que su objetivo había salido de prisión mucho más radicalizado de lo que ya estaba, obsesionado con vengarse. En el CNI estaban tranquilos porque conocían al detalle cada uno de sus movimientos.

Medio año antes del 11-M, El Pollero les desveló que Lamari estaba poniéndose en contacto con otros islamistas para organizar un atentado en suelo español, aunque él no tenía acceso a la información sobre el cuándo, cómo y dónde. Lo que era un indicio preocupante se convirtió en alarmante unos meses después cuando desapareció y los intentos por localizarlo fueron infructuosos.

El 6 de noviembre de 2003, preocupado por lo que pudiera pasar, el CNI emitió una alerta a la Policía y a la Guardia Civil para que lo localizaran, especificando que tenía la intención de cometer un atentado. Nadie dio con él. El 6 de marzo de 2004 —cinco días antes de los atentados— un nuevo informe del CNI alertaba de que a su desaparición había que sumar la de cinco de sus acólitos, que habían abandonado sin justificación sus puestos de trabajo.

Volvieron a tener noticias de Lamari cuando reapareció como uno de los responsables de la colocación de bombas en los trenes y después, el 3 de abril, se encontraron sus restos entre los terroristas que se inmolaron en un piso de Leganés durante el asalto de la Policía que los tenía cercados.

Hubo otros casos de yihadistas controlados por la Policía y la Guardia Civil cuya colaboración o control habría podido ayudar a evitar aquellos atentados. La conclusión fue unánime: hubo graves fallos de seguridad que impidieron evitar las casi 200 muertes.

Uno de los principales fue la coordinación que debería haber existido entre los cuerpos policiales y el CNI. Dezcallar defiende en sus memorias[2] que él la intentó nada más llegar a la dirección del CNI y que en 2001 planteó su necesidad en un almuerzo con el entonces ministro del Interior Mariano Rajoy. Otros directores de La Casa, al igual que él, han defendido su buena voluntad para conseguir aunar esfuerzos, evitar duplicidades y enfrentamientos con la Policía y la Guardia Civil. Pero también es cierto que la Policía siempre ha acusado a los espías de no colaborar y de querer apuntarse muchas veces éxitos que no eran suyos.

Tan patente era el caos provocado por la falta de colaboración que una de las primeras medidas del presidente Rodríguez Zapatero cuando llegó al cargo fue crear en mayo de 2004 el Centro Nacional de Coordinación Antiterrorista. Todos los implicados reconocen que la coordinación en la lucha contra el terrorismo yihadista ha mejorado desde entonces, pero sigue quedando mucho por hacer.

2. Jorge Dezcallar, obra citada.

Menos burocracia y más captadores de fuentes para perseguir a los islamistas

*L*a lucha contra el terrorismo islamista la activó el director Dezca-llar, pero a quien le tocó lidiar con su desarrollo fue a su sucesor Alberto Saiz. El presidente Rodríguez Zapatero le dejó claro en su primera reunión, todavía calientes los atentados contra los trenes en Madrid, que su prioridad frente a cualquier otra debía ser evitar que se produjera otro 11-M y conseguir el fin de ETA. Saiz afrontó el reto aceptando su desconocimiento de cómo funcionaba el mundo del espionaje, por lo que mantuvo en su cargo al experto director de Inteligencia Miguel Sánchez.

Un año antes había sido aprobado el refuerzo de La Casa con trescientos nuevos agentes y más medios técnicos, medidas que todavía no habían sido implementadas. Lo que hizo Saiz fue modificar la perspectiva desde la que debían afrontar la prioridad expresada por el presidente. Ya no les bastaba con investigar y perseguir a los sospechosos de pertenecer a grupos violentos o a los individuos que estaban radicalizados. El nuevo objetivo era más amplio, inmensamente más grande. Se trataba de ejercer el control sobre los más de millón y medio de musulmanes que vivían en España. No pretendían saberlo todo sobre cada uno, pero sí disponer de un sistema de alarmas acerca de aquellos que expresaran ideas radicales. Pero estos tampoco eran el objetivo real, porque sabían que en todas las religiones hay fieles más o menos exaltados, como forma personal de vivir sus creencias. Pero sobre ellos, un número muchísimo más reducido que toda la comunidad islámica, podían empezar a trabajar para identificar a quienes dieran el paso siguiente, el de querer imponer sus ideas mediante la violencia. Estos sí pasaron a ser la prioridad del CNI.

El problema estaba en que para ejercer vigilancia sobre los miles de sospechosos en potencia necesitaba un número muy elevado de agentes que estuviera en la calle controlándolos e intentando descubrir a los grupúsculos que pudieran tramar atentados.

Existía un sistema de control que en aquellos tiempos ya se veía muy eficaz. Si los terroristas utilizaban poco el teléfono para sus comunicaciones, eran unos apasionados de Internet y las redes sociales. Dezcallar ya había entendido la necesidad de que el servicio estuviera presente en el ámbito digital y había creado el Centro Criptológico Nacional. Ahora había que potenciar esa herramienta de defensa y otras de ataque para la identificación de radicales.

Lo primero fue convencer al Gobierno de que el servicio necesitaba aumentar considerablemente su presupuesto, algo relativamente fácil pues la sociedad estaba muy sensibilizada con la amenaza yihadista y todo lo que se gastara en erradicarla sería bienvenido. Después Saiz estableció un plan para contratar a mil nuevos agentes, con lo que los 2500 de 2004 pasarían a ser 3500. Esto iría unido a un plan de desburocratización del servicio, sacando a la calle a muchos de los funcionarios que desempeñaban tareas de despacho.

La nueva obsesión se llamaba «captadores de fuentes». Los agentes del CNI, por muy buenos que fueran, no podían hacer ese trabajo directamente. Era un caso distinto al de ETA, a la que el mayor daño se lo hicieron los agentes infiltrados que simulaban ser simpatizantes de la banda e incluso se ofrecían para ser terroristas. Con el yihadismo se necesitaba otro tipo de osadía. Gente que hablara con musulmanes colocados estratégicamente para convencerles de que les informaran sobre sospechosos con los que salían, con los que iban a orar o con los que compartían trabajo. Ellos pasarían a ser los ojos y los oídos del servicio secreto. Pretendían colocar a un informante en cada uno de los lugares donde se sospechara que pudiera haber gente que se radicalizara en un futuro cercano.

Mientras llegaban los nuevos, recurrieron a agentes de otras divisiones a los que se preparó para acometer la tarea. La principal limitación estaba en el conocimiento del árabe, idioma que el CNI comenzó a impartir a muchos de sus agentes. Cuando llegaron estos cursos, algunos ya habían empezado a estudiarlo por su cuenta y otros se habían apuntado como simples alumnos a seminarios que se celebraran en cualquier rincón de España sobre el mundo musulmán.

Al mismo tiempo los reclutadores, sin esperar a la llegada de solicitudes, se fueron a las universidades a buscar jóvenes que hablaran árabe, una tarea complicada porque no era un idioma de moda. Contrataron traductores que pudieran transcribir con rapidez las intervenciones telefónicas o por Internet de conversaciones de sospechosos. Actualmente disponen de numeroso personal que habla árabe clásico y nueve dialectos.

Unos de los primeros trabajos que realizó el CNI, y de los más importantes, fue el control de todas las mezquitas, una tarea que resultó más complicada de lo que podía parecer a simple vista. En España existen actualmente unas 700 oficiales y otras 500 clandestinas, más pequeñas, situadas en pisos de pocos metros cuadrados, con escasa infraestructura y presencia reducida de fieles —en estas actúan con más frecuencia los radicales—. De ellas, casi cien siguen la línea más radical del islam, el salafismo. Lo primero fue encontrar informantes en cada una de ellas y lo segundo conocer la doctrina que los imanes impartían allí dentro. Muchos de ellos pronunciaban discursos intransigentes que rayaban en la apología de la violencia. Los espías tenían claro que había que respetar la libertad religiosa, pero que en esas mezquitas había un grave problema de seguridad.

El agravante estaba en que muchas eran lugares donde servicios secretos extranjeros se movían para controlar a sus colonias de inmigrantes y el tipo de culto que practicaban. No hay que pensar en países con pésimas relaciones con España, sino en algunos de los más cercanos del mundo árabe, como Arabia Saudí. En 2006, unos agentes destinados en Ceuta descubrieron en el barrio de El Príncipe a predicadores enviados desde aquel reino para defender su islam fundamentalista, el wahabismo. En su territorio, Arabia Saudí no tolera otro culto que no sea el suyo, pero eso no le frena para invertir a manos llenas en otros países en la creación de mezquitas y centros coránicos. Según los datos del propio CNI, es el país que más invierte en España sumando el gasto público y el de potentados a título particular. Uno de estos últimos era un príncipe saudí, de los más influyentes, que era el principal benefactor de los más necesitados de la barriada de Ceuta. Otros hombres ricos de ese país hacen exactamente lo mismo en otras provincias, algo que no es ilegal, pero que preocupa en La Casa. Dudan de que entreguen tanto dinero a cambio de nada. Dudan del objetivo último de su caridad.

Marruecos no les gana en inversiones para la creación y mantenimiento de mezquitas, pero sí en la presencia de agentes de su servicio secreto. En la primera década de este siglo se movían de forma totalmente encubierta en los lugares de culto en España con el fin de garantizar que su abundante colonia rezaba según la doctrina de su país y estaba controlada. En los últimos años, al mejorar considerablemente la relación con el CNI, los espías marroquíes actúan de forma más coordinada con sus colegas españoles.

El despliegue de otros países árabes también ha preocupado en La Casa. Kuwait, Emiratos Árabes Unidos y Qatar invierten unas cantidades ingentes de dinero en apoyo a distintos grupos y organizaciones musulmanes, tanto para levantar mezquitas como para apoyar el culto. El caso más controvertido siempre ha sido Kuwait, país criticado por los espías en diversos informes porque en sus mezquitas se lanzan mensajes en contra de la integración de los musulmanes en las sociedades occidentales, aconsejando no acercarse a los españoles e incitando al odio hacia todos los que no profesen su religión.

Para hacer frente a esta financiación descontrolada de los países árabes en España, cuyo dinero no solo acababa en las mezquitas más radicales sino que en ocasiones llegaba a grupos violentos, el CNI emprendió una campaña a principios de esta década para que todo ese dinero pasara por algún organismo español que lo controlara y garantizara su buen uso. Este flujo es complicado de controlar, pero al menos en los envíos oficiales desde el extranjero algo se ha conseguido.

El despliegue de sus agentes para combatir adecuadamente el terrorismo islamista fue uno de los principales inconvenientes que el CNI debió resolver. Su presencia era necesaria allí donde pudieran estar los potenciales radicales. La División de Contraterrorismo Islámico creó nuevas delegaciones y potenció otras ya existentes. La importante División de Madrid recibió refuerzos, mientras que en Cataluña se creó una nueva. A Ceuta, Melilla y otras ciudades del Mediterráneo enviaron decenas de agentes. Aunque menos, también se aumentó la presencia en otras provincias con un menor índice de riesgo.

Los principales escenarios de radicalización eran y son Cataluña y Ceuta, donde entre otros indicios —una mayor concentración de mezquitas salafistas— se produce de una forma más intensa el fenómeno de las segundas generaciones —hijos de inmigrantes—, que se ha demostrado que son más proclives a traspasar la línea de la violencia.

Otras provincias como Murcia, Alicante, Melilla, Málaga y las islas Canarias, de las que se habla bastante menos, recibieron captadores de fuentes del CNI con la misión de patear el terreno y descubrir a quienes bordeaban ese límite violento.

El despliegue del CNI coincidió en algunos casos con el de las grandes agencias mundiales, como la CIA estadounidense y el Mossad israelí, que incrementaron su presencia en Cataluña para disponer de información de primera mano sobre lo que allí se cocía.

Para combatir este tipo de terrorismo sin fronteras, La Casa consideró imprescindible potenciar el despliegue en el exterior, abriendo o reforzando delegaciones en países árabes clave, con especial énfasis en aquellos con presencia de grupos yihadistas como el Estado Islámico y Al Qaeda. Pretendían saber quiénes se iban a hacer la yihad a puntos calientes como Siria e Irak, ver dónde se instalaban, cómo los entrenaban y en dónde actuaban. Después, quizás lo más importante, querían descubrir si antes de regresar reclutaban a otras personas y si estaban dispuestos a atentar en España.

Para evitar cualquier tipo de acto criminal, recordando la relativa facilidad con la que los terroristas del 11-M consiguieron explosivos para hacer saltar los trenes de Madrid, una de las tareas en que se volcaron nuestros espías desde el principio con gran éxito fue controlar el tráfico de armas y cualquier sustancia susceptible de ser utilizada para elaborar explosivos caseros.

A pesar de este ingente esfuerzo, los espías saben que hay momentos de especial riesgo en los que solo la suerte, acompañada de la mejor de las informaciones, puede evitar que se produzca un atentado. Para el CNI uno de esos momentos son las habituales operaciones de paso del Estrecho, cuando los inmigrantes marroquíes y de otros países del norte de África, procedentes de los países europeos en los que trabajan, atraviesan España para desplazarse a sus países de origen y tomarse unas vacaciones. Uno de esos inmigrantes que tuviera intenciones terroristas puede pasar más desapercibido que en cualquier otra ocasión.

Espías árabes bajo protección del CNI
se infiltran en grupos islamistas

*U*na de las decisiones revolucionarias que tomó el CNI en la etapa de Alberto Saiz tuvo una transcendencia inusitada. El director se dio cuenta de que el despliegue de captadores de fuentes había sido una iniciativa acertada, pero no era suficiente, había que ir más allá. Necesitaba contar con infiltrados especialmente preparados dentro de los grupos más activos y peligrosos, los que estaban en disposición de cometer un atentado. No podían renunciar a esa figura básica en el espionaje, capaz de obtener la información de mayor calidad, y debían darle una vuelta para conseguir la mayor eficacia.

Aunque La Casa nunca había aceptado participar en operaciones conjuntas con otros servicios en territorio español para introducir topos en grupos terroristas, abrió esa compuerta. No se trataba solo de respaldar a los infiltrados que servicios amigos como el francés tenían en células terroristas creadas en su país y que habían generado ramificaciones en España, pues las operaciones eran ajenas y la ayuda se limitaba a facilitarles el despliegue de sus agentes en España y a prestarles la ayuda logística y de cobertura necesaria. A un caso de este tipo respondió la detención en enero de 2008 de nueve pakistaníes y un indio cuando planeaban atentar contra el Metro de Barcelona. La operación pudo desactivarse gracias a que uno de los miembros del grupo trabajaba para el servicio secreto francés y a que, con la información que consiguió, el CNI realizó su propia investigación.

La importante decisión estratégica de La Casa fue establecer acuerdos de colaboración con varios países de Oriente Medio y otros como Marruecos para que infiltraran a agentes y colaboradores en grupos yihadistas asentados en España. Los naturales de esos países, por el color de su piel, sus costumbres y su religión musulmana, no levantaban las sospechas lógicas que despertaba cualquier occidental. La operación se llevó a cabo de forma conjunta y el CNI desplegó sus medios y el mayor conocimiento del terreno para apoyar a esos infiltrados. Aunque fueran agentes de servicios secretos extranjeros, de hecho trabajarían para el espionaje español. El resultado de la operación, cuyos casos concretos permanecen ocultos por motivos de seguridad, ha sido fructífero y sigue dando buenos resultados.

Dos fechas marcaron cuáles serían los servicios secretos extranjeros que mejores relaciones iban a mantener con el CNI en la lucha yihadista. Septiembre de 2001, los atentados contra las Torres Gemelas y el Pentágono en Estados Unidos. Y mayo de 2003, los ataques suicidas de Casablanca, que segaron la vida de cuarenta y cinco personas. Desde entonces, paso a paso, los servicios secretos de Estados Unidos y Marruecos se convirtieron en sus principales aliados.

Con grandes altibajos al principio por culpa de la desconfianza, el papel de los espías de Mohamed VI ha adquirido un protagonismo insospechado en la conflictiva relación hispano-marroquí. Tanto el espionaje interior —Dirección General de Supervisión del Territorio (DGST), dirigida por Abdelatif Hamouchi— como el exterior —Dirección General de Estudios y Documentación (DGED), dirigida por Yassine Mansouri— mantienen una relación de colaboración con el CNI que ha permitido evitar numerosos atentados en los dos países.

Captar información en el reino de Mohamed VI siempre ha sido uno de los principales objetivos del servicio secreto español. La permanente disputa entre dos vecinos con tantos puntos de fricción ha limitado continuamente los campos de colaboración entre los dos servicios.

Tras los atentados del 11-M se especuló con la posibilidad de que los espías marroquíes conocieran previamente lo que se estaba preparando y no hubieran hecho nada para evitarlo —incluso que hubieran colaborado con los terroristas—. Con el paso del tiempo, sigue siendo una sospecha que algunos especialistas mantienen. El CNI investigó esa conexión y no pudo demostrar nada. Los marroquíes habían sufrido meses antes los atentados en Casablanca y sus conclusiones fueron que en ambos casos habían actuado los mismos conspiradores.

En los años siguientes fue mejorando la relación entre los servicios en la lucha antiterrorista, no exenta de altercados que la empañaron, como las expulsiones en 2009 de un agente español destinado en Nador por relacionarse con grupos opositores a Mohamed VI.

Tras la llegada de Félix Sanz a la dirección del CNI, se potenció esta colaboración por la vía de la conversación y por la decisión común de preservar la lucha antiyihadista de cualquier otro problema bilateral. A cambio —todo tiene un precio en el espionaje—, España tuvo que hacer algunas concesiones para no irritar a la monarquía alauita, como negar la concesión de asilo al exespía marroquí Hicham Bouchti, que había denunciado la corrupción de sus superiores; o el caso del melillense Ali Aarras, extraditado a Marruecos a pesar de que se sospechaba que podía ser torturado; o permitir el acoso a ciudadanos críticos con su régimen residentes en España.

Fruto de diversas acciones, pero gracias también a esa colaboración, en 2010 aumentaron las detenciones de yihadistas en España, que años después alcanzarían la cifra más alta de toda la Unión Europea. Un dato no referido exclusivamente a personas encarceladas en España, sino también a otras que lo fueron en varios países —entre ellos Marruecos— gracias a operaciones conjuntas del CNI con sus servicios secretos. El español ha permitido en diversas ocasiones que sus colegas marroquíes llevaran a cabo detenciones que se podían haber hecho en España debido a que su legislación es más dura con los sospechosos de terrorismo.

La libertad con la que los ciudadanos marroquíes se mueven por nuestro país ofrece un dato preocupante para La Casa. A los cerca de 200 españoles que se han ido a luchar con los insurgentes islamistas en Siria e Irak, hay que sumar los 1500 marroquíes que forman parte de las filas del Estado Islámico y Al Qaeda, que de regresar podrían intentar atentar también en España. Otra razón para haber priorizado los acuerdos bilaterales.

En 2014, un acontecimiento incomprensible para los marroquíes los llevó a romper la colaboración con el espionaje francés. Abdelatif Hamouchi, jefe de la DGST, estaba de visita oficial en París cuando policías galos se personaron en la residencia del embajador alauita para llevárselo detenido por una orden judicial contra él por torturas, solicitada por ciudadanos de su país. No lo consiguieron y Hamouchi huyó.

La venganza inmediata de Marruecos fue el fin de la colaboración judicial y entre servicios secretos, lo que llevó a que el CNI potenciara sus relaciones con sus colegas marroquíes. Durante un año, España hizo de puente con los galos para pasarles bajo cuerda la información antiterrorista que les podía ser de utilidad, mientras los espías de Mohamed VI hacían la vista gorda. Ahora mismo la conexión de España y Marruecos en lo que se refiere a la lucha contra los yihadistas es muy buena.

La relación con Estados Unidos también es excelente, aunque sorprende menos debido a la amistad entre los dos países. Esta afinidad acrecentada por el objetivo común ha permitido que agentes de la CIA y el FBI actúen en España con mucha mayor libertad que los marroquíes. Tras el 11-S han abierto delegaciones en varias comunidades españolas y sus agentes actúan por todo el territorio nacional. El intercambio de información con ellos es constante.

Como consecuencia de este buen ambiente, la CIA ha invitado en diversas ocasiones a agentes del CNI a visitar la base de Guantánamo para que interrogaran a presos españoles u otros de los que pudieran obtener información. La primera vez fue a los pocos meses de los atentados del 11-S, cuando nuestros espías, acompañados por policías, interrogaron al ceutí Hamed Abderramán Ahmed. Había peleado en Afganistán y pronto les quedó claro que no era un dirigente, sino un mero luchador por sus ideas. Estuvo dos años en Guantánamo y luego lo devolvieron a España para ser juzgado en la Audiencia Nacional, que lo condenó a prisión tras escuchar las declaraciones de los policías que habían participado en su interrogatorio. El Tribunal Supremo dio la vuelta a la resolución y lo dejó en libertad tras declarar nulos los testimonios policiales. Guantánamo es un penal fuera de la ley y nada de lo que un preso declare allí puede ser admitido como prueba en un juicio justo.

La delegación del CNI y la Policía que visitó en tres ocasiones el penal situado en Cuba para interrogar a Ahmed se reunió también con otro preso que se hacía llamar Redwan Abdusalam. Tras las primeras horas de declaración reconoció llamarse Lahcen Ikassrien y ser marroquí con residencia en España. Estuvo preso en Guantánamo hasta 2005 y tras ser puesto en libertad volvió a las andadas. En 2014, el seguimiento permanente al que lo tenía sometido la CIA ofreció resultados: era el líder de una red internacional de captación de yihadistas. Él y sus ocho compinches fueron detenidos en Madrid, esta vez sí bajo todos los procedimientos legales.

La colaboración en el ámbito yihadista entre la superpotencia que es la CIA y un servicio de inteligencia mediano como el CNI ha facilitado a los estadounidenses numerosas informaciones que les han ayudado a evitar atentados.

Otros países como Francia mantienen muy buenas relaciones con el CNI, heredadas de los años en que trabajaban unidos intensamente en la lucha contra el terrorismo de ETA. La ventaja con el país galo es que los mecanismos de colaboración judicial están muy engrasados y es mucho más fácil llevar a cabo todo tipo de operaciones conjuntas.

Junto a Francia, Estados Unidos y Marruecos, la colaboración con otros países en la lucha contra los yihadistas tiene dos columnas de apoyo muy importantes: los foros de países que se han unido ante la necesidad de hacer frente a ese cáncer.

Uno de ellos es occidental, principalmente europeo, en el que muchas naciones ofrecen y piden información concreta sobre movimientos e identidades de terroristas y sobre cualquier detalle que pueda contribuir a esa lucha. Un segundo foro tiene su espacio geográfico en el Mediterráneo, su funcionamiento no es tan bueno como el anterior, pero es de mucha utilidad por la participación de países africanos clave.

Los servicios de inteligencia, y el español es una buena muestra, defienden que cada uno está para velar exclusivamente por los intereses de su país, excepto en aquellos temas en que la amenaza es compartida y la colaboración es la única vía para acabar con ella. Por eso colaboran con otros servicios en la lucha contra el yihadismo sabiendo que son enemigos declarados en muchos otros terrenos.

Como decía un antiguo director, hay que tener amigos hasta en el infierno. Y el CNI los tiene. El más evidente es el servicio secreto sirio, cuyo Gobierno ha sido ampliamente criticado por el español, que hace tiempo accedió a colaborar con La Casa y con otros servicios europeos. Agentes del CNI han viajado a Siria en diversas ocasiones para obtener información sobre los españoles que se han desplazado a luchar con el Estado Islámico, conocer su paradero y controlar que si deciden regresar a España ellos lo sepan con tiempo suficiente para detenerlos o, al menos, tenerlos identificados y localizados.

Alerta, un joven se está radicalizando

*E*l aumento del despliegue de agentes por toda España y el extranjero, así como la colaboración con otros servicios de inteligencia, han servido para cumplir la misión de detectar a los sospechosos de estar radicalizándose, controlar los centros de adoctrinamiento y vigilar a los grupúsculos con disposición para cometer atentados. Pero la información que busca el servicio no acaba ahí, necesita conocer otro tipo de detalles. Los analistas que trabajan en la sede central están encargados de elaborar inteligencia para sus jefes y también para los propios agentes de calle sobre fenómenos como la captación y el proceso de radicalización. Datos que vayan más allá de los estudios teóricos, que estén fundamentados en los acontecimientos reales y en los datos de todo tipo que guardan en la División de Contraterrorismo Islámico.

Contando los casos trabajados por el CNI y sumados los de la Policía y la Guardia Civil, en 2016 hubo cerca de tres mil ciudadanos musulmanes radicalizados en España. ¿Qué significa exactamente esto? ¿Se han convertido ya en un peligro? La respuesta es no.

Según el servicio, el proceso que recorren sigue cuatro fases: el desencanto, la radicalización, el extremismo violento y el yihadismo. Los especialistas hablan de que el estadio preocupante es el tercero, aunque para evitar futuros problemas, para saber a qué atenerse con cada uno de ellos, el control de seguridad debe iniciarse en el segundo, la radicalización. Sus cálculos sobre el tiempo que un joven tarda en estar dispuesto para cometer un atentado desde el momento en que se inicia la captación, incluyendo su paso por la yihad en un país árabe, indican que es de solo ocho meses. Aunque hay casos que demuestran que puede ser de menos.

La fase del desencanto no tiene por qué llevar a un musulmán a ninguna otra acción que no sea la oración cuando el afectado acude a buscar ayuda espiritual a una mezquita. También puede acabar cumpliendo una pena de cárcel si es detenido robando o traficando con drogas. O su desencanto le puede llevar a buscar en Internet información sobre lo que impulsa a grupos como Al Qaeda o el Estado Islámico a cometer sus atentados. El problema surge cuando en algún momento de ese camino se topa con personas encargadas de captar a combatientes, hombres o mujeres, para la yihad.

Esté algo o nada radicalizado, esos captadores lo irán guiando, según sea el caso, según las vivencias personales, por el proceloso camino de la religión y el mensaje manipulado de que los textos sagrados invitan a enfrentarse a los no creyentes.

Por este motivo es tan importante el trabajo que hace el CNI desde el inicio del proceso: controlar a imanes radicales, personas encarceladas o simpatizantes de grupos terroristas, dedicados a adoctrinar a otros para que recorran el camino hacia la violencia. En los últimos años no han pasado muchos meses sin detenciones de redes de captadores, cuya pena de cárcel no es muy alta, pero que sirve para que quienes se dedican a esa labor sientan en el cogote el aliento de los cuerpos policiales.

El proceso desde el momento en que se inicia la captación hasta la radicalización suele llevar tres meses y después es más rápido el paso a la tercera fase, en la que los captados se muestran predispuestos a hacer uso de la violencia. Entonces es cuando el objetivo pasa a ser controlado de una forma especial y, dependiendo del sujeto, se procede a su detención si toma decisiones graves como viajar a Siria, Irak o Libia para enrolarse en la yihad.

El proselitismo en las prisiones es otra historia. España no es una excepción, pasa en todos los países de Occidente. Cuando un joven musulmán entra por cualquier delito, con una pena no muy alta, se encuentra en la misma situación de desamparo que cualquier preso. Al llegar es acogido por el grupo de musulmanes, que le dan cobijo, protección y seguridad. Desde el primer día vive aislado con ellos, dirigido por algún preso de más edad y experiencia que asume las funciones del imán. Le lavan la mente para que pase a considerar a la sociedad que lo ha acogido como la causante de todos sus males. Le explican que él puede hacer frente a la injusticia que padece, la misma que sufre el resto de sus hermanos musulmanes. Las discrepancias que pueda mostrar son problemas menores, porque vive aislado en un mundo en el que no tiene forma de oponerse. Es posible que consiga la libertad condicional, si ha sido un preso modélico que no se ha metido en follones, y ahí es donde podría entrar en la fase violenta, listo para acometer cualquier acción dentro de lo que consideraría la defensa de su fe. Este joven entró en prisión por el trapicheo de drogas y robos, bebiendo, fumando y acostándose con cuantas mujeres pudiera, y puede salir con la piel vuelta: un radical yihadista que obligue a sus hermanas a llevar velo para no ofender a Alá. Fuera de prisión, es probable que no tarde en acudir a la dirección que le han dado… para ponerse a trabajar.

El CNI montó una operación en las cárceles para controlar este tipo de captación. Nada puede hacer para evitarlo, excepto tener localizados a los captadores para recomendar a Instituciones Penitenciarias que los encierren en prisiones y módulos especiales, donde no puedan ejercer su labor de proselitismo. Es un control complicado: hay más de doscientos presos en la lista por riesgo yihadista.

Además, La Casa intenta meter a algunos de sus colaboradores en prisión para que señalen a los presos radicalizados y a aquellos que han sido sometidos a adoctrinamiento durante su cautiverio. Acciones que les están dando muy buenos resultados.

Atacar las webs yihadistas para evitar el reclutamiento

*L*a orden de intervención procedía de la Audiencia Nacional, en el marco de una operación encuadrada en la lucha contra el terrorismo yihadista. El 24 de junio de 2015, a las cuatro de la madrugada, efectivos de la Guardia Civil procedentes de Madrid asaltaron la casa en Ceuta de Hamido Mohamed y lo detuvieron. En el registro encontraron 490 gramos de hachís y una pistola con el número de serie borrado.

El juez Ismael Moreno acusó al hombre de cuarenta años de proselitismo yihadista en las redes sociales. Especificaba que había realizado «comentarios a través de los que se puede entrever una total determinación, convencimiento y voluntad de actuar». Hamido era administrador de abundantes perfiles en redes sociales de propaganda yihadista, en donde publicitaba con gran capacidad de difusión «imágenes, alabanzas y otros comentarios enaltecedores de reconocidos líderes y grupos terroristas». Publicaba vídeos de decapitaciones, comentarios contra los «infieles» y había escrito: «Pido a Alá que me dé valor de matar occidentales», «lucharé hasta la muerte» y «tendría que estar enfrente del enemigo luchando cuerpo a cuerpo, esa es la yihad».

Aunque no es habitual que vayan armados —este dato agrava y acelera siempre cualquier investigación, pues muestra la predisposición del objetivo para convertirse en un lobo solitario y lanzarse a la calle a pegar tiros—, el caso de Hamido es un ejemplo de los muchos que investigan los informáticos del CNI dedicados a seguir las actividades de los terroristas islamistas en Internet.

Son jóvenes expertos en la nueva tecnología de las comunicaciones que se mueven por la red como si fuera el salón de su casa. Su objetivo es detectar y entrar en contacto con los radicales mientras ejecutan sus acciones. Saben que el 80 por ciento de la captación de islamistas radicales se realiza en las webs. La actuación llevada a cabo contra gente como Hamido es la más accesible dentro de la dificultad general. Estos agentes informáticos se comportan como los infiltrados en la vida real, haciéndose pasar por quienes no son, pero disponiendo de todos los elementos de credibilidad necesarios para evitar ser descubiertos. Navegan por las páginas de simpatizantes del Estado Islámico o Al Qaeda simulando ser uno de ellos, para lo que previamente han elaborado perfiles falsos, han inventado una historia personal cercana y simple, y han dejado huellas con esa identidad en distintos foros y redes sociales. Esta actividad requiere mucha paciencia y los obliga a trabajar a horas intempestivas en las que sus objetivos estén conectados a la red, con frecuencia de madrugada.

Más complicado es penetrar en aquellas partes de las redes ocultas que han montado los yihadistas para buscar a simpatizantes a los que captar para la yihad. Suelen diseñar webs dirigidas por personas que actúan sin mostrar signos de ser radicales, más bien al contrario, que reniegan en público de la violencia. Nadie debe sospechar de ellas, saben que policías y espías del mundo entero rastrean sus pasos.

Estos terroristas disponen de un alto conocimiento de las herramientas de Internet, lo que les permite crear páginas con las más altas medidas de seguridad para que su uso habitual no haga saltar la alarma de los espías y que nadie que ellos no deseen pueda entrar en la zona más restringida.

Dentro de esas webs suelen introducir un foro en el que es necesario registrarse con grandes medidas de seguridad —claves secretas y otros requisitos— para que ningún indeseable descubra lo que hablan entre ellos y evitar los advenedizos. Como medida de precaución adicional, el servidor suele estar alojado en países no occidentales para que las Policías no lo puedan bloquear con facilidad.

Para atraer la atención de los musulmanes en proceso de radicalización, en el foro vuelcan todo tipo de información que de alguna forma pueda llegar al corazón del visitante que está en ese proceso de tránsito, pero aún lejos de tomar partido por la lucha armada: testimonios de mártires, bombardeos de países occidentales sobre objetivos llenos de niños y sus madres…

La llegada de personas al foro permite a los reclutadores trabar relación con ellos y determinar su grado de compromiso antes de seleccionarlos para que pasen a la siguiente fase en la cual intentarán incitarles a convertirse en agentes de la yihad. A los más proclives los redirigirán a otros chats aún más selectivos y personales, más difíciles de vigilar, como los grupos de WhatsApp. Allí se intensificará el adoctrinamiento y se valorará el momento en el que el candidato está preparado para una entrevista personal en la que guiarán sus últimos pasos para intentar convertirlo en un soldado. Para las mujeres, el destino no serán las armas, sino convertirse en esposa de un soldado en Siria o Irak, o en carne para que los yihadistas descarguen sus ansias sexuales.

Este tipo de estructura es muy difícil de ser descubierta y todavía más de penetrar en ella. Los espías de ordenador lo intentan continuamente con buenos resultados, como se puede comprobar en la larga lista de detenciones que se producen anualmente en España, en las que casi nunca se menciona el trabajo desarrollado por el CNI. Este fue el caso de la Red Ansar al Mujahideen, puesta en marcha en 2008 por Faical E., que vivía en El Poble Nou de Benitatxell, en Alicante, detenido en agosto de 2010. Él y sus colaboradores alojaron en una web, con contenidos en varios idiomas, la propaganda de Al Qaeda y el Estado Islámico, y la convirtieron en un espacio de encuentro e interacción de miles de islamistas radicales.[3]

Las quejas del CNI, y también de la Policía, son que los detenidos por sus actividades en Internet no pasan mucho tiempo en la cárcel. De hecho, Hamido fue puesto en libertad provisional poco tiempo después de su detención. Sin embargo, los expertos reconocen tristemente que la mayor parte de las detenciones son de poca monta judicial, porque casi nunca les encuentran armas, lo que agravaría las condenas.

---

3. Su historia está muy bien contada y analizada en el libro de Jordi Bordas, Eduardo Martín de Pozuelo y Eduard Yitzhak, *Objetivo: califato universal*, Barcelona, La Vanguardia Ediciones, 2015.

Maletines de dinero para solucionar los problemas de la inmigración ilegal

*L*as fotos de 2006 y 2015 aparecidas en numerosos medios de comunicación reflejaban situaciones distintas y distantes.

El presidente Mariano Rajoy se desplazó a Senegal, a principios de mayo de 2015, para visitar a los militares y guardias civiles destinados allí para combatir la inmigración ilegal. En el puerto de Dakar los tripulantes de los dos barcos españoles le explicaron cómo día tras día, junto a sus colegas senegaleses, se dedicaban a impedir la salida de embarcaciones ilegales hacia Canarias. Junto a ellos, en el mismo Dakar, un avión Hércules del Ejército del Aire prestaba apoyo en una operación más enfocada hacia la lucha contra el terrorismo yihadista. Rajoy se entrevistó también con el presidente del país Macky Sall y posaron para una foto que hablaba de la buena relación de España con algunos países del África subsahariana.

Nueve años antes, la situación era bien distinta. En los inicios de su mandato en 2004, el presidente José Luis Rodríguez Zapatero se encontró con riadas incontrolables de inmigrantes subsaharianos que llegaban a España en cayucos y pateras, transportados por peligrosas mafias sin ningún respeto por la vida de sus pasajeros. El problema se desbordó y hubo que montar un dispositivo especial para ponerle coto. La vicepresidenta del Gobierno María Teresa Fernández de la Vega dirigió una operación con el protagonismo del Ministerio de Asuntos Exteriores, que necesitó el apoyo imprescindible del servicio secreto, con su director Alberto Saiz a la cabeza.

Entre otros países, Senegal fue uno de sus principales objetivos. Una gran parte de las embarcaciones ilegales que transportaban inmigrantes sin papeles procedían de sus costas, en las que las mafias actuaban con total impunidad gracias a que tenían comprados a los funcionarios que debían impedirles actuar.

Había que convencer a las autoridades senegalesas de que colaboraran, lo que requería darles algo a cambio. Los diplomáticos de Exteriores les prometieron dinero para el desarrollo del país y medios militares españoles que ayudaran a las tropas locales para llevar a cabo la vigilancia necesaria para evitar la salida de cayucos.

Esta historia de cooperación que permitió solucionar problemas internacionales tiene una parte oscura que se desarrolló en las alcantarillas del poder en Senegal. La imagen pública de 2006 fue la firma del primer pacto de colaboración en temas de seguridad entre los dos países, rubricado por parte senegalesa por su ministro del Interior, Osman Ngom, y por parte española por el director del CNI Alberto Saiz. La presencia del secretario de Estado español no fue una casualidad, ni viajó al país para perder el tiempo en un acto protocolario que podía haber ejecutado el colega que lo acompañaba, el director general de la Guardia Civil Joan Mesquida.

Antes de llegar al momento de la firma, el jefe de los espías había mantenido una discreta reunión, a la que había acudido con un maletín procedente de los fondos reservados del CNI. Fue Saiz con su diplomacia secreta el que abrió los candados simbólicos para que en Senegal aceptaran la colaboración española. Y fue Saiz el que llevó a cabo personalmente esa diplomacia plasmada después en una foto. El resultado exitoso de esas medidas «de cooperación» se visualizó en 2015 en otra imagen, la del presidente Rajoy con su colega senegalés, disfrutando de unas perfectas relaciones bilaterales.

Esta operación de lucha contra el tráfico de personas que transportaba en condiciones inhumanas a inmigrantes hasta Canarias o cualquier otro punto de la costa española costó a los tres agentes del CNI desplegados en Senegal más de un serio disgusto. Ejecutaron su trabajo con una calidad tal que destaparon las claves del tráfico de personas, a los responsables de las mafias y sus conexiones con las autoridades locales. Un trabajo impresionante cuya autoría no tardaron en descubrir los jefes mafiosos perjudicados por el acuerdo entre los Gobiernos de Senegal y España. El yerno del que fuera director de la Guardia Civil, José Antonio Sáenz de Santamaría, fue amenazado de muerte y su vida corrió un peligro real. Aprovechó la visita de su director para recordarle cuál era la situación que vivía como represalia por el buen trabajo que habían efectuado. Pocas semanas después fue trasladado. Los otros dos agentes allí destinados tuvieron que esperar hasta finales de año para escapar de aquella tormenta desbordada que también amenazaba con ahogarlos a ellos.

En aquellos años, el CNI había montado varias operaciones en diversos países de África para obtener todo tipo de información, pero especialmente la referida a la inmigración ilegal. Una de ellas se la habían encargado a David Vidal, un civil que ya colaboraba con la Policía y que era especialista en informática. Vidal, que conocía bastante bien África, montó una red de colaboradores locales en países como Mauritania, Guinea o Marruecos, que le facilitaban todo tipo de información sobre plantaciones y tráfico de drogas, problemas religiosos y tráfico de personas. Esta red funcionó durante diez años, encabezada por este agente oscuro, al que el CNI impartió instrucción específica sobre cómo conseguir fuentes y cómo convencerles para que lo ayudaran. Siempre que viajaba por cualquier país utilizaba en las aduanas su pasaporte auténtico, aunque para moverse por las ciudades o pueblos enseñaba otros pasaportes que se había agenciado con identidades falsas. Siempre tuvo claro que, a pesar de usar pistola en algunas ocasiones o contratar a guardaespaldas por precios baratos, lo importante para sobrevivir en África era no estar más de tres días en la misma localidad, porque cualquier tapadera que usara terminaba perdiendo su efecto en ese tiempo. Su ayuda fue uno de los elementos destacados para el CNI de cara a controlar el problema de la inmigración ilegal.[4]

El director Saiz montó una División para ocuparse de la inmigración que sigue siendo muy activa en estos momentos. Desde siempre, el servicio secreto ha promovido el acercamiento a los inmigrantes asentados en España para buscar casos en los que su ayuda pudiera resultar útil. Los más afectados son de países africanos como Marruecos o Argelia, para los que obtener la residencia o la nacionalidad española siempre es un sueño cuando consiguen entrar en el país.

Desde la década de los años 80 y hasta ahora, el CNI hace informes sobre extranjeros que solicitan la nacionalidad, que posteriormente los jueces encargados de tomar la decisión los unen a expedientes en los que ya figura otro procedente de la Policía. Esos informes son determinantes casi siempre.

Esta ayuda a la Justicia es de gran utilidad para La Casa, porque les permite a cambio recibir información privilegiada sobre extranjeros que quieren ser españoles y les facilita una vía oficial para ponerse en contacto con ellos abiertamente cuando consideran que

4. David Vidal, *Diario de un espía*, Barcelona, Libros Cúpula, colección Enigmas, 2014.

pueden ayudar. Si se da el caso, agentes del CNI intentan captarlos ofreciéndoles la nacionalidad, eso sí, siempre que les pasen datos sobre sus compañeros más radicales de mezquita, sus teléfonos, profesiones... En algunas ocasiones, los afectados se niegan en redondo y ante la presión de los agentes para que acepten, acuden a la Policía para denunciarlos, aunque la efectividad real es casi nula.

La División tuvo que ser reforzada cuando estalló la crisis de refugiados procedentes de Siria, pues no daba abasto. El Gobierno decidió acoger a 15.000 refugiados y encargaron al CNI que revisara una por una todas las peticiones y diera su visto bueno antes de que llegaran a España.

Para hacer el informe, tarea que el resto de países de la Unión Europea también encargaron a sus servicios secretos, los espías decidieron colaborar entre ellos para compartir datos disponibles sobre los peticionarios de refugio. Datos que llegaron al Centro de Inteligencia Contra el Crimen Organizado, al que pertenece el CNI, y cuya base de datos analiza a cualquier solicitante para que no se les cuele un solo terrorista yihadista.

V

Las relaciones con el rey, la Policía, los políticos y la economía

El espía Andrés Fuentes, la tienda de lencería en Alemania y el ataque a Bárbara Rey

*C*ometí un error con él y no me enteré hasta años después.

Durante la investigación, a finales de la década de los años 80 y principios de los 90, para la primera parte de *La Casa* sobre las actividades del CESID, hablé con mucha gente para recabar datos para lo que sería el primer libro de investigación sobre el servicio secreto publicado en España. A mis interlocutores les ocultaba el objeto de mi trabajo porque la editorial y yo habíamos acordado un pacto de silencio para huir de la posibilidad de que los jueces atendieran alguna demanda que en el último momento pudiera impedir su publicación. Los abogados reconocieron que había un vacío legal, nunca se había publicado un libro como el mío que se enfrentara de lleno con la restrictiva Ley de Secretos Oficiales. Para cubrirse las espaldas, tras leer el manuscrito recomendaron realizar 1216 cambios. De esa forma, pensaban, seguro que no habría problemas... pero tampoco habría habido libro. Acepté tres modificaciones sobre aspectos que no estaban suficientemente contrastados y el libro inició su larga andadura que culminó sin una sola denuncia.

Durante la investigación, un agente, en tono jocoso, me puso un ejemplo de tapadera que utilizaban en el extranjero: «En un país del centro de Europa la delegación cuenta con una tienda de ropa interior femenina regentada por uno de nuestros agentes. Ya quisiéramos todos trabajar allí».

Me quedé con la copla, lo apunté en mi cuaderno de notas y cada vez que tenía una cita con otro espía o exespía le sacaba el tema como si no le diera mucha trascendencia. Meses después, un exagente que llevaba tiempo fuera del servicio sonrió ante mi comentario: «A finales del franquismo nos descojonábamos con Andresín. El tío, de la X promoción de la General, se montó una tienda de lencería para señoras en Alemania».

Quien así hablaba, un jefe del Ejército de Tierra, siempre que mencionaba a un espía adjuntaba algún dato de su carrera militar. Eran unos años en los que el servicio secreto estaba integrado principalmente por militares, algunos guardias civiles y policías, y escasas mujeres a las que destinaban a trabajos de análisis en asuntos extranjeros, alejadas por su seguridad de las misiones arriesgadas que reservaban para hombres experimentados. Pero no nos desviemos de la historia central.

Ya había conseguido ubicar el país, Alemania, y el nombre del agente, Andrés. Con el dato de su promoción en la Academia General de Zaragoza busqué su apellido y lo contrasté con otro militar, que me lo confirmó: «Fuentes acabó trabajando en el espionaje porque le encantaban las intrigas. Era un poco rojo, ¿sabes?, tuvo algo que ver con la UMD, pero como era tan simpático encandilaba a todo el mundo». Andrés Fuentes, ese era mi hombre.

Conté la historia de la tienda de lencería de Fuentes en *La Casa* y me olvidé de él durante un par de años. Había tantos y tantos relatos en el libro, y su caso tampoco ocupaba demasiado espacio.

Corría el año 1995 cuando recibí una llamada telefónica a la redacción de *Tiempo*. La voz, ronca sin duda por el consumo de tabaco, no me resultó agresiva, pero sí un poco distante. Me anunció que quería quedar conmigo para hablar. Era uno de los protagonistas de mi libro y deseaba comentarme algo al respecto. Habían pasado dos años desde que *La Casa* había llegado a las librerías, pero no tuve inconveniente, más bien al contrario. Charlar con un espía siempre es una oportunidad para conocer mejor ese mundo oculto.

Quedamos en un bar cercano al Grupo Zeta. Era alto, espigado, barba de varios días, amplia sonrisa y un don de gentes de nacimiento. No paró de fumar pitillos y yo lo acompañé con un puro. Me dijo que se llamaba Andrés Fuentes y mi cara me delató: no recordaba lo que había contado de él en *La Casa*. Me lo aclaró: «Cuando salió el libro, no pararon de llegarme mensajes de compañeros, fue un despiporre. Contabas que yo tenía en Alemania una tienda de lencería, lo cual es falso».

Me lo aclaró de buen rollo, pero el palo me dejó helado. Caí en el caso, recordé las fuentes que me lo habían corroborado. «Esa tienda de la que hablas estaba en un país cercano —matizó—, pero no en Alemania, donde efectivamente he estado destinado como delegado muchos años. A mí lo que me gusta es desvestir mujeres, no vestirlas».

Nos reímos, él no le dio más importancia al error. Me contó que ya no estaba en el CESID, que llevaba una vida plácida fuera de ese mundo y que simplemente quería conocerme para corregir la equivocación. Nos caímos bien, charlamos de muchos temas vinculados con el espionaje, las Fuerzas Armadas y la vida en general. Ese fue el primer encuentro de otros muchos que tuvimos en los meses siguientes.

En 1996, tras la victoria del Partido Popular en las elecciones, Javier Calderón asumió el cargo de director de La Casa y unos meses después el propio Andrés me comunicaba que abandonaba su relajada vida para volver al CESID. Calderón le había nombrado jefe de la División de Seguridad, un puesto de cierta relevancia sobrevenida tras los escándalos que en los años anteriores habían azotado al servicio por el robo y filtración de papeles secretos que probaban su vinculación con el caso GAL.

Seguí hablando de vez en cuando con Andrés sobre temas concretos que estaba investigando y en los que él me ayudaba. Nuestra relación había cambiado. Sus palabras ya no procedían del hombre independiente de antaño, eran más oficiales, consultadas, pero me servían igualmente al proceder de un alto cargo del espionaje.

La relación se fue enturbiando. No por él ni por mí, sino por las informaciones que publicaba en *Tiempo* sobre su jefe, Javier Calderón, que ejecutó una falsa limpieza relacionada con los conflictos heredados que en realidad había sido un ajuste de cuentas personal contra agentes inmaculados que años antes se habían enfrentado a él. Andrés no dejó de atenderme al teléfono cada vez que le llamaba, pero un día se sinceró, como siempre hacía él, dando la cara: «No podemos seguir hablando, ya no me lo permiten».

En 1997, Pilar Urbano escribió el libro *Yo entré en el CESID*, con la ayuda inestimable del director Calderón y todo su equipo y amigos. Este intento de limpiar la imagen de La Casa resultó entretenido gracias a la ágil pluma de la periodista, que disfrutó escribiéndolo. Una de las precauciones que adoptó consistió en cambiar el nombre y apellido de los agentes de los que hablaba por otros que se inventaba ella, siempre relacionados con el original. De esta forma, a Andrés Fuentes le bautizó como Efrén Puentes.

Al final del libro narra un episodio con una transcendencia que pocos vieron o no quisieron ver. Mi amigo Andrés Fuentes —perdón, Efrén Puentes— le habló de Bárbara Rey y del famoso vídeo del que nadie quería hablar con el que chantajeó al rey Juan Carlos. Lo hizo con palabras muy medidas. Negó que se grabara en uno de los chalés operativos del CESID —los vídeos a los que se refiere no, pero otras escenas amorosas sí que las inmortalizó el servicio en uno de sus pisos clandestinos—: «Si Bárbara Rey ha grabado a empresarios, a políticos o al maharajá de Kapurthala, al presidente de Estados Unidos o al rey de Prusia…, se lo ha montado cierta tienda de artilugios sofisticados que está por Alcalá».

Al día siguiente de leer el relato, me fui a visitar a Antonio Durán, el dueño de La tienda del espía, un establecimiento especializado en artilugios de espionaje en la madrileña calle de Alcalá. Lo conocía desde hacía tiempo y me confirmó que Andrés estaba en lo cierto. Él había acudido a casa de Bárbara Rey y había instalado una cámara en la pared que estaba frente a la cama del dormitorio y se activaba con un interruptor pegado al de la luz.

La segunda clave de la historia la desvelaba el jefe de la División de Seguridad poco después: ¿Quién le robó a Bárbara Rey las copias de la cinta que había grabado con Juan Carlos? Amparándose en una «hipótesis de trabajo», describió un operativo que duró semanas cerca del chalé de Aravaca-Pozuelo donde vivía la actriz. Observaban a la gente que entraba y salía, a los que vivían allí, el plano del chalé, las costumbres de los vecinos. Una vez recogida esa información, estudiaron el mejor momento para entrar, obviamente cuando la casa estaba vacía.

El equipo que penetró clandestinamente lo hizo para buscar un vídeo, por lo que se centraron en todos los sitios donde la artista podía haberlo escondido. Los agentes se inclinaron a pensar que podía estar guardado entre la ingente videoteca y que no lo encontrarían a simple vista, pues el comienzo del vídeo que perseguían podía contener imágenes de sus hijos, estar al final de una película erótica o «en medio de una larga entrevista a Ana Obregón».

Los agentes, contaba Andrés —perdón, Efrén—, se llevaron varios reproductores de audio y vídeo portátiles con pantalla y fueron pasando cada cinta rápido, sin sonido, para no llamar la atención. Hasta que dieron con la cinta de marras, que sustrajeron, y la sustituyeron por otra. Cuando días o semanas después, la actriz fuera a verla comprobaría el cambiazo, pero no tendría pruebas de lo que había pasado. Y mucho menos de quién había ejecutado la penetración clandestina.

Andrés-Efrén también dejó claro que Bárbara Rey podía tener una copia en una caja fuerte de un banco extranjero y que en ese caso habrían recurrido al servicio secreto local para hacer una operación de cambiazo similar.

En un primer momento creí que la operación para acabar con las presiones de la artista sobre el rey las había ejecutado el servicio secreto de esa forma. Me equivoqué, olvidé la capacidad de manipulación de Andrés y que su intención con la filtración de la historia no era solo advertir a Bárbara Rey de que no tenían límites cuando debían solucionar un problema. También pretendían —él y Calderón— enviar un mensaje a la opinión pública negando una negociación con la actriz y el consiguiente pago de su silencio. Un desmentido sumado a las innumerables veces que otros altos mandos de La Casa me lo desmintieron a mí y a otros periodistas. Se llama «mentir hasta la evidencia». O, lo que es peor, mentir hasta después de la evidencia. En 2017, Manuel Cerdán ha publicado la prueba de los pagos en un banco de Luxemburgo poniendo fin a la falsedad eterna del servicio secreto.

Sentí perder el contacto con Andrés y no poder intercambiar opiniones sobre este relato tan rotundo y manipulado sobre lo que el servicio de inteligencia hizo para acabar con una de las grandes pesadillas del rey Juan Carlos. Desapareció de mi vida y ni siquiera descolgó el teléfono cuando abandonó el espionaje.

«El servicio de seguridad interior»:¿Quién dijo que en España solo hay un servicio secreto?

«*E*l mejor servicio secreto del mundo es el CNI. Otros países tienen varios servicios, pero lo bueno del nuestro es que somos solo uno, en el que está incluido todo: señales, interior, exterior… No tengo ningún problema para coordinarme conmigo mismo.» Son palabras del director del CNI Félix Sanz el 9 de junio de 2016, durante una charla con el periodista Raúl del Pozo, en un encuentro público organizado por *El Mundo* sobre «Periodismo de batalla y secretos de Estado».

Lo afirmó ese día, pero no tiene problema en defenderlo cada vez que se tercia. Para justificar esa afirmación no tiene en cuenta a la Comisaría General de Información de la Policía, encargada oficialmente de la «captación, recepción, tratamiento y desarrollo de la información de interés para el orden y la seguridad pública». Tampoco al Servicio de Información de la Guardia Civil, responsable oficialmente de «organizar, dirigir y gestionar la obtención, recepción, tratamiento, análisis y difusión de la información de interés para el orden y la seguridad pública en el ámbito de las funciones propias de la Guardia Civil, y la utilización operativa de la información, especialmente en materia antiterrorista, en el ámbito nacional e internacional».[1]

Las palabras de Sanz coinciden bien con una explicación teórico-universitaria del concepto «servicio de inteligencia», que defiende apasionadamente que el CNI es el único en España que elabora inteligencia —información más análisis—, pero no encaja con

---

1. Ambas citas literales proceden de las páginas web oficiales de los dos cuerpos.

la realidad de lo que pasa día a día. Tanto la Policía como la Guardia Civil llevan a cabo en territorio español y extranjero, de una manera absolutamente legal, las mismas misiones de obtención de información que sus colegas del CNI. Esta realidad es la que justifica la expresión que se escucha con frecuencia en medios policiales respecto a que en España existe de hecho, aunque sin reconocimiento oficial, un «Servicio de Seguridad Interior», copiando en parte la denominación del MI5 inglés.

En la mentalidad de los presidentes de Gobierno siempre ha existido ese duopolio. La muestra más cercana en el tiempo la ofreció Mariano Rajoy cuando decidió adoptar las medidas oportunas para hacer frente al desafío soberanista del presidente de la Generalitat Artur Mas. Encargó a la vicepresidenta del Gobierno Soraya Sáenz de Santamaría que el CNI se ocupase del asunto (como detalladamente se explica más adelante) y, al mismo tiempo, encargó la misión al ministro del Interior Jorge Fernández Díaz para que la Policía la llevara a cabo. Un comportamiento similar al que podría adoptar la primera ministra británica frente a cualquier amenaza, metiendo en la respuesta al MI5 —el espionaje interior— y al MI6 —el espionaje exterior—. ¿Por qué fiarse de un solo servicio cuando se puede disponer de información procedente de dos? ¿Por qué, si la amenaza es grave, no utilizar los medios y los agentes de los dos servicios para combatirla? A veces estas situaciones provocan enfrentamientos, como en el caso de Cataluña, algo habitual entre servicios del mismo país en todo el mundo. En las grandes naciones con dos servicios secretos la ventaja reside en que sus campos de actuación están claramente delimitados, por lo que los choques existen, pero son menores que en España.

Muchos altos mandos de la Policía y de la Guardia Civil defienden la necesidad de crear un FBI en España —«Servicio de Seguridad Interior»—, pero ni ahora ni antes los gobernantes han sido partidarios de darles un reconocimiento legal de ese calado. Han preferido limar las asperezas que se producen con frecuencia entre la Policía y la Guardia Civil con el CNI a quitar a los agentes de Sanz sus teóricas plenas competencias sobre los asuntos clave. La realidad es que todos lo investigan todo, sin adjudicar asuntos exclusivamente a alguno de ellos.

Salvo algunos momentos puntuales —más de cara a la opinión pública que en la realidad—, nadie recuerda una etapa en la que el CNI, o su antecesor el CESID, haya mantenido relaciones correctas con la Policía y sus jefes políticos del Ministerio del Interior. Desde los virulentos enfrentamientos en los años 80, nunca se había vivido una situación tan intensamente corroída como la que se inició con la llegada de Rajoy a la presidencia del Gobierno y el traspaso del servicio de inteligencia al Ministerio de la Presidencia, es decir, a la vicepresidenta Soraya Sáenz de Santamaría.

Las investigaciones oficiales posteriores a los salvajes atentados del 11-M constataron que Policía, Guardia Civil y CNI habían estado trabajando cada uno a su bola, lo que les impidió haber adoptado todas las medidas posibles para evitar la agresión de los terroristas. Ninguno de los tres tiene en sus genes compartir información valiosa porque están seguros de que los otros la utilizarían para indagar por su cuenta en la fuente oculta que la ha facilitado y tratarían de quitársela o resolver el asunto a su manera. Puede parecer cutre, pero así es. En Estados Unidos ocurrió lo mismo el 11-S entre el FBI, la CIA y el resto de sus servicios secretos.

El Ministerio del Interior digirió mal que el CNI defendiera tras los atentados de los trenes que había alertado días antes de la posibilidad de un atentado yihadista en Madrid, pero que la Policía no encontró a los terroristas señalados, que luego fueron los autores materiales. Los policías se quejan de la excesiva frecuencia con la que los espías lanzan este tipo de alertas, lo ven como una estratagema para tirar la piedra y esconder la mano. Si no pasa nada, se olvidan, y si ocurre una desgracia, como el 11-M, están cubiertos defendiendo que ellos ya lo habían anticipado. Un caso similar ocurrió en el Campeonato Mundial de Baloncesto que se celebró en Madrid en 2014. El CNI alertó de que habían detectado una posibilidad de atentado, los espías se pusieron muy pesados dando valor a su información recomendando sacar del país al equipo de Estados Unidos. Luego no pasó nada. Falsa alarma.

Tras llegar al gobierno, José Luis Rodríguez Zapatero tomó la decisión de acabar con la falta de comunicación entre servicios y creó el Centro Nacional de Coordinación Antiterrorista, lugar de encuentro donde representantes de las tres instituciones deberían sentarse a intercambiar información. Mientras duró la convulsión nacional por las consecuencias del atentado, la relación entre los tres estuvo presidida por la ausencia de reproches en los medios de comunicación. Guardaron silencio y transmitieron una imagen a la opinión pública, y especialmente al gobierno, de que habían aprendido la lección del terrorismo islamista y que ya nunca más los pillarían en un fallo similar por estar enfrentados y no fiarse los unos de los otros.

En privado, policías y espías seguían tirándose los trastos. «Los del CNI pasan muchas informacioncitas para tratar de demostrar que colaboran, pero no sirven para nada», susurraban los policías.

«Nosotros siempre ofrecemos información por escrito, algo que no hacen siempre los cuerpos policiales», recriminaban en La Casa. La realidad fue, y es, que la Policía y la Guardia Civil solo entregan la información previa a la judicialización de las operaciones, y el CNI, que no trabaja en los juzgados, aporta bastante menos.

La guerra volvió a la «normalidad» con la llegada de Alfredo Pérez Rubalcaba al ministerio del Interior, un peso pesado en el gobierno con personalidad para enfrentarse a quien hiciera falta. El ministro recibió el primer varapalo unos meses después de que ETA diera por finalizada la tregua. *El Mundo* desveló un informe de la Brigada Operativa de Apoyo (BOA) del CNI en el que un policía aseguraba que representantes del PSOE se habían reunido con miembros de ETA en Alemania. Era un contenido alejado de la realidad que provocó el cese del redactor del informe. Rubalcaba interpretó que era un aldabonazo del CNI y de su director, Alberto Saiz. La guerra, de nuevo, estaba declarada. ETA volvería a convertirse durante esa etapa, una y otra vez, en motivo de enfrentamiento, sin que el presidente Rodríguez Zapatero se prestara a mediar, la misma actitud mantenida por Felipe González y José María Aznar.

La colaboración en la lucha sobre el nuevo terrorismo yihadista que había predominado en los años posteriores a los atentados de Madrid también saltó por los aires por la creciente competencia entre servicios. Dejó de respetarse la ley no escrita que establecía que el primer cuerpo que judicializara un tema era el que se encargaba de llevarlo a buen término. Varios podían haber seguido las primeras pistas, pero el que más había conseguido se encargaba de finalizarlo.

Además, seguía presente el viejo tópico de que el CNI hacía sus investigaciones, pero cuando estas implicaban la necesidad de llevar a cabo detenciones, siempre elegía para pasar la información a la Guardia Civil. No se habían enterado de nada, solo hacían el trabajo final, pero de cara a la opinión pública los «picoletos» se apuntaban el tanto, normalmente sin mencionar al CNI. Esto reventaba a los policías de los servicios de información.

Rubalcaba no dejaba de recibir en su despacho las quejas de los responsables policiales contra los espías de La Casa: que si iban por libre, que si interferían en sus investigaciones. Muchas veces los agentes del CNI alegaban razones de Estado para frenar importantes actuaciones policiales. Como en una operación contra el terrorismo islamista en la que finalmente los policías no pudieron proceder a las detenciones en el momento en que estaban previstas porque desde el CNI les advirtieron de que si las llevaban a cabo producirían un daño irreparable, pues uno de los que iban a detener era un infiltrado del espionaje argelino que colaboraba con ellos, y ese era un servicio al que no querían molestar porque España estaba discutiendo con Argelia un contrato de gas.

Pérez Rubalcaba explicó en varias ocasiones a Rodríguez Zapatero cómo estaba la situación. Eran más que roces, toda una batalla desatada. El presidente le restó importancia, nunca quiso intervenir. El ministro tuvo que apechugar.

Gracias a WikiLeaks y a Julian Assange, conocimos en 2010 las filtraciones sobre los correos intercambiados entre el Departamento de Estado norteamericano y sus embajadas por todo el mundo, que arrojaron luz sobre variados temas. Uno de ellos fue el de nuestra guerra policía-CNI. La delegación de Estados Unidos en Madrid alertó en diversas ocasiones sobre «la fuerte rivalidad […] que bloquea el libre flujo de información […] y socava la capacidad de España». Fueron muy claros: «Eliminar el aislamiento, la falta de colaboración y la incompatibilidad entre el Cuerpo Nacional de Policía, la Guardia Civil y el CNI sigue siendo un desafío para el gobierno».

La llegada de Mariano Rajoy a la presidencia acrecentó el enfrentamiento entre los bandos. Los nuevos contendientes fueron el ministro del Interior Jorge Fernández Díaz y el director general de la Policía Ignacio Cosidó contra el director del CNI Félix Sanz.

El conflicto fue complicándose cada día que pasaba, produciéndose situaciones sorprendentes que son una muestra de la peor suciedad. En 2012, la Comisaría General de Información fue alertada de que una de sus traductoras marroquíes presumía de disponer de contactos que le iban a conseguir la nacionalidad y que gastaba más dinero de los 1200 euros que ganaba en su trabajo. Los policías le colocaron una cámara en el ordenador que no tardó en demostrarles que cuando acababa su trabajo guardaba en un *pendrive* las grabaciones en las que había estado trabajando. En un seguimiento posterior la encontraron entregándole el dispositivo móvil a una mujer que resultó ser agente del CNI. Pusieron el grito en el cielo, pero desde la jefatura de la Comisaría y desde el Ministerio del Interior los apaciguaron y dieron un perfil bajo al incidente. Como si no fuera un escándalo que el CNI los espiara.

Hay temas en los que de entrada el CNI no debería tener participación y en los que finalmente terminan actuando. Uno de ellos es la corrupción. Una y otra vez intervienen alegando las intersecciones que presentan los casos concretos con los asuntos de Estado —más bien, parece que de gobierno—. Sanz se dedica a informar al palacio de La Moncloa de todos los asuntos que pueden afectar al Ejecutivo, motivo por el que nadie les puede sacar de esas cuestiones. Su adscripción a la vicepresidencia ha permitido que eso siga así, pues el ministro del Interior Juan Ignacio Zoido tiene menos peso en las decisiones finales que la número dos del Ejecutivo.

Uno de los casos fue el de Luis Bárcenas, el tesorero del Partido Popular en la etapa de José María Aznar, que llevaba una contabilidad B para esconder las donaciones ilegales que recibían de grandes empresarios, con las que presuntamente pagaba sobresueldos a algunos cargos del partido. Teóricamente, y en la práctica, es un tema de la policía, encargada de perseguir todo tipo de corrupciones. Sin embargo, la Policía sospechó que, dada su trascendencia pública, los espías intentaron conseguir la documentación probatoria que Bárcenas escondía y con la que estaba presionando al gobierno de Rajoy. El extesorero dedujo desde el primer momento que esto podía suceder y distribuyó los papeles en diversos domicilios para que nadie los encontrara. No obstante, notó que alguien había entrado en su casa de la montaña y en otras de sus posesiones, y siempre pensó que había sido la gente de Félix Sanz.

Cuando la Policía, y no el CNI, coopera con la CIA, la DGST marroquí y el SVR ruso

*P*ara la CIA estadounidense, la DGST marroquí, el SVR ruso y el resto de agencias de inteligencia mundiales, en España no existe un único servicio de inteligencia, el CNI, sino que hay otro, la Comisaría General de Información de la Policía. Dependiendo de lo que necesiten, utilizan uno u otro, sin informar de la operación que quieren llevar a cabo al que dejan fuera.

Una parte de las operaciones que esos servicios extranjeros ejecutan en España no tienen nada que ver con asuntos bilaterales, sino con otro tipo de amenazas que en algún momento tienen protagonismo en suelo español. Uno de ellos fue el programa nuclear iraní que tantos dolores de cabeza produjo al espionaje estadounidense hasta que en julio de 2015 se firmó el acuerdo que frenaba el acceso iraní a la bomba atómica.

¿Por qué fue la Policía la que captó en Madrid para la CIA a un iraní vinculado con ese programa que pasó unos días en España? O ¿por qué fue la Policía quien entró en la habitación del hotel de otro iraní, vinculado al mismo programa, e infectó su ordenador? Aunque al CNI le moleste, el Ministerio del Interior pertenece al comité que decide si las empresas españolas pueden o no exportar material de doble uso, lo que legitima su trabajo. Aunque deja en el aire la explicación de por qué la CIA a veces colabora con la Policía y otras lo hace con el CNI. Posiblemente porque los estadounidenses saben perfectamente cuál de los dos servicios les puede prestar mejor ayuda en cada momento.

En España, el tema de la proliferación de armas de destrucción masiva lo lleva un área de La Casa que se preocupa de investigar las amenazas que pueden suponer países que están enriqueciendo uranio al 20 por ciento, lo que en algunos casos pone en cuestión que su uso solo sea con fines pacíficos.

La CIA contó con el CNI cuando en 2005 detectó que la empresa española Club de Inversiones Guadaira, de Jaime Bedia García y Pedro Torres Gallego, se había hecho con tres helicópteros de combate Bell 212. Unos meses después estos empresarios firmaron un contrato de explotación conjunta con una empresa del iraní Alireza Valadkhani. Los espías estadounidenses y los españoles sometieron a control directo a Bedia y Torres, con los que se entrevistaron por separado en varias ocasiones. Los dos negaron reiteradamente albergar la intención de vendérselos al iraní, pero el 25 de mayo de 2011 Valadkhani, acompañado por uno de sus ingenieros y un abogado, acudió a Navas del Rey, donde estaban los helicópteros, para comprobar su estado. En ese momento irrumpieron policías —de la Comisaría General de Información— y los detuvieron a todos.

Posteriormente, hubo dos operaciones contra el intento de compra de material en España para el programa nuclear iraní, en las que la CIA optó por colaborar con los servicios de información de la Policía. A principios de 2012 la empresa de Durango, Ona Electroerosión, vio que le denegaban la licencia para exportar a Irán siete máquinas para la fabricación de hélices de turbinas utilizadas en plantas de generación de energía, dado que podían ser usadas en el programa nuclear. Buscaron hacerlo a través de una empresa tapadera de Turquía, creada por el comprador iraní. Se descubrió la manipulación y se puso fin al negocio.

En enero de 2013, agentes policiales entraron en la empresa Lázaro Ituarte, de Amurrio, dedicada a la fabricación y suministro de válvulas de acero fundido para los sectores industriales, químicos y petroquímicos. Tenían la sospecha de que estaban intentando vender válvulas a Irán para su uso en el programa nuclear.

La CIA tuvo mucho interés en otra operación que tenía que ver con el proceso de paz de Colombia. El 23 de septiembre de 2015, en La Habana, las cadenas de televisión de todo el mundo transmitieron el histórico apretón de manos entre dos de los enemigos más encarnizados del mundo: el presidente de Colombia Juan Manuel Santos y el líder de las FARC Rodrigo Londoño Echeverri, alias *Timochenko*.

Uno de los secretos mejor guardados de Londoño estaba en España. Nacido en 1959, médico de profesión, con estudios en Rusia y residencia en Cuba, se sumó a las FARC en 1976 y fue subiendo peldaños hasta alcanzar el generalato. Tuvo esposa y dos hijas, pero luego largas y cortas relaciones con otras mujeres pertenecientes a la guerrilla.

La Policía, y también el CNI, mantuvieron durante años controlada a la mujer y a una hija que residían en España. La mujer terminó abandonando España —gracias a las gestiones policiales—, pero su hija aún sigue viviendo aquí bajo vigilancia. No hay constancia de contactos con ellas, pero sin duda los hubo. Como en otros casos, los dos servicios actuaron sin informar al otro y pasaron la información a la CIA.

La Policía también les entregó información sobre la infraestructura de las FARC en países como Suecia, Bélgica y España, y los años anteriores a la firma del acuerdo de paz ejecutaron conjuntamente operaciones, como controlar a su responsable económico y al de Europa durante sus estancias en el viejo continente.

La colaboración de la Policía con los estadounidenses también se produjo en casos como el del amigo de un hijo del traficante de armas Monzer al Kassar, detenido en una prisión estadounidense. Tras la invasión de Irak se enteraron de que esa persona tenía información de que iba a salir del país un camión lleno de recibos de empresas de todo el mundo que habían comerciado con el dictador Sadam Husein. El confidente de la Policía les facilitó los datos de ubicación del camión en Bagdad y estos se lo facilitaron a la CIA, que pudo encontrarlo y quedarse con el jugoso material.

Si el trabajo del CNI en el tema yihadista está siendo muy importante, como ha quedado explicado, la Policía también tiene una actuación destacada. Mantiene una relación muy estrecha con la DGST marroquí, al margen del trabajo que con ellos mantienen los espías de Sanz. Desde al menos 2014 ese vínculo es especialmente intenso. La colaboración se ha plasmado en el intercambio de información y en las actuaciones conjuntas contra los sospechosos de seguir los designios del Estado Islámico y Al Qaeda.

Con la discreción habitual, han establecido que en las detenciones que llevan a cabo contra militantes yihadistas en España y Marruecos participen como observadores agentes del otro país. En Ceuta y Melilla siempre hay un responsable de la DGST, y en Marruecos un policía español. En esos casos, no hay presencia de agentes del CNI.

Esta colaboración la mantiene también la Comisaría General de Información con servicios como el Mossad o, el que puede parecer más extraño, el SVR ruso. La detección y persecución de terroristas islamistas es una de sus prioridades, que ha ofrecido tan buenos resultados que el que fuera jefe de la Unidad Central de Apoyo Operativo, Enrique García Castaño, cuenta en su haber con dos medallas entregadas por el gobierno ruso como agradecimiento por su ayuda.

La guerra entre la Policía y el CNI por conseguir competencias antes o después tenía que convertirse en un drama. Sin la separación de sus atribuciones en virtud de su repercusión dentro o fuera de España, con un gobierno que permite las disputas sin entrar a resolverlas, los golpes bajos tenían que producirse. La condición imprescindible era que alguien en los dos bandos, sin miedo a las consecuencias, prendiera la mecha.

Los dos policías más molestos para el CNI

*L*a guerra entre el CNI y la Policía se ha personalizado desde hace décadas en dos comisarios: José Villarejo y Enrique García Castaño. Desde los años 80 el trabajo de los dos ha estado más cerca de las labores de inteligencia que del que habitualmente se entiende como propiamente policial. Obtener información, tratar con fuentes en puestos delicados y saber lo que se cuece en casos candentes llevó a los dos a meterse en asuntos que eran investigados al mismo tiempo por el servicio secreto.

Y es que tanto la Policía como el CNI los consideraban de su competencia, ambos con argumentos poderosos. En los años 80, el traficante de armas Monzer al Kassar se instaló en España; unos y otros decidieron permitir que viviera en Marbella, lejos del acoso al que era sometido por países tan poderosos como Estados Unidos por su relación con Siria y con el tráfico de armas a países y grupos terroristas enemigos de Occidente.

Respaldados por el Ministerio del Interior, los dos policías citados amparaban a Al Kassar a cambio de que les pasara información y de contar con su colaboración en asuntos conflictivos, como la liberación de rehenes en su zona geográfica de influencia. Un activo como él resultaba también de mucha utilidad para los espías, interesados en abrir contactos con los servicios secretos sirios y otros árabes con los que Al Kassar mantenía buenas relaciones.

A ninguna de ambas partes le sentaba bien la presencia de la otra, la criticaban en privado pero en público mantenían cierta discreción para no llevar sus discrepancias a terrenos públicos. Villarejo y García Castaño se convirtieron entonces en un grano en el culo para los directivos de La Casa.

La personalidad de los dos policías es distinta y su relación con el CNI también. El comisario José Villarejo es un tipo duro, que trabajaba por su cuenta en la clandestinidad, en la que usaba las tapaderas que se había creado con la autorización de sus jefes del Ministerio del Interior. Dedicó toda su vida profesional a labores de inteligencia. Era policía, disponía de placa y pistola, pero eso, al igual que para los agentes del FBI, nunca fue impedimento para hacer labores de información. Durante su larga carrera este comisario ya jubilado tuvo diversos enfrentamientos con La Casa que quedaron en rifirrafes que no llegaron a transcender. Ambas partes se tenían ganas, pero la sangre nunca llegó al río.

García Castaño, durante muchos años jefe de la Unidad Central de Apoyo Operativo de la Comisaría General de Información, es más abierto, comunicativo, colaborador, y siempre ha permanecido dentro de la estructura del Ministerio del Interior. Goza de un enorme prestigio dentro del cuerpo gracias a los innumerables éxitos que ha cosechado y a su lealtad incondicional a sus mandos.

Los dos se sintieron molestos por los roces que en sus investigaciones tuvieron primero con el CESID y después con el CNI. En la etapa de la lucha contra la extrema derecha, García Castaño hizo un gran trabajo de infiltración, lo que le supuso tener enfrentamientos con los espías. Por ejemplo, Francisco Lerena contó que después de que él se infiltrara en un grupúsculo militar ultraderechista tras el fallido golpe de Estado del 23-F, su misión estuvo a punto de irse al traste porque alguien a quien llama con el alias de *El Gordo* (García Castaño) lo delató al grupo.

No obstante, en contra de la postura de Villarejo, García Castaño siempre ha mantenido relaciones cordiales con los directivos de La Casa, con los que ha coincidido en numerosas investigaciones, guiado por la necesidad de no romper puentes y colaborar.

Desde el punto de vista del CNI, las fricciones han sido permanentes y su estrategia ha sido evitar el enfrentamiento directo con ellos, o con otros policías y guardias civiles, sin renunciar a trabajar en los campos que consideran propios. Ahí reside precisamente el problema: tanto unos como otros se arrogan la competencia en ámbitos como el tráfico de armas, las actividades ilícitas de diplomáticos extranjeros en España, el terrorismo etarra y yihadista o la subversión de grupos.

Estos conflictos soterrados abandonaron su histórico perfil bajo cuando las acciones del comisario Villarejo molestaron, y mucho, en el CNI. Aunque es igual de cierto que, desde otra perspectiva, lo que pasó fue que las acciones del CNI molestaron, y mucho, al comisario Villarejo.

La identidad de los dos comisarios se había mantenido en la clandestinidad hasta que en el año 2015 estalló el escándalo por una reunión de los dos con el presidente de la Comunidad de Madrid Ignacio González. Ambos se habían reunido con él el 29 de noviembre de 2011 para pedirle detalles sobre su ático en Marbella. García Castaño había hecho de intermediario en la reunión, en la que González se sintió molesto por la actitud agresiva de Villarejo, que era quien estaba investigando el caso.

El contenido del encuentro fue filtrado al diario *El Mundo*[2] gracias a la grabación que hizo José Villarejo, que siempre tuvo la costumbre de dejar inmortalizadas sus entrevistas, como buen agente encubierto que era. Esta información lo sacó de su clandestinidad y lo colocó bajo los focos de la opinión pública. El enfrentamiento todavía no había comenzado.

El hecho más grave se produjo en abril de 2014. El protagonista fue Yongping Wu Liu, imputado en el caso Emperador —la trama había sido destapada dos años antes— contra una mafia china dirigida por Gao Ping involucrada en blanqueo de capitales, fraude fiscal y contrabando.

El detonante fue el descubrimiento de que una agente del CNI, con el original alias de *María*, presionó a Wu Liu para que contara todo lo que sabía contra Carlos Salamanca, el comisario del aeropuerto de Barajas. El prestigioso policía se había convertido en objetivo del servicio de inteligencia tras negarse a facilitar información sobre los movimientos de ciudadanos españoles sin recibir previamente la correspondiente orden judicial.[3] No había dudas de lo que había pasado, porque el empresario chino, harto de la presión de la espía, montó un dispositivo con detectives que grabaron uno de sus encuentros. Wu Liu denunció en el juzgado de guardia las presiones a que estaba siendo sometido por la agente del CNI.

A partir de ese momento aparecieron informaciones en contra del CNI criticando sus fallos a la hora de conseguir información valiosa para el gobierno. Incluso se filtraron datos contra el director Félix Sanz que avalaban la necesidad de que fuera sustituido por un civil.

Villarejo se tomó como un ataque personal de Sanz el intento

2. Esteban Urreiztieta desveló la grabación de la conversación en «Ignacio González a los comisarios: "El tema es que si sale… eso es lo que yo no quiero"», *El Mundo*, 8 de marzo de 2015.

3. Manuel Cerdán, «Guerra sucia entre espías y policías tras denunciar al CNI un socio de Gao Ping», *El Confidencial*, 23 de abril de 2014.

de implicar a su amigo Carlos Salamanca, incluso a su propio hijo, en el caso Emperador y actuó en consecuencia. Le llegó información de que el director del CNI había ordenado una guerra abierta contra él y no pensó en dar marcha atrás o rendirse. Envió un informe a sus superiores en el que informaba de que en el rescate pagado por la liberación de dos periodistas españoles en Siria —Javier Espinosa y Ricardo García Vilanova— se habían perdido por el camino tres millones de euros de los fondos reservados. Después hizo un segundo informe, consecuencia de las dos reuniones que mantuvo en Londres con Corinna zu Sayn-Wittgenstein. La princesa le contó que la había visitado Sanz para presionarla sobre su relación con el rey Juan Carlos.

También descubrió Villarejo que el director de La Casa había acudido a Londres sin comunicárselo al gobierno, por lo que utilizó a un conocido con hilo directo con Rajoy para que le hiciera llegar la información, que produjo el lógico malestar en el presidente. Al conocer Sanz estas actuaciones agresivas de su enemigo declarado —nunca dudó de su autoría—, decidió endurecer las acciones contra el comisario para que mantuviera la boca cerrada.

En marzo de 2015, en medio de esa situación de máxima tensión, el diario El País[4] desveló el entramado societario que el agente encubierto había montado para el desarrollo de sus operaciones, poniendo en evidencia el alto capital que había acumulado. Para cualquier espía que trabaja en las alcantarillas, destapar las sociedades que lo amparan supone quemarlo en sus actividades, al margen de que haya podido enriquecerse o no.

Villarejo no tardó en contestar a lo que consideraba una filtración del CNI. Contó que previamente a que apareciera esa noticia «recibió el aviso de un 'bienintencionado' amigo del CNI» que le anunció que se iba a hacer pública su vida privada y sus empresas familiares, «salvo que se abstuviera de seguir indagando en ciertas cuestiones». Y que esa tarde un periodista le anunció la información que iban a publicar.

Villarejo siguió al ataque y denunció sin tapujos al CNI por intentar acabar con su prestigio profesional y personal, por lo que presentó ante los juzgados denuncias que abarcaban a muchas personas, y que incluían a varios agentes del servicio. Directivos de La Casa mostraron sus quejas a Interior, aunque no encontra-

---

4. Javier Ayuso, «El comisario Villarejo participa en doce sociedades con 16 millones de capital», El País, 10 de marzo de 2015.

ron el respaldo esperado. Se había desatado una guerra y el Ministerio decidió apoyar a Villarejo, aunque con cierta discreción. Eso sí, hizo público que consideraba compatibles los negocios privados de Villarejo con su función policial.

Con varios asuntos judicializados y con Villarejo ya jubilado, aparecieron las pruebas de que el CESID, antecesor del CNI, había pagado a la actriz Bárbara Rey para evitar que se hicieran públicas unas fotos y grabaciones privadas que poseía sobre el rey Juan Carlos. La interpretación del CNI fue que era un ataque del comisario para advertir a sus jefes que lo dejaran en paz en los casos judiciales que tenía pendientes o seguiría sacando asuntos turbios que perjudicarían a La Zarzuela.

En contra del comportamiento silencioso habitual de los miembros del servicio, una norma que siempre han respetado a rajatabla, una fuente oficial transmitió en 2017 la respuesta de Sanz: «El CNI concibe la actuación de determinados mandos policiales como una partida de mus y considera que, como ocurre en el juego, ha llegado el momento de enseñar todas las cartas. "No tenemos nada que temer porque no tenemos nada que ocultar"». Y concluyó: «Cuando el CNI recibe un órdago, el CNI siempre responde diciendo "quiero"».[5]

5. Esteban Urreiztieta, «La respuesta del Centro: "Cuando el CNI recibe un órdago, dice quiero"», *El Mundo*, 30 de enero de 2017.

Actuaciones contra la independencia de Cataluña

A principios de los años 90, con la vista puesta en la celebración de los Juegos Olímpicos de Barcelona del verano de 1992, el CESID envió a la ciudad a Mikel Lejarza *El Lobo* con la misión de que consiguiera infiltrar a un topo en el grupo terrorista Terra Lliure para intentar desactivarlo totalmente. Cuando había puesto la misión en marcha, le encargaron buscar información sobre las tramas empresariales corruptas que actuaban en Cataluña, los movimientos para adquirir televisiones privadas y las injerencias en esos asuntos del banquero Mario Conde.

Como Lejarza era un agente oscuro —no estaba en la nómina oficial del servicio, aunque trabajaba en exclusiva para ellos—, para vivir en Barcelona sin llamar la atención debió montar su propia tapadera. Creó General Consulting y Comunications, desde la que controló e impulsó la infiltración de su topo, Chema, en la banda terrorista catalana. Más tarde, con la ayuda de un conocido periodista residente en Madrid, se puso en contacto con el conde de Godó, al que consiguió convencer de que era el hombre que necesitaba para conseguirle la información de alto valor que estaba buscando.

Le montó una red de seguimientos y escuchas telefónicas que ofreció resultados de alta calidad. Durante esos años de espionaje frenético, él y sus colaboradores espiaron a numerosos personajes relacionados con el *establishment* catalán, como Lluís Prenafeta y Macià Alavedra, cuyos teléfonos tenían pinchados, o el juez Pascual Estevill y el banquero Isidro Fainé.

Al mismo tiempo, Lejarza entregaba una copia de todo el material obtenido, saltándose la ley, a la División de Inteligencia Interior del servicio secreto. Una relación que El Lobo negó reiteradamente en los tribunales cuando a finales de 1993 fue detenido y su identidad hecha pública. Lo que no trascendió en ningún momento es que ese equipo de espías en la sombra llevó a cabo una investigación para intentar demostrar lo que era un rumor creciente en los mentideros políticos catalanes: Jordi Pujol tenía una cuenta oculta en Andorra.

Lejarza encargó a uno de sus hombres, José Manuel Trujillo, viajar al Principado y conseguir las pruebas, partiendo de unos datos previos facilitados por otro de sus colaboradores, Juan G., que tenía un familiar que trabajaba en el Banco Privado de Andorra. Además, Trujillo se enrolló con una argentina que salía con uno de los hijos de Pujol y los acompañó en algunos viajes a Andorra. De esta forma, El Lobo pudo informar con toda seguridad al servicio secreto de que Jordi Pujol tenía una cuenta fuera de España, en un país como Andorra, que estaba en la lista negra de los paraísos fiscales, en el que no era delito aceptar dinero procedente de la evasión fiscal.

Al ser una información tan relevante, es lógico que el director Alonso Manglano se la pasara al presidente González y, sin duda, años después el director Calderón debió actuar de igual forma con el presidente Aznar. Sin embargo, su contenido ha dormido plácidamente en los archivos del CNI sin que nadie hiciera nada para sacarle provecho o para ponerlo en manos de un juez. Tuvo que ser la Policía, metida también en la lucha contra el independentismo, la que por sus propios medios descubriera y sacara a la luz las cuentas que implicaban a la familia Pujol en asuntos turbios.

La historia que deja en el alero la pregunta de por qué el CNI no utilizó la información sobre Pujol durante veinte años comienza a los pocos meses de la llegada de Mariano Rajoy a la presidencia del Gobierno, tras su enfrentamiento abierto con el presidente de la Generalitat Artur Mas y el inicio del proceso independentista por parte de las fuerzas nacionalistas.

Fue una de las misiones más importantes que el gobierno encargó al director Sanz a través de la vicepresidenta Soraya Sáenz de Santamaría. Se trataba de uno de esos trabajos que requería adoptar las máximas precauciones para evitar que alguien pudiera descubrir sus actividades más allá de la duda razonable. El objetivo era obtener la información de mayor calidad sobre el proceso independentista de Cataluña y, al mismo tiempo, adoptar los mecanismos necesarios para intentar revertir la situación.

Sanz, que conocía que el Ministerio del Interior también iba a trabajar en el asunto, decidió organizar personalmente el despliegue. En agosto de 2012 había colocado a Beatriz Méndez de Vigo como secretaria general del CNI. Un nombramiento que entrañaba unas competencias nuevas que hasta ese momento solo habían correspondido al director: la máxima responsabilidad sobre las direcciones de Inteligencia y Operaciones, es decir, asumir el mando de todas las acciones del servicio. Bueno, de todas no. En algunas, como en el tema de Cataluña, Sanz se guardó el diseño.

El plan para hacer frente a las pretensiones independentistas se fundamentó en dos puntos. El primero era obtener la mayor información posible de personas y proyectos utilizando todos los medios a su alcance. Y el segundo era una operación de influencia: apoyar a todas aquellas personas capaces de dar la vuelta a la situación en la opinión pública catalana, siempre que no estuvieran vinculadas directamente con el servicio. Los agentes operativos encargados de obtener información fueron controlados por Méndez de Vigo y las acciones dirigidas a crear un campo de cultivo de opinión contrario a los planes del presidente de la Generalitat las montó Sanz.

Para que se escucharan en la sociedad catalana los argumentos a favor de la unidad de España, de una Cataluña integrada en España, lo primero que hizo el director fue ponerse en contacto con dos antiguos jefes del servicio que habían destacado durante la Transición democrática en el trabajo de contactar con los dirigentes sociales catalanes. El primero fue Andrés Cassinello, director del Seced, quien jugó un papel determinante para convencer a Josep Tarradellas, presidente de la Generalitat en el exilio, de que regresara a España. Junto con Cassinello, un hombre siempre dispuesto a ayudar al servicio de inteligencia, estaban otros antiguos agentes que colaboraron con él en esa ardua tarea y que trataron en su momento con políticos como Jordi Pujol.

Sanz le reservó un papel aún más destacado del que jugó el que fuera hombre de confianza de Adolfo Suárez, a otro antiguo director, Javier Calderón. Su misión fue conseguir movilizar a los activos cercanos a la defensa de la unidad de España y en contra de la independencia de forma que aportaran ideas para hacer oír en la sociedad catalana una voz que consideraban estaba siendo tapada.

Tras recibir el encargo, Calderón se puso en contacto con personalidades de diversos ámbitos que gozaban de prestigio en la comunidad. Una de las conclusiones claras a la que llegaron fue la necesidad de que catalanes influyentes, con credibilidad y prestigio, hasta ese momento silenciosos, utilizaran foros de renombre para pronunciar conferencias o participar en mesas redondas en las que explicaran los beneficios de seguir en España y los inconvenientes de romper. También que escribieran artículos y participaran en tertulias de radio y televisión, con audiencia destacada en Cataluña, para contribuir a crear una opinión que constatase que «merece la pena vivir juntos».

Los primeros pasos fueron duros. Acometida la labor por diversos agentes de influencia, detectaron que existía un gran temor en la comunidad a manifestar opiniones que fueran en contra de la propuesta defendida en el Parlament por Convergencia —después PDeCAT—, Esquerra Republicana de Cataluña y la CUP. Por eso plantearon el desafío de romper ese temor a expresarse. Una tarea que deberían ejecutar de forma intensa con los periodistas que mostraban resquemores a manifestarse abiertamente al respecto.

Con este objetivo, los agentes de influencia del CNI apoyaron algunas iniciativas a favor de la unidad de España, como la manifestación «Som Catalunya, somos España», celebrada el 12 de octubre de 2013 en la plaza de Cataluña, en Barcelona, que contó con una asistencia de decenas de miles de personas, un número menor de las que habitualmente congregaban los secesionistas.

También en 2013 pusieron en marcha una campaña para hacer frente a las numerosas críticas hacia el Estado español que se formulaban desde Internet, unidas a los innumerables apoyos a la independencia. Como en otros terrenos, los grupos partidarios de la separación de España habían tomado las redes sociales con sus mensajes, sin dejar resquicio a los partidarios de una España unida, que apenas osaban entrar en los foros de debate, donde eran masacrados por sus oponentes.

Para intentar revertir esta situación, se pusieron en contacto con Alejandro de Pedro, uno de los más destacados especialistas en reputación *online*. O, lo que es lo mismo, en conseguir respaldos y simpatías para personas o asuntos conflictivos. De Pedro debería programar un apoyo en las redes sociales a todas aquellas ideas que ayudaran a explicar las ventajas de que Cataluña siguiera unida a España. Al mismo tiempo, debería hacer frente a las ideas independentistas y a sus argumentos contra España.

Durante más de un año De Pedro trabajó intensamente para el CNI, que le pagaba con cargo a los fondos reservados. Un sistema que obliga al receptor a firmar una hoja en que se especifica cuánto y por qué trabajos va a cobrar, pero sin posibilidad de quedarse una copia para justificar esos ingresos que no hay que declarar a Hacienda. El único problema se puede suscitar si el cobrador se ve inmerso en un delito de cualquier tipo y las Fuerzas de Seguridad encuentran en su poder el dinero en efectivo, lo que lo convierte en sospechoso de haber participado en algún delito de corrupción.

Esto fue precisamente lo que le pasó a Alejandro de Pedro. Mientras trabajaba para el CNI, también hacía otros trabajos de reputación *online* para el Partido Popular que fueron considerados ilegales, lo que llevó a su detención en 2014 y a que la Guardia Civil encontrara en su casa 82.250 euros en efectivo, la mayor parte pagados por el servicio de inteligencia, pero imposible de demostrar sin que este lo reconociera.

Por lo que se ha visto desde 2012 y hasta la fecha, el resultado del trabajo del CNI en este campo de la influencia ha sido bastante pobre y poco satisfactorio. Los objetivos que se planteó quedaron muy por detrás de los resultados obtenidos.

Después de Madrid, Cataluña es con diferencia la comunidad que dispone de un mayor número de agentes secretos, más de setenta. Hace unos años tenían su sede principal en la confluencia de la calle Balmes con la ronda Universitat, en Barcelona. El fuerte despliegue fue motivado en un primer momento por los atentados islamistas del 11-M, tras los que el director Alberto Saiz convirtió la entonces delegación en División, con la misión prioritaria de buscar confidentes en mezquitas, asociaciones y grupos musulmanes para detectar a posibles terroristas.

Tras la puesta en marcha del plan antiindependentista, un nutrido grupo de agentes cambiaron su objetivo de trabajo para dedicarse a la nueva amenaza. Una parte trabaja en la calle buscando información sensible y otro grupo, los analistas, convierten los datos aportados por sus compañeros y otras fuentes en inteligencia sobre lo que está pasando en los cenáculos catalanes para tratar de descubrir cuáles van a ser los siguientes pasos de los partidos nacionalistas.

La labor de obtener información sobre las actividades de partidos y grupos independentistas ha ofrecido unos resultados mucho más positivos para el gobierno que en el terreno de la influencia. La tarea consistió desde el primer momento en ejercer un control lo más estrecho posible sobre las actividades de directivos de PDeCAT, ERC y CUP que tuvieran relación con el tema.

Los dirigentes de las formaciones, especialmente de las dos primeras, estuvieron en alerta desde el primer momento, tras las experiencias vividas en años anteriores, en las que habían constatado el espionaje del servicio secreto. De poco les serviría. La mayor parte de los líderes de los partidos de Mas y Junqueras adoptaron medidas de seguridad primarias cuando hablaban por teléfono, entre ellas no dar detalles de planes de futuro en los que estuvieran trabajando.

Durante los primeros años del proceso, los más díscolos con la línea independentista también optaron por no utilizar el teléfono para transmitir a otras personas sus divergencias con la línea oficial e incluso no hacer comentarios sobre sus jefes de filas que pudieran ser sacadas de contexto y utilizadas en su contra. Este mismo comportamiento siguieron políticos con una adhesión inquebrantable al presidente de la Generalitat, que creían que la mínima divergencia podría ser manipulada por quienes estuvieran escuchando sus conversaciones para enfrentarlos con su jefe.

Con el trascurso de los primeros años de Rajoy en la presidencia, el mosqueo de los dirigentes independentistas dejó de afectar en solitario al CNI y lo ampliaron contra los agentes de la Policía que investigaban la financiación ilegal de CiU, acuñando el sobrenombre de La Policía Patriótica.

La modernización del espionaje telefónico actual con respecto al de hace años había quedado demostrada con las intervenciones legales en el caso Gurtel. Los implicados en esta trama reconocían en las grabaciones realizadas por la Policía que habían escuchado ruidos sospechosos mientras hablaban por el móvil, por lo que al mencionar los detalles escabrosos utilizaban palabras clave para evitar ser entendidos. Se equivocaron totalmente: con los medios actuales es casi imposible detectar que un teléfono está pinchado.

Algunos piensan que obtener información sobre las intenciones de PDeCAT y Esquerra para promover un referéndum ilegal justificaba el control de muchos teléfonos de políticos y altos cargos catalanes. Aunque así fuera, ese tipo de violación de la intimidad requeriría la autorización previa del magistrado del Tribunal Supremo adscrito al CNI. Para ello, este juez debe comprobar en primer lugar que el tema —atentado contra la integridad del territorio— está incluido entre los objetivos de la Directiva de Inteligencia elaborada por el gobierno. Y en segundo lugar, debe conocer quiénes son los afectados por esa medida; al tratarse de miembros de formaciones políticas legales, el magistrado tendería a no conceder su autorización… si es que se la hubieran planteado. En cualquier caso, las intervenciones telefónicas y las entradas en domicilio deben ser permitidas por escrito, aunque nadie conozca jamás el contenido de esas órdenes judiciales.

Hay un precedente. En 1998, cuando se descubrieron los micrófonos en la sede de la formación política legal Herri Batasuna en Vitoria, se montó un gran escándalo con graves repercusiones en el Congreso de los Diputados. El entonces ministro de Defensa y responsable directo del CESID, Eduardo Serra, lo circunscribió a la lucha antiterrorista, pero no hizo mención a la independencia del País Vasco.

Otro de los caminos del CNI para conseguir información es la utilización de personal no relacionado directamente con La Casa para llevar a cabo esa intervención de llamadas telefónicas. Los agentes oscuros trabajan con la tapadera de ejecutivos de empresas o detectives privados, aunque en realidad buscan información para el servicio.

También están los topos. El servicio secreto trabaja permanentemente para dotarse de fuentes informantes en todos los organismos posibles. Son personas que tienen acceso a la información que el CNI busca y hacen lo que les pide por cantidades de dinero no muy altas. Una actividad que conocen los diversos organismos de la Generalitat, que en diversas ocasiones han denunciado la presencia de infiltrados incluso entre partidos políticos como la CUP.

En 1993, el Govern catalán destituyó al responsable operativo de los Mossos d'Esquadra, el subinspector del cuerpo y comandante del Ejército del Aire Josep Peris, al sospechar que filtraba información al servicio de inteligencia sobre el entonces presidente de la Generalitat Jordi Pujol, al que en clave llamaban *El León*. La prueba fue que lo descubrieron entrando en la sede catalana del servicio con una carpeta llena de papeles.

En diversas ocasiones en los últimos veinte años los responsables de la seguridad de los presidentes de la Generalitat han descubierto la presencia sospechosa de gente siguiéndoles los pasos a sus jefes. Algunas veces ellos mismos han declarado que pensaban que pertenecían al espionaje español, aunque en ocasiones eran investigadores privados sirviendo a intereses particulares.

A los topos infiltrados en diversos organismos se suman las acciones ejecutadas por los agentes operativos para controlar a personas concretas y sus reuniones, lo que ha permitido obtener informaciones muy valiosas sobre los movimientos de los altos cargos de la Generalitat y de miembros del aparato de los partidos políticos de cara a conseguir la independencia.

Otra de las capacidades utilizada por el CNI en esta batalla ha sido el espionaje tecnológico relacionado con Internet. Dispone de los más modernos medios y de personal altamente cualificado para entrar en cualquier dispositivo fijo o móvil y acceder a la información que le interese. Oficialmente, ha volcado sus esfuerzos en este tema para proteger al Estado frente a peligrosos ataques procedentes de otros servicios secretos, terroristas y *crackers* que pretenden robar datos y atacar todo tipo de instalaciones. Sin embargo, una vez que se dispone de la tecnología necesaria, se puede emplear contra cualquier objetivo, incluido la lucha contra el independentismo.

Existe un tipo de intervención muy discreta que difícilmente es descubierta, y que si lo es, resulta casi imposible identificar a su responsable. Es el uso de virus informáticos que, una vez instalados en los teléfonos, los convierten en zombis dispuestos a transmitir todas las conversaciones y la información allí almacenada. No se ha destapado ningún caso.

Las grandes capacidades que el CNI ha conseguido desarrollar en la lucha cibernética (ver capítulo VII) hicieron que la mirada de desconfianza de la Generalitat se dirigiera hacia él el 8 de noviembre de 2014. Al día siguiente iba a celebrarse la consulta sobre el futuro político de Cataluña, un referéndum consultivo prohibido por el Tribunal Constitucional y en contra de la voluntad del gobierno de Rajoy.

Diversos organismos de la Generalitat comenzaron a recibir ataques informáticos ese sábado que continuaron el domingo electoral. El Cesicat, el organismo encargado de la seguridad informática, procedió a repeler el ataque, que era del tipo de «denegación de servicio», mediante el cual miles de ordenadores querían conectarse al mismo tiempo en su red y consiguieron bloquearlo. Inmediatamente pensaron en un ataque originado en el CNI para boicotear las elecciones, aunque sus pesquisas no fueron capaces de demostrar nada, algo habitual en este tipo de agresiones.

Especialistas de acreditada reputación y experiencia, como Vicente Díaz, ingeniero de Kaspersky Lab., una de las compañías de ciberseguridad más prestigiosa del mundo, lo tuvo claro: «Me parecería muy extraño que el CNI realizara ataques de este estilo, porque es muy simple desde el punto de vista tecnológico. Es frecuente que lo hagan grupos de ciudadanos sin más, descontentos con algo que pasa».

Que esta vez no fuera el servicio secreto no quiere decir que con la discreción que se le supone, no haya utilizado estas capacidades para obtener información. Con todos esos medios, es fácil elaborar amplios dosieres sobre las personas que se desea investigar para conocer sus movimientos y postura frente a la independencia. Información muy útil si luego se quiere dividir a partidos como PDeCAT o ejercer presión sobre ERC.

En este último partido están más acostumbrados a las investigaciones del CNI. Lo que le pasó a su dirigente histórico Carod Rovira es un buen ejemplo. El control sobre sus actividades comenzó en los años 90 por la proximidad de sus tesis independentistas a las del grupo terrorista Terra Lliure. La vigilancia fue con frecuencia personal, pero también indirecta cuando iba dirigida a ERC como partido y a otros de sus líderes. Imaginándose que lo controlaban, Carod Rovira adoptaba las máximas medidas de precaución para evitar la vigilancia. Pero es muy difícil eludir los ojos inquisitivos de los agentes operativos de La Casa.

El 3 de enero de 2004, cuando había alcanzado el puesto de conseller en cap de la Generalitat, se desplazó a Perpiñán para reunirse con dirigentes de la cúpula de ETA. Pretendía alcanzar un acuerdo por el cual los terroristas no atentaran en Cataluña a cambio de una declaración de apoyo. Los agentes del espionaje lo siguieron, constataron su encuentro con Antza y Josu Ternera, y una filtración posterior al diario *Abc* hizo lo demás. Carod Rovira tuvo que presentar la dimisión ante las repercusiones negativas de su reunión con terroristas.

Como cada vez que se descubren espionajes similares, ERC y el resto de los grandes partidos nacionalistas encargaron barridos en sus sedes, pero no detectaron ningún teléfono pinchado. El hecho sembró una duda permanente tanto en Convergencia como en ERC, y a partir de ese momento establecieron un sistema para «barrer» sus principales sedes y descubrir si algún extraño les había colocado micrófonos ambientales o escuchas telefónicas. Un sistema de barridos que exige confirmación cada cierto tiempo —no más de seis meses— y que debe ser ejecutado por personal de distintas empresas para evitar que ellos mismos sean los que coloquen las escuchas. Desde hace unos años a ese sistema han sumado otros que les garantizan que no les espían los ordenadores.

No todo han sido enfrentamientos de los organismos de la Generalitat con el CNI. Existen algunos ámbitos en los que la desconfianza ha dejado paso a la necesaria colaboración. El caso más representativo es la lucha contra el terrorismo yihadista. Cataluña es la comunidad que más intensamente sufre el problema de la presencia de elementos sospechosos de radicalización islamista. Una amenaza que en primera instancia afecta a los ciudadanos que viven allí, pero también a todos los españoles. Al ser un problema global, es muy complicado combatirlo sin conectar lo que ocurre en Cataluña con otras comunidades y países.

Gracias a estos esfuerzos, el CNI ha llevado a cabo diversas operaciones que han impedido la comisión de atentados en Cataluña, aunque es habitual que su trabajo de descubrir la trama no salga a la luz porque son otros los encargados de ejecutar las detenciones. Un caso concreto fue la Operación Caronte, desarrollada en abril de 2015 por los Mossos d'Esquadra en distintos municipios, en la que los once detenidos habían establecido planes para secuestrar a la directora de una sucursal bancaria, atentar contra un establecimiento judío y degollar a un ciudadano catalán para después difundir el vídeo por Internet. Los Mossos se apuntaron el tanto, pero la operación se la habían puesto en bandeja, con toda la investigación terminada, los agentes del CNI.

Informes sobre altas personalidades: Letizia Ortiz, Julio Rodríguez, Félix Sanz, Mario Conde...

*L*os gobiernos de José Luis Rodríguez Zapatero solicitaron informes al CNI, siempre que lo consideraron prioritario, sobre algunas de las personas que estaban pensando en nombrar para desempeñar altos cargos en la Administración. Una práctica que siguió siendo habitual tras la llegada de Mariano Rajoy al Palacio de la Moncloa.

Esa es una de las tareas más habituales del servicio de inteligencia, aunque no le place reconocerla. Consiste en bucear en la vida de una persona para detectar si tiene algo que ocultar que pudiera ser utilizado en su contra si desempeñara una función pública.

El que fue ministro de Defensa entre 2004 y 2006, José Bono, reconoció en un desliz que, antes de designar a Félix Sanz Roldán como jefe del Estado Mayor de la Defensa, «pedí información al CNI sobre él y me hicieron un informe que decía que no tenía ninguna mancha ni despertaba animadversión». Y para terminar de desnudar el trabajo de los espías lejos de sus misiones reconocidas, añadió: «Cuando vas a nombrar a alguien que va a mandar sobre 130.000 personas que tienen el monopolio de las armas, debes saberlo todo sobre él». Curioso que Sanz años después acabara dirigiendo el CNI.

Aunque la ministra de Defensa Carme Chacón siempre lo negó, en el CNI escribieron un informe sobre los candidatos que ella barajaba para sustituir a la cúpula de las Fuerzas Armadas que había heredado. Uno de ellos, sobre el que elaboraron un dosier que resultó muy positivo, fue Julio Rodríguez, posteriormente designado jefe de la cúpula militar, que años después se convirtió en el responsable en temas de defensa de Podemos por invitación de Pablo Iglesias.

Un motivo distinto fue el que llevó al CNI dirigido por Jorge Dezcallar a efectuar una investigación similar, pero más intensa, sobre el pasado de Letizia Ortiz, la entonces novia del príncipe Felipe.

Se trataba de buscar vulnerabilidades y, si se encontraban, hacerlas desaparecer, para evitar que a lo largo de su vida como princesa y reina de España pudieran someterla a chantaje otros servicios de inteligencia o mafias de cualquier tipo. Interrogado Dezcallar en el Congreso de los Diputados sobre el tema, lo desmintió, como se hace siempre en estos casos.

Durante años, el CNI ha negado llevar a cabo este trabajo, que sus antecesores del Seced realizaron a lo grande creando un archivo bautizado como Jano, que terminó incluyendo miles de nombres de personas que por su carrera y proyección podrían llegar a destacar en sus labores en el futuro. De ese modo, cuando el jefe del Estado Francisco Franco o el presidente del Gobierno Luis Carrero Blanco le pedían al director José Ignacio San Martín, o a su sucesor Juan Valverde, un informe sobre un candidato a cualquier puesto, ellos ya tenían archivados todos los datos importantes y solo tenían que actualizarlos.

Ese archivo era utilizado también para otros asuntos aún menos declarables. El nombre de Jano hace referencia al dios de las dos caras, lo que determinaba que los dosieres contuvieran información tanto sobre la vida pública como sobre la privada de su protagonista. Por ejemplo, se buscaba la tendencia sexual del interfecto, porque en los últimos años de la dictadura no se admitían homosexuales en ningún nivel del gobierno. Según explicó el propio San Martín, se trataba de un fichero completísimo de personalidades del régimen y de la oposición, así como de líderes de opinión y representantes de los grupos de presión existentes, llámense bancos, iglesia o sindicatos. Según Manuel Rey, exdirectivo del servicio de inteligencia, en el momento de su traspaso al CESID en 1977, se trataba de una base documental compuesta por unas 10.000 fichas tabuladas y mecanizadas, prácticamente al 90 por ciento de su nivel óptimo.

Ese archivo de los españoles influyentes fue a parar a la División de Contrainteligencia del CESID y almacenado en la sede clandestina que utilizaban en la calle Menéndez Pelayo de Madrid, enfrente de El Retiro. Durante al menos once años Jano fue utilizado cada vez que era necesario y se tiene constancia de su actualización por la unidad operativa, entonces llamada Agrupación Operativa de Misiones Especiales.

Uno de los casos conocidos demuestra que su uso no se limitó a informes enviados al gobierno previos a los nombramientos. También sirvió para desacreditar a algunos investigados. Un caso, ratificado en su día por el propio afectado, lo protagonizó José María de Areilza. Al comienzo de la Transición, este político era uno de los candidatos para el puesto de presidente del Gobierno, aunque había un cierto consenso en que fuera Adolfo Suárez. La unidad operativa del servicio ya sabía por su ficha en Jano que Areilza mantenía una cierta relación, que no amistad, con una persona cercana a la izquierda *abertzale*. Pero no resultó suficiente para descabalgarlo de sus pretensiones y siguieron hurgando en su vida. Le instalaron un micrófono en su despacho y descubrieron una supuesta relación íntima de la que él no quería que nadie se enterase. Convenientemente informado del conocimiento de ese detalle que estaban dispuestos a difundir, renunció a su candidatura.

En 1988, el CESID erigió su sede actual junto a la A-6 —autovía Madrid-A Coruña—, y el archivo se trasladó allí. El director Emilio Alonso Manglano ordenó que nadie excepto él y quien contara con su autorización pudiera tener acceso al mismo. A pesar de ello, durante su mandato se siguieron elaborando y actualizando los dosieres sobre distintas personalidades de la vida pública. Concretamente, desde la llegada de Felipe González al poder en 1982 y de Narcís Serra al Ministerio de Defensa, el CESID realizó informes sobre todos los militares que podían ascender a generales. El objetivo era evitar que franquistas o extremistas llegaran a la cúpula de las Fuerzas Armadas.

En aquella época socialista se retomó el espíritu del archivo Jano, aunque actualizado a la época. Se hicieron informes relativos a banqueros como Mario Conde o a empresarios del sector de la comunicación como el conde de Godó. Cuando el gobierno estaba interesado en algún tema, el servicio de inteligencia investigaba a los protagonistas y archivaba el resultado de su trabajo. Porque los espías lo guardan todo y no tiran nada.

En 1996, la llegada al poder del Partido Popular de José María Aznar llevó a los responsables del servicio a desmentir el uso de Jano. Pero en aquella época se descubrió que existían tres copias del mismo: una en la sede central, otra en una base secreta de la sierra de Madrid y otra en Suiza.

Los dosieres sobre personalidades de la vida pública siguieron. En 1998 el ya expresidente Felipe González fue claro en un mitin: «Sabemos que preparan algo para el 2000, pero les va a salir mal y se les volverá en contra». Semanas después se supo lo que ocultaba su mensaje. González se había enterado por cauces secretos de que el servicio, dirigido por Javier Calderón, elaboraba un informe titulado «Purificación» en el que recomendaba prescindir de políticos y empresarios de medios de comunicación con un papel destacado en la Transición. Ese informe contenía interioridades de la vida pública y privada de destacadas personas, a las que consideraba amortizadas. Para conseguir su objetivo pretendía poner en marcha acciones de descrédito y procedimientos judiciales para «invitarlas» a salir de la primera línea de la vida nacional.

Utilizando el archivo Jano o manejando dosieres aislados encuadrados en investigaciones personales, el hecho es que el CESID y después el CNI han seguido llevando a cabo ese trabajo. La victoria electoral de Rodríguez Zapatero llevó al CNI a Alberto Saiz, un amigo personal del ministro Bono. Por esta relación y por el hábito ya establecido, el CNI siguió elaborando informes sobre personalidades de la vida pública cuando el gobierno se lo pedía.

Desde que la vicepresidenta Soraya Sáenz de Santamaría manda en el servicio, se ha mantenido esta práctica de pedir, al menos alguna vez, informes sobre determinados candidatos a cubrir vacantes en la Administración, algo típico del espionaje español y de otros servicios extranjeros.

La visita secreta y ocultada de la princesa Corinna al CNI... y su bronca con Saiz

—General, ¿tiene algo que contarnos sobre Corinna? —preguntó molesto Josep Antoni Durán i Lleida, portavoz de CiU, tras escuchar las evasivas del director del CNI Félix Sanz Roldán durante su comparecencia, el 19 de marzo de 2013, ante la Comisión de Secretos Oficiales del Congreso de los Diputados.[6]

No era para menos. Sanz, maestro en el arte de navegar por aguas turbulentas, no entró al trapo de las preguntas-trampa de los portavoces parlamentarios y no soltó ni una palabra que pudiera perjudicar al rey Juan Carlos. Según las filtraciones de su intervención en la sesión parlamentaria, la princesa no se benefició de la protección de sus agentes, él no conoció el lugar donde residía en Madrid y no le encargaron ningún trabajo delicado relacionado con ella. En resumen, «el Centro Nacional de Inteligencia nunca tuvo tratos con Corinna zu Sayn-Wittgenstein». Palabras que a los diputados les sonaron como sentencia tras la cual no había nada más que decir.

Sanz no mencionó una historia que hubiera contradicho la esencia de su discurso, siempre ratificado antes y después por las fuentes oficiales de La Casa. Corinna mantuvo en la sede central del CNI una reunión de trabajo con su antecesor Alberto Saiz.

El rey Juan Carlos conoció en el año 2004 a la princesa Corinna —título que usaba gracias a su segundo marido, del que se había divorciado— y en el 2005 comenzaron a relacionarse más intensamente. Corinna Larsen —su nombre de soltera— pronto empezó a

---

6. Federico Castaño recoge esta declaración y otras de la citada sesión en «El director del CNI a los parlamentarios: "Conozco a Corinna por pura casualidad"», *Vozpópuli*, 20 de marzo de 2013.

establecer planes de negocio en España y a codearse, gracias al monarca, con importantes personalidades españolas y extranjeras con las que coincidía en actos públicos como monterías.

Una de las personas que acudía a veces a cazar con el rey, que ya lo había hecho antes cuando todavía trabajaba en Castilla-La Mancha, era Alberto Saiz. El jefe del espionaje estableció una productiva relación con el monarca, al que atendía puntualmente en todas sus necesidades informativas.

Saiz ya había conocido en persona a Corinna, que colaboraba con una importante marca de ropa francesa, cuando el rey le anunció que la princesa estaba apostando por hacer en España un congreso sobre algo relacionado con el fraude en las grandes marcas. Le pidió que hablara con ella y viera la posibilidad de prestarle ayuda.

Corinna acudió al despacho del director del CNI acompañada de un abogado inglés. Estuvieron conversando largo tiempo, en el que Saiz se dio cuenta de que lo que había detrás de la propuesta no era trigo limpio. Con la diplomacia que muestran los directores de La Casa, le dio buenas palabras y posteriormente procedió a bloquear la iniciativa.

Leal al rey, como es imprescindible en el cargo que ocupaba, Saiz se reunió con él en el Palacio de la Zarzuela. Le contó lo que le parecía el proyecto y le alertó de que Corinna era una relación peligrosa.

Unos meses después, Saiz acudió a una cacería en la que estaban presentes el rey y Corinna. En cuanto lo vio, la princesa se le encaró para recriminarle que había sido culpa suya que el congreso que deseaba montar no hubiera salido adelante. La gran bronca entre los dos fue escuchada por algunos de los asistentes.

Corinna, que, según sus propias palabras, mantuvo y mantiene una «amistad entrañable» con el rey Juan Carlos, pasará a la historia del servicio secreto como una de las dos mujeres que más problemas le ha producido por su relación personal con el monarca. La primera fue la actriz Bárbara Rey, otra mujer que obligó a La Casa a desplegar todos sus medios para evitar un escándalo.

No pasaron ni ocho años entre el cierre casi definitivo —nunca se puede afirmar de algo que podría reactivarse— del expediente de Bárbara Rey y la apertura del de Corinna zu Sayn-Wittgenstein. En lo que respecta al CNI, carecía de importancia que las dos fueran rubias y espectaculares. O que no tuvieran nada que ver entre ellas en lo profesional y el estilo de vida. Lo importante fue que las dos pusieron en aprietos a la jefatura del Estado y, por tanto, la estabilidad del país.

La condesa de Romanones Aline Griffith, «la espía vestida de rojo», trabajó para el servicio secreto estadounidense en España durante la Segunda Guerra Mundial aprovechándose de su belleza juvenil y su acceso a la clase alta española. Con sus ademanes eternamente elegantes, explicó un día que «el papel de las mujeres en el mundo del espionaje ha sido muy importante y Corinna habría sido una buena espía». No lo dijo, pero seguro que en su día, en los años 80, habría repetido la frase refiriéndose a Bárbara Rey. Ninguna de las dos lo fue —que se sepa—, pero ambas fueron tratadas como objetivos por el servicio secreto español.

Don Juan Carlos no era el mismo en los años 80, cuando conoció a la actriz, que a principios del siglo XXI, cuando intimó con la aristócrata. En el primer caso era un rey joven que se enganchó más de la cuenta con una actriz despampanante, pero cuando llegó el momento de distanciarse, lo hizo. Por el contrario, con Corinna se enganchó hasta el punto de que perjudicó su reinado. Los directores del CESID que lidiaron con el problema de la actriz no tuvieron que intervenir en las relaciones entre los dos, mientras que los directores del CNI que coincidieron en la etapa de Corinna detectaron desde el primer momento que podía suponer un inconveniente grave para la jefatura del Estado.

A pesar de los desmentidos oficiales —siempre obligatorios—, formulados en público y en privado, agentes de La Casa llevaron a cabo una investigación sobre las actividades públicas y privadas de Corinna, siguiendo su proceder habitual. Alguien tan cercano al rey —como si lo hubiera sido al presidente del Gobierno— es observado, vigilado, y se elabora un dosier como los ya relatados antes. Se trata de que si esa persona llega a poner en un compromiso a la autoridad del Estado, el servicio disponga de los datos necesarios para desactivarlo. Esta información ayudó a conseguir el alejamiento de España de la princesa Corinna, a la que se le permitió quedarse con el dinero que había ganado en sus trabajos de intermediación con empresas españolas en negocios en el extranjero —Dos periodistas de máxima credibilidad de la revista *Interviú*, Luis Rendueles y Daniel Montero, hablaron de 30 millones de euros—.[7] Uno de esos pactos en las alcantarillas, fuera de luces y taquígrafos, que tan bien ejecutan los espías.

El compromiso económico para cerrar una situación desagradable no solo se llevó a cabo en el caso de la princesa Corinna. Antes de llegar a ese extremo, en el caso de las dos mujeres hubo favores realizados no solo por el rey sino por sus personas cercanas que facilitaron e impulsaron la vida laboral de ambas.

---

7. Muy buena esta investigación sobre los intríngulis de los negocios de la princesa: Luis Rendueles y Daniel Montero, «Corinna se fue con 30 millones», *Interviú*, 16 de febrero de 2015.

También hay una coincidencia importante: a la hora de la ruptura, ninguna quedó satisfecha con el pacto alcanzado e intentaron modificarlo. Corinna se vio fuera de España, alejada del rey, cortocircuitadas sus relaciones profesionales y tratada como una apestada. Ella, que había sido el apoyo del monarca en sus peores momentos, pidió más y para presionar concedió una entrevista a *El Mundo* hablando de la relación que habían mantenido. También informó de que disponía de papeles comprometedores que podría utilizar.

Una táctica similar que Bárbara Rey llevó al extremo cuando le cortaron el grifo del dinero. Ella había sido más previsora y mientras estaba con el monarca había hecho instalar en su dormitorio una cámara oculta frente a su cama. Ese vídeo, junto a numerosas fotos y grabaciones, le sirvieron para presionar hasta que agentes de la unidad operativa del CNI entraron en su casa y se lo robaron en 1997, provocando que interpusiera una denuncia contra Manuel Prado y Colón de Carvajal, administrador personal y amigo del rey. Después, consiguió que le hicieran diversos pagos en un banco en el extranjero.

Si bien la institución monárquica no estuvo en riesgo claro durante el caso de la actriz, sí que lo estuvo durante el de la aristócrata. En abril del 2012, don Juan Carlos resultó herido en Botsuana mientras participaba en una cacería de elefantes en compañía de Corinna. La situación se tornó oscura: un país en plena crisis económica no podía aceptar un comportamiento similar. Y más que estuviera allí acompañado de la princesa. Se volvió urgente poner fin a esa relación. El rey podía hacer en su vida privada lo que quisiera, pero no cuando afectaba al Estado.

Fue el inicio de un proceso de maniobras para conseguir que abdicara en su hijo Felipe. Una decisión a la que se negó tajantemente en un primer momento, por lo que tuvieron que convencerle. Una de las personas que conspiró para conseguirlo fue el director del CNI Félix Sanz. Aprovechándose de su buena relación, tomó las riendas del asunto aconsejando al monarca, pero también disuadiendo por varios medios a Corinna de que permaneciera en España.

Sanz sabía de la participación de la princesa en diversos negocios internacionales, en los que había cobrado de las empresas españolas interesadas. Sabía que el rey había sido quien la había invitado a participar en ellos. Pero Sanz decidió romper esos vínculos y amenazar con cercenar sus posibilidades de volver a realizar otros negocios similares si no se distanciaba de España y del monarca. Lo consiguió.

Poco a poco, tras comprobar que su resistencia no iba a darles resultado, las dos mujeres fueron cejando en su empeño. Bárbara Rey volvió a su rutina habitual tras descubrir que el CNI era capaz de cualquier cosa si no cumplía el pacto establecido. Corinna decidió emprender una nueva vida, ayudada por el trabajo que le ofreció Alberto de Mónaco —amigo del rey— para desarrollar negocios en el principado. Sus palabras tiempo después a *Vanity Fair* sobre don Juan Carlos ya no preocuparon en el CNI: «El rey es mi amigo, lo será siempre y nos tenemos mucho cariño».

El rey, el hombre más protegido de España

*D*icen que fue una visita de despedida, quizás sí, quizás no. En abril de 2014, a poco menos de un mes de anunciar su abdicación, el rey Juan Carlos se escapó un sábado por la tarde del Palacio de la Zarzuela, con poca escolta, sin incluir la visita entre sus actividades oficiales. El periodista Joaquín Vidal desveló que se fue a la sede del CNI para mantener un encuentro secreto con su director, Félix Sanz.[8] El tema a tratar seguro que tuvo que ver con su abandono del trono, pero el hecho significativo es que fuera el rey quien se desplazara y no el director del CNI, como es lo habitual.

El gesto tiene un alcance profundo. El jefe del Estado acababa su reinado, casi cuarenta años después de haberlo iniciado, despidiéndose con un gesto revelador del servicio secreto, una institución que en las duras y en las maduras siempre había estado a su lado, informándole casi antes que a nadie y protegiéndolo de cualquiera que intentara dañar a la institución.

Un comportamiento heredado por el rey Felipe, que con la misma discreción que su padre —en este caso incomprensible, no había necesidad— acudió en noviembre de 2015 a la sede del CNI para realizar su primera visita como monarca. El motivo buscado —en el CNI nunca se da puntada sin hilo— fue el aniversario de la creación de la unidad operativa, cuyos jefes han sido motivo en varias ocasiones de bronca y escándalo.

---

8. Joaquín Vidal, gran experto en temas de Defensa e Inteligencia, lo contó en «El rey visitó en secreto el CNI un mes antes de su abdicación», *Estrella Digital*, 11 de junio de 2014.

La relación entre la jefatura del Estado y el CNI es un toma y daca. El rey —Juan Carlos y también Felipe— siempre ha atendido las peticiones de ayuda formuladas desde la dirección del servicio de inteligencia para que realizara gestiones a favor de instituciones y empresas españolas con cualquier tipo de problema fuera de nuestro país. Una colaboración que ha estado presto a realizar, sabiendo que en ocasiones los gobiernos habían desatendido sus obligaciones con respecto a los intereses de la tan cacareada marca España.

Los contactos entre las dos instituciones siempre han sido tan positivos, según algunos de sus protagonistas, porque ambas tienen su campo de actuación y capacidad de maniobra en el mundo de las sombras. Los directores de La Casa han mantenido siempre una relación estrecha con los reyes gracias a que descubrieron esa bilateralidad en el trabajo diario. Ellos trabajaban por la monarquía y el rey les facilitaba gestiones, los ayudaba presentándoles a gente y amparándolos en numerosas ocasiones. Nadie como don Juan Carlos estaba conectado con los poderosos e influyentes en todo el mundo, esos que anualmente se reúnen oficialmente amparados por el paraguas del Club Bilderberg y extraoficialmente en otros foros que ni siquiera tienen nombre.

Desde sus orígenes, cuando La Casa mandaba sus informes más importantes a los más altos dignatarios del país, el ejemplar rotulado con el número 1 era siempre para el rey. Una costumbre del servicio instaurada en la época de los militares al mando del CE-SID, que se mantuvo al crearse el CNI gracias a que el primer director civil fue el embajador Jorge Dezcallar, con quien el monarca ya mantenía una relación muy próxima. Cuando cambió el gobierno, todo siguió igual gracias a que Alberto Saiz, como todos sus antecesores, supo ver que le interesaba llevarse bien con don Juan Carlos, aunque ejerció con menos servilismo que sus antecesores. Félix Sanz retomó, como militar próximo al rey, esa relación muy cercana, que continúa con Felipe VI.

En el ámbito internacional es donde ambas instituciones se complementan de una manera sumamente eficaz. En los países árabes, Latinoamérica, muchas naciones asiáticas y en toda Europa, el rey Juan Carlos disponía de contactos curtidos y mimados durante años, con los que se relacionaba con asiduidad y, lo más importante, con complicidad. El rey siempre estaba dispuesto a recibir información procedente del CNI con análisis de lo que pasaba en cada país. Y, al mismo tiempo, nunca decía que no cuando el director de La Casa le solicitaba ayuda para apoyar intereses españoles en alguna de esas zonas.

Junto a esta labor de Estado, el CNI amparaba las peticiones de ayuda del monarca relativas a cuestiones personales que pudieran dañar a la institución u otras que le interesaban personalmente. Poner protección a Corinna zu Sayn-Wittgenstein por el hecho de que sea amiga íntima del rey no entra dentro de las competencias de las Fuerzas y Cuerpos de Seguridad del Estado, ni tampoco del CNI. Aunque de cara al interior del servicio, lo podían justificar como una forma de investigar sus movimientos para proteger al jefe del Estado.

La obligación del CNI es encargar estas tareas a secciones especiales montadas en la unidad operativa que ofrecen las máximas garantías de confidencialidad. Y después, ante las informaciones de los periodistas, negarlo una y otra vez. Aunque, a veces, se encuentren con que un policía tan acreditado como José María Benito, cuando era responsable de Comunicación del Sindicato Unificado de Policía, desvelara que Corinna llevaba escolta: «Cuando se trata de proteger a personalidades nunca se dice su nombre, sino que se usa una especie de palabra clave o nombre figurado, que en el caso de la princesa Corinna era Ingrid».

El CNI justifica siempre sus actuaciones en favor del rey como una cuestión de Estado, no como una cuestión privada, motivo que fundamentó la creación de un grupo especial en la unidad operativa para investigar el caso de Iñaki Urdangarín. Según lo ven en el servicio de inteligencia, no se trataba de evitarle sofocos a don Juan Carlos, sino de proteger a la institución, pues la seguridad del Estado está vinculada a evitar los ataques que puedan poner en riesgo la estabilidad de la monarquía. Uno de ellos era la vinculación que pudiera tener el rey con las actividades ilegales de Urdangarín, casado con la infanta Cristina.

Ante esta amenaza, un equipo del CNI investigó toda la información sobre el caso y detectó quiénes eran los que estaban dispuestos a denunciar sus actuaciones ilegales y de qué información disponían. El problema a solucionar se les presentaría si el marido de la infanta había utilizado en sus operaciones y negocios el nombre del rey en vano. El principal enemigo fue Diego Torres, el socio del yerno, dispuesto a demostrar el amparo que su sociedad Noos había recibido de La Zarzuela.

El siguiente paso que dieron fue que los ataques, en lo que ellos calificaban como una campaña antimonárquica, no tuvieran la repercusión suficiente como para hacer que la opinión pública los diera por ciertos. Lo mejor en estos casos es que cuando se produjeran esas embestidas, aparecieran otras noticias importantes que apagaran su repercusión. Entre esas coincidencias estuvieron el caso Divar, un conflicto en Gibraltar, la legalización de Sortu y la arrasadora crisis económica.

Al mismo tiempo, el director del CNI impulsó un objetivo bastante más complicado, en el que no obtuvo el resultado deseado: que la infanta Cristina se separara de Urdangarín, lo que habría abierto un potente cortafuegos alrededor del Palacio de la Zarzuela. Algo a lo que la hija del rey se negó en rotundo.

Uno de los asuntos más inexplicables del comportamiento del CNI con respecto al rey es que, durante años —al menos desde el 2003 y hasta el 2006, mientras Urdangarín era presidente de Noos—, sus agentes acudieran periódicamente a la sede de su empresa, según declaró Diego Torres ante el juez, «para revisar el sistema informático, los teléfonos y la seguridad de las comunicaciones». ¿Qué hacían unos funcionarios del Estado dedicando su trabajo y tiempo a proteger a una empresa privada, por mucho que fuera la del yerno del rey? ¿Por qué había que protegerlo de pinchazos telefónicos? De nuevo, solo queda optar por una respuesta: estaban protegiendo al rey de las actividades que llevaba a cabo Urdangarín, para lo que almacenaban información sobre sus negocios. Si hubiera sido así, ¿por qué no informaron al rey de las actividades supuestamente ilícitas que llevaba a cabo? ¿O sí le informaron y él no hizo nada para evitarlo?

También se produce una coincidencia. El informático Matías Bevilacqua es un reputado especialista en análisis forense, algo así como un buscador de información que aparentemente ha desaparecido de los ordenadores. El CNI conoció su pericia, lo contrató para diversos casos puntuales y le encargó otro tipo de trabajos. Bevilacqua terminó trabajando para Urdangarín, según la versión oficial, porque «alguien» le facilitó su contacto para que recuperara correos delicados de su ordenador, algo en lo que tuvo éxito. De nuevo, el CNI apoyando al yerno del rey.

Una de las misiones más importantes que lleva a cabo el CNI con respecto al rey Felipe y a los miembros del gobierno es la protección de sus comunicaciones. El Centro Criptológico Nacional, dependiente del CNI, trabaja intensamente desde hace años en conseguir que los teléfonos de las máximas autoridades del Estado sean elaborados al cien por cien con tecnología nacional. De hecho, los aparatos ya se fabrican en las instalaciones del servicio de inteligencia, y la tecnología y algoritmos que los hacen funcionar también son diseñados por especialistas de La Casa.

Esos teléfonos evitan el efecto de los pinchazos ajenos siempre que se utilicen para conversaciones entre altos cargos que dispongan de los mismos sistemas de encriptación. Por tanto, son para conversaciones estratégicas, no para echar una partida al solitario, meter fotos en Instagram o leer el *Marca*. Para que no parezca un triste teléfono antiguo, los diseñadores del CNI les meten iconos de programas, aunque el poseedor de cualquiera de los teléfonos de máxima seguridad sabe que por nada del mundo debe descargar ningún programa, porque podría contener un virus de espionaje.

El problema que conoce perfectamente el rey Felipe es que cuando utiliza un teléfono distinto es porque habla con gente que no tiene encriptado el móvil, por lo que esa conversación no es segura y puede ser interceptada por un satélite extranjero, sea ruso, estadounidense o de cualquier otro país. Desde el CNI le explicaron que los sms no solamente son inseguros, sino que son más fácilmente controlables que una conversación normal. Algo de lo que en su día alertaron a su padre, cuando se aficionó a mandar mensajes por el móvil a sus amigos.

Espionaje político: Podemos, PNV, ecologistas...

*L*as sospechas le llegaron a la secretaria general del CNI Elena Sánchez cuando Rodríguez Zapatero estaba al frente del gobierno. Su puesto incluía el mando directo sobre la División de Seguridad y todos los temas relativos al control de los funcionarios bajo sus órdenes. Se había detectado que el Partido Popular, en la oposición, recibía información procedente del interior de La Casa. Una información distinta a la que el servicio le mandaba por cauce oficial cuando consideraba que su líder, Mariano Rajoy, debía conocer algún tema. Había un topo que, sin autorización, les facilitaba información secreta.

La investigación duró varios meses, sin que la División de Seguridad obtuviera información concluyente sobre ninguno de los sospechosos. El objetivo principal fue un agente que estaba pendiente de cubrir un puesto en un país del centro de Europa. Sabían de su proximidad ideológica al PP, pero no detectaron ni una reunión clandestina o coincidencia en restaurantes. Nada se hizo, porque sin pruebas no podían actuar.

Elena Sánchez, nombrada en junio de 2008, fue sustituida en agosto de 2012 por Beatriz Méndez de Vigo. Una operación encaminada a consolidar a Félix Sanz en la dirección: se iba Sánchez, de ideas políticas progresistas, y llegaba Méndez de Vigo, mucho más conservadora y cercana al PP. Así se garantizaba que alguien cercano al gobierno les pudiera informar si el director empezaba a actuar por su cuenta y no les era leal.

Algunos en la División de Seguridad, que había estado buscando tiempo antes al topo que informaba al PP, pensaron en si podría haber sido Beatriz. Nunca comentaron nada, entre otras razones porque ni una sola prueba hacía pensar que fuera así.

Y es que las ideas políticas de los agentes, que tienen la obligación de trabajar al margen de ellas, son tenidas en cuenta a la hora de la asignación de destinos. La propia Méndez de Vigo atribuyó a ser hermana de Íñigo el hecho de que el director socialista Saiz la cesara al poco de llegar al cargo. María Dolores Vilanova, de ideología conservadora, fue designada secretaria general por el director Dezcallar durante un gobierno del PP. Y Raquel Gutiérrez, última directora de Inteligencia con Saiz, es simpatizante socialista. La ideología tiene poca influencia cuando están destinados en puestos operativos, pero sí que la adquiere cuando ocupan una mesa en la planta noble de la sede del CNI. Sin una secretaria general cercana al Partido Popular, difícilmente Félix Sanz habría mantenido en un primer momento el cargo de director con la vicepresidenta Sáenz de Santamaría.

Solo ha habido dos directores del servicio secreto que han trabajado con lealtad, pero con un amplio margen de libertad frente al gobierno que los nombró. Uno fue Jorge Dezcallar, un recomendado del rey, el primer civil en el cargo, que tomó posesión con un pacto de respeto a su trabajo. Hasta se permitió contradecir en el Congreso de los Diputados la postura oficial del presidente Aznar sobre la participación española en la guerra contra Irak. El otro fue el efímero Félix Miranda, un general de honor impoluto, sustituto del dimitido Manglano tras los escándalos de escuchas ilegales y que dio la cara frente a sus jefes políticos y se negó a tapar asuntos ilegales. Los demás, de una forma u otra, aceptaron prestar servicios que más tenían que ver con trabajos de gobierno que con trabajos de Estado.

El espionaje político es uno de ellos. Oficialmente no se practica porque violarían la ley. Extraoficialmente hay caminos que visten de legalidad unas situaciones complicadas de justificar. Uno de los casos más representativos en los últimos años es el de Podemos y su líder Pablo Iglesias. La apariencia de legalidad es tan importante para el CNI y su director Sanz que se puede asegurar sin faltar a la verdad que ningún agente «en nómina» de La Casa ha investigado las actividades del partido y de sus líderes. Ningún micrófono ha sido instalado en ninguna de sus sedes o domicilios por agentes «en nómina» de La Casa, ni se ha infiltrado a un solo agente «en nómina» en sus círculos. Lo que es más determinante: hay una orden tajante de no pisar ese terreno.

Si alguna de esas misiones se ha llevado a cabo —como así ha ocurrido—, ha sido ejecutada «a título particular» por los llamados «agentes oscuros», personal que no está «en nómina» en el CNI y cuyos nombres aparecen en la extensa lista de colaboradores. Si por cualquier inconveniente hubieran sido pillados en el transcurso de alguno de sus trabajos fotografiando a Pablo Iglesias en alguna reunión secreta, el CNI podría desmentir sin titubear que estuvieran en el listado de agentes. Nadie, ni nada, que pueda relacionarse legalmente con La Casa trabajará ni de lejos en el espionaje político.

Agentes oscuros al servicio del CNI les han enseñado informaciones sobre actividades privadas de Iglesias y de otros líderes de Podemos, aunque nada preocupante. Algunos de ellos han metido a su gente en el partido para que les informen de sus actividades, pero en ningún caso, como se ha dicho, son agentes «en nómina» de una alta formación militar.

No obstante, si en los años 90 se investigó a Jordi Pujol para confirmar que tenía una cuenta oculta en Andorra, ¿cómo no iba el CNI a investigar la financiación de Podemos ante la sospecha de que *países golfos* —en terminología estadounidense— como Irán y Venezuela intentaran cambiar la política española? Siempre ha sido un argumento, y una justificación legal, para el servicio secreto actuar cuando otros países tratan de manipular la política nacional. Algo que hizo la CIA en 2016 tras la victoria electoral de Donald Trump, emitiendo un informe que señalaba interferencias del enemigo ruso para que ganara las elecciones a su rival demócrata Hillary Clinton.

La División de Contrainteligencia abrió una investigación centrada en los dos países para saber si habían hecho llegar su dinero hasta Podemos a cambio de recibir alguna contraprestación. De nuevo, el matiz de la legalidad: el foco en Irán y Venezuela, no en Podemos.

En el primer caso, descubrieron un complejo entramado de sociedades dirigido a financiar a medios de comunicación para que explicaran por todo el mundo las conquistas de la revolución. Pablo Iglesias comenzó a presentar en 2013 el programa *Fort Apache* en Hispan TV, nada que por sí mismo supusiera una amenaza a la seguridad nacional.

En el caso de Venezuela, las labores de asesoramiento llevadas a cabo por varios dirigentes de Podemos quedaron reflejadas en los informes del CNI, pero en ningún momento hubo pruebas de injerencias del gobierno venezolano en la estabilidad y seguridad del Estado.

El control de actividades sobre el PNV en el País Vasco es bastante anterior. Desde la etapa del todopoderoso Xabier Arzalluz, con su brazo derecho Iñaki Anasagasti, el partido denunció seguimientos, escuchas telefónicas y operaciones de desprestigio ejecutadas por el servicio secreto. Los dos se lo llegaron a decir a la cara al director Calderón durante una visita a la sede del espionaje. Muchos de los casos detectados eran ciertos y su justificación seguía la línea ya trazada con Podemos: no los vigilaban a ellos, sino a los que se ponen en contacto… con ellos.

Hubo colaboradores de La Casa infiltrados en la Ertzaintza en sus inicios y en los años posteriores. No hay pruebas de que colocaran sistemas de escuchas en los teléfonos de Arzalluz o de sus sucesores al frente del PNV, pero grabaron sus conversaciones cuando charlaban con dirigentes de otras formaciones, como Herri Batasuna. Hasta el último momento, ETA ha seguido siendo un objetivo importante para el CNI y han seguido activados los sistemas de obtención de información para saber si había encuentros entre las autoridades del Gobierno Vasco con personas cercanas a la banda para buscar soluciones a los flecos que quedaban para su final definitivo.

No abarcaríamos toda la realidad si mencionáramos únicamente a los partidos que se salen de las normas de actuación más convencionales. El espionaje del servicio secreto incluye a todas las organizaciones que de una forma u otra puedan llevar a cabo actividades consideradas peligrosas para el Estado. «Consideradas» según su criterio.

Un ejemplo son las organizaciones ecologistas. A mediados de los años 90 quedó en evidencia el espionaje a Los Verdes por parte de La Casa. Fue una historia rocambolesca, más parecía de ficción que real: el militante JMSR falleció repentinamente y dos espías se acercaron a su compañero en el partido y en la vida privada y le propusieron que lo sustituyera como colaborador dedicado a informar sobre las actividades que desarrollaban. El hombre alucinó, no se lo podía creer. Rechazó las presiones, se negó a seguir con el trabajo de informante de su compañero y denunció a los espías ante los dirigentes del partido.

Juantxo López Uralde, activista incansable que pilotó durante muchos años la nave de Greenpeace, denunció en 2011 que los servicios secretos se dedicaban a investigar a organizaciones legales y pacíficas, en lo que suponía «la absurda persecución secreta del ecologismo». Contaba en su blog un caso descubierto en Inglaterra y se preguntaba: «¿Es posible que la estrategia de infiltración de los servicios secretos ingleses en organizaciones ecologistas se esté dando también en otros países europeos, por ejemplo España?». No respondía, una actitud inteligente.[9]

No todos los directores han aceptado entrar abiertamente en temas relacionados con los intereses propios del gobierno, alejados de un sentido de estado. Dezcallar explica en sus memorias que «cuando en alguna ocasión, que las hubo, un ministro me pidió algo que me pareció impropio, así se lo dije y no hice lo que me había pedido».[10]

¿Habría sido impropio para Dezcallar aceptar el encargo del gobierno de Mariano Rajoy para investigar a Luis Bárcenas, antiguo tesorero del PP, empeñado en justificar las acusaciones contra él implicando a miembros del gobierno?

9. Juantxo López Uralde, «Servicios secretos contra ecologistas», en su blog personal en Equo, 16 de enero de 2011.

10. Jorge Dezcallar, obra citada.

Protección de multinacionales y defensa
de ataques económicos contra España

$\mathcal{N}$unca como en los últimos años La Casa ha celebrado tantas reuniones con empresas públicas y privadas. Ha sido una de las prioridades de Félix Sanz que su equipo ha cumplido con tesón. Grupos de directivos pertenecientes a sectores estratégicos han estado visitando la sede oficial del CNI, donde un equipo de agentes, normalmente encabezado por Nieves Bragante —su apellido es otro, pero es como se presenta esta experimentada agente con destinos en países tan conflictivos como Rusia—, les informa de los diversos terrenos en los que La Casa puede ayudarlos.

Les detallan que una de las misiones que les ha encargado el gobierno es defender los intereses económicos de España, vinculados a sectores estratégicos en los que están incluidos los visitantes de ese día. Se ofrecen a prestarles ayuda ya que el buen funcionamiento de sus empresas es trascendental para que el país marche bien.

Con este objetivo, la División de Inteligencia Económica, ubicada en la Contrainteligencia, dispone de un nutrido grupo de analistas que trabajan sobre un plan en el que se contempla cuáles son los sectores económicos que deben proteger. Cuentan con agentes especiales, los delegados del CNI en setenta naciones, que desde hace unos años tienen que dedicar una buen parte de su tiempo a evaluar la economía y los riesgos existentes de su país de destino.

Esta información se une a otra gran cantidad que se acumula en los archivos de la división, para uso propio y el de las empresas: concursos a los que se podrían presentar en cualquier país del mundo, personajes importantes —«conseguidores»— que controlan las concesiones, amenazas de cualquier tipo que pueden recibir en el extranjero —terrorismo, mafias— y diversas ayudas que les pueden prestar desde el inicio de una negociación fuera de nuestras fronteras hasta su conclusión.

Este apoyo a las empresas españolas, realizado con más impulso desde la llegada de Rajoy al gobierno, es una iniciativa que los más importantes países europeos llevan a cabo desde hace años. Francia, Alemania, Gran Bretaña —por supuesto, Estados Unidos— vuelcan el esfuerzo de sus servicios secretos en apoyar a sus grandes empresas para que se expandan por el mundo y para ayudarlas a conseguir contratos. Objetivos que persiguen utilizando todos los medios a su alcance, que se inician facilitándoles información económica, pero también llevando a cabo cualquier tipo de investigación sobre sus contrincantes que les dé ventaja en una negociación. Jorge Dezcallar contó en una ocasión que cuando era embajador en Marruecos acompañó a un empresario español a una licitación importante «y me encontré con que la competencia, muchas veces de un país amigo y aliado, conocía perfectamente nuestras condiciones. Lo que pasó es que el empresario hablaba abiertamente por teléfono con su central en España y eso se captaba desde otra capital europea».[11]

Una de las más importantes empresas españolas que acudieron al CNI a solicitar su ayuda en la etapa de Félix Sanz fue Abengoa, que trabaja en la aplicación de tecnología innovadora en los sectores de energía y medioambiente. Sus directivos le pidieron conocer la seguridad de una inversión que planeaban llevar a cabo en un determinado país.

Sin apenas darle publicidad, una parte de los fichajes de los últimos años ha tenido un perfil más económico, dirigido a convertir al CNI en lo que ya es hoy en día: un instrumento en defensa de los intereses españoles más allá de nuestras fronteras que intenta facilitar su implantación en cualquier país del mundo.

Si bien es cierto que esta ayuda se presta principalmente a las grandes empresas, muchas medianas y pequeñas también la reciben. No se trata solo de ayudarlas a hacer negocio en el extranjero, también les enseñan a guardar la información para que nadie se la robe. El CNI no se implica en su proceso de toma de decisiones, pero les aconseja cómo hacerlo y, si hace falta, qué tipo de personas pueden hacerse cargo de sus sistemas de seguridad.

El servicio lleva a cabo una asistencia a esas empresas, pero espera que la colaboración sea en los dos sentidos. Creen que de esta

11. Miguel González, «Agentes extranjeros operan muy agresivamente en España», *El País*, 28 de abril de 2002.

forma se complementan. Una empresa a la que ayuda a asentarse en otro país, si lo consigue debería facilitar información al CNI sobre ese país que, más tarde, podría beneficiar a otras empresas o al gobierno.

Para hacer más fácil esta colaboración, una parte importante de las relaciones entre el CNI y las empresas son ejecutadas por el director de Seguridad, que suele ser un policía o un espía en excedencia. No es casualidad que alguna tan poderosa como Telefónica tenga al mando de ese departamento tan importante a Miguel Sánchez, uno de los más prestigiosos directivos de La Casa en los últimos años: alguien que conoce los países más o menos complicados en que está asentada la empresa, con conexiones propias importantes y con unas relaciones inmejorables para desarrollar su estrategia internacional con ayuda del CNI, a quien puede devolver al menos una parte de las ayudas que recibe.

La División de Inteligencia Económica también se ocupa de otros asuntos importantes, como la lucha contra el blanqueo de capitales. El CNI ha conseguido en los últimos años que haya aumentado considerablemente la colaboración de los bancos en la búsqueda de operaciones financieras extrañas, sospechosas de ocultar desplazamientos de capitales para financiar el terrorismo o blanquear dinero procedente de mafias de todo tipo.

Otra de sus misiones es evitar el espionaje industrial en lo referido a empresas que disponen de moderna tecnología en temas de seguridad y defensa. Para ello, más específicamente, el CNI cuenta con la Oficina Nacional de Seguridad, encargada de velar para que solo tengan acceso a la información y material clasificado aquellas personas que previamente han sido investigadas y se les ha concedido la habilitación de seguridad.

Durante 2016, el CNI incrementó el número de cursos y conferencias destinados a difundir la necesidad de proteger la información clasificada. También ha elaborado abundante material didáctico para que las empresas de todo tipo protejan la información susceptible de ser robada por terceros países o por la competencia extranjera.

Una de las patas de la División trata de proteger los intereses de las empresas estratégicas españolas, pero hay una segunda misión especialmente trascendente: trabajar por la estabilidad del sistema financiero, lo que en algunas ocasiones puede obligar a contrarrestar las campañas de descrédito contra España.

El CNI participa desde el año 2010 en un selecto club de servicios secretos europeos que investiga las presiones económicas que reciben los Estados de la zona euro. Su trabajo se inició por las presiones especulativas que sufrieron dramáticamente países como Irlanda, Portugal y Grecia, en un primer momento, y España e Italia después. Los servicios secretos de los países afectados se unieron junto a otros de la Unión Europea —entre ellos Francia y Gran Bretaña— para explorar si los ataques contra el euro eran coordinados por influyentes poderes económicos que buscaban enriquecerse al mismo tiempo que atacaban la soberanía de los Estados afectados por la crisis.

La División de Inteligencia Económica comenzó a movilizarse para buscar actuaciones coordinadas. Los resultados que enviaron al Palacio de la Moncloa explicaban que se había producido esa organización en la actuación de grandes compañías de servicios financieros estadounidenses —también había europeas—, aunque no pudieron probar un interés sucio y maniobras desestabilizadoras realizadas con intención que hubieran permitido adoptar medidas judiciales contra ellas.

Estos informes llevaron al presidente Rodríguez Zapatero y a algunos de sus ministros, entre ellos a su hombre de máxima confianza, José Blanco, a declarar que había intereses ocultos detrás de los ataques contra la economía española. Unos ataques que beneficiaban a determinados potentados en Estados Unidos.

El servicio secreto griego fue el único que filtró información sobre los resultados de las investigaciones. Constataron presiones de inversores internacionales sobre la economía griega, de las que acusaron, al igual que en España, a compañías financieras del país de Obama. Según la información filtrada en 2010, cuatro grandes compañías de Estados Unidos y Europa vendieron de forma masiva bonos y los volvieron a comprar a precios reducidos al final de la jornada. Una clara maniobra dañina para la economía griega, pero un hecho insuficiente para probar un ataque coordinado contra su soberanía nacional.

Tras la llegada de Rajoy a La Moncloa y el traspaso del mando sobre el CNI a la vicepresidenta Sáenz de Santamaría, el director Sanz recibió la orden de volcar los medios disponibles en investigar y prevenir los ataques a la economía española. Aumentó la dotación de personal fijo de la División y los agentes establecieron relaciones con expertos españoles y de otros países, algunos procedentes de las universidades, para que los ayudaran a buscar intenciones delictivas o maliciosas en los mercados contra España o sus grandes empresas.

Un caso significativo fue el ocurrido en Argentina en abril de 2012 con la decisión del gobierno de Cristina Kichner de expropiar a

Repsol el 51 por ciento de la empresa YPF. Este tipo de decisiones se cuecen a fuego lento en los mercados internacionales, donde las empresas tejen trampas silenciosas para arrancar cuotas de mercado a sus contrincantes. Y donde los gobiernos arriesgan sus decisiones sabiendo que el país afectado puede responder adoptando medidas contra ellos. Para evitar estas actitudes, es vital la alerta temprana que deben lanzar los servicios de inteligencia o los servicios diplomáticos. En este caso, el gobierno de Rajoy no tuvo una actuación preventiva que hubiera podido evitar la medida. Rápidamente saltaron algunas voces que acusaron al CNI de no enterarse de lo que había pasado. El Palacio de la Moncloa calló, por lo que los espías, que siempre se quejan de que se conocen sus fracasos pero no sus éxitos, movieron sus hilos para que los medios de comunicación transmitieran a la opinión pública que ellos habían avisado de medidas drásticas de la presidenta argentina cuatro meses antes de oficializarse su decisión. Que había sido Rajoy el que había preferido creer los informes del Ministerio de Asuntos Exteriores, que negaba medidas como la finalmente adoptada.

El servicio secreto participó activamente en otras operaciones empresariales en las que estaba en juego la soberanía española, al poder contar con empresas potentes en sectores energéticos. El CNI se posicionó en 2008 abiertamente en contra de que Repsol permitiera la entrada en su accionariado de la rusa Lukoil. Aducían no solo la necesidad de disponer de una poderosa empresa petrolífera española, sino que varios altos ejecutivos de la multinacional rusa mantenían estrechos lazos con dirigentes de la mafia de su país asentados en España. Conexiones que les había ratificado una fuente de primer orden, el antiguo agente del KGB Alexander Litvinenko, antes de morir envenenado cruelmente con polonio en Londres.

No ha habido una operación de cambio de accionariado de cualquiera de las empresas vitales españolas en las que el CNI no haya estado vigilando los intereses nacionales… y las prioridades del gobierno de cada momento. Uno de los casos más esclarecedores ocurrió en 2007 con la pelea entre varias empresas nacionales y extranjeras por hacerse con el control de Endesa. El presidente Rodríguez Zapatero apostaba por la entrada de la italiana Enel, en contra de otras posibilidades como la alemana Eon. El CNI controló todos los movimientos, incluido el cabo suelto llamado Manuel Pizarro, presidente de Endesa. Pero lo hicieron con tan mala suerte que sus escoltas descubrieron el 20 de febrero el seguimiento al que era sometido por un Opel Omega con dos hombres que resultaron ser agentes del

CNI. Tras un rifirrafe, escoltas y espías acabaron en comisaría. El Gobierno, el director del CNI y hasta el director de la Guardia Civil negaron incluso la evidencia: los agentes se habían identificado como tales y hasta enseñaron sus carnés pretendiendo dar por zanjado el asunto. Pizarro sabía que el CNI, en nombre del Gobierno, lo espiaba para que Endesa hiciera lo que ellos querían. Se molestó mucho, pero nada pudo hacer contra el ataque del servicio de inteligencia. Ese mismo 20 de febrero de 2007, Rodríguez Zapatero se reunió en Ibiza con su colega italiano Romano Prodi para cerrar el acuerdo que beneficiaba a Enel.

Falciani robó en Suiza y el CNI lo protegió

«*Q*uien roba a un ladrón, tiene cien años de perdón.» Formulado el refrán de otra manera, hay que disculpar a quien comete una mala acción contra un malvado. Un pensamiento que no rigió en un principio la manera de proceder de Hervé Falciani —según la versión suiza—, pero al que se vio impelido cuando el mundo de las sombras se volcó contra él y lo más probable era que se pasara el resto de sus días encerrado entre las mismas cuatro sucias paredes de una cárcel. Buscó la salida de la salvación, convertirse en héroe reconocido, aunque para ello tuviera que modificar sus planes.

Falciani era en 2006 un experto informático, nacido en Mónaco, con nacionalidades francesa e italiana, de 40 años de edad. Trabajaba en Suiza, gracias a su pericia con los ordenadores, en el banco The Hong Kong and Shanghai Banking Corporation, más conocido como HSBC, el quinto por activos en el mundo, cerca del doble del PIB español.

Le encargaron reforzar el sistema de seguridad, un trabajo que demostraba la confianza depositada en él. De haber existido la mínima sospecha sobre su lealtad, jamás le habrían dejado hurgar con libertad en sus entrañas más secretas.

Todo el mundo, y más los que trabajaban en grandes bancos, debían saber que el negocio en Suiza tenía unas características especiales que permitía a los clientes mantener el secreto sobre su identidad y sus negocios a cambio de depositar su dinero allí. Sin embargo, Falciani se quedó descolocado ante lo que se encontró. Gracias al acceso ilimitado que necesitaba para cumplir su tarea, descubrió 130.000 cuentas opacas pertenecientes a personas destacadas en todo el mundo, que escondían miles de millones de euros evadidos a los impuestos de sus países o procedentes de negocios ilícitos.

La gravedad del asunto era evidente. Lo sabía todo gracias a que el trabajo del banco era legal en Suiza, pero ilegal en el resto del mundo. Tomó una determinación: montar una operación lenta y discreta para almacenar en un disco duro el máximo número de datos de esos defraudadores. Amparado en la confianza que despertaba, nadie se percató de su acción, un fallo de seguridad gravísimo.

La decisión que alentó su comportamiento desleal, según la versión suiza, no tuvo nada que ver con la que años después motivaría un comportamiento similar de Edward Snowden. El agente de la CIA y la NSA robó la información sobre el espionaje masivo de Estados Unidos para denunciarlo a los medios de comunicación y que la opinión pública reaccionara para poner fin a lo que él consideraba un exceso intolerable y peligroso. Falciani, por el contrario, sabía que la información que había conseguido podía valer un montón de dinero si encontraba al comprador adecuado. En febrero de 2008 se desplazó al Líbano y ofreció la base de datos de clientes del banco suizo al banco Audi de la capital a cambio de dinero. No se identificó como Falciani, sino como Ruben al-Chidiak. La Policía suiza solo se enteró un mes más tarde y él no se convirtió en sospechoso hasta casi un año después de su viaje a Beirut.

Fue interrogado. Lo acusaron de comerciar con datos secretos, él lo negó apasionadamente con la tranquilidad de quien ha limpiado con detenimiento su rastro. Lo tuvieron que soltar al no disponer de pruebas concluyentes. Según la versión respaldada por los suizos, decidió evitar la cárcel huyendo a Francia, país que no lo extraditaría nunca por ser de esa nacionalidad. Menos de un mes después, la Policía suiza armó el caso y ordenaron su detención. Como consecuencia de ello, la Policía francesa se presentó el 20 de enero de 2008 en su casa de Castellar en la Costa Azul y lo detuvo.

Para entonces, Falciani ya había diseñado la nueva estrategia que le permitiría vivir en libertad. Lo importante era buscar los clientes adecuados para la información que poseía. Lo tenía claro: los gobiernos de muchos países del mundo harían lo que estuviera en sus manos para conseguir la lista de defraudadores que les habían birlado miles de millones.

Jugó su carta con discreción, pero con decisión. Recluido en prisión, ofreció la información de que disponía, a la que solo se podía acceder contando con su voluntad y apoyo, a la Fiscalía francesa, con la que no tardó en llegar a un acuerdo. A cambio de los datos almacenados en su ordenador sobre los defraudadores galos, consiguió un acuerdo cuyos términos se desconocen y que garantizaba su seguridad y su futura libertad. El ladrón del HSBC se convirtió en cooperador del Estado francés.

Las autoridades galas se negaron a extraditarlo, lo que abrió un virulento enfrentamiento con Suiza, donde se habían puesto de los nervios ante la posibilidad de que su sacrosanto secreto bancario, gracias al cual sus bancos eran tan potentes, fuese violado. Las autoridades judiciales francesas, amparadas por su gobierno, utilizaron los datos de Falciani contra los evasores fiscales que, al recibir las pruebas de que habían sido descubiertos, empezaron a pagar cientos de millones de euros para regularizar su situación antes de ser procesados judicialmente.

Después llegó la internacionalización del proceso. El presidente Sarkozy decidió facilitar a los países amigos la información del HSBC que afectaba a sus ciudadanos. Cientos de poderosos defraudadores fueron llamados a regularizar su situación en medio mundo. El escándalo provocó la indignación en Suiza. Estaban usando información procedente de un robo, de un delito gravísimo, pero los jueces galos se opusieron una y otra vez a la entrega del informático para que pagara por su fechoría.

Entonces entró en escena el departamento de Justicia de la Administración estadounidense. Estaban llevando a cabo una investigación sobre actividades delictivas del HSBC y Falciani podía ser el hombre que coronara sus esfuerzos. Querían ir más allá de una lista de defraudadores. Querían conocer el funcionamiento de la trama del banco que permitía a todo tipo de delincuentes efectuar operaciones ilícitas en asuntos como terrorismo o tráfico de drogas.

Falciani era ya un colaborador de Francia y pasó a serlo también de Estados Unidos. Detrás de los dos países y de sus funcionarios judiciales, estaban ambos servicios de inteligencia para garantizar que la actuación se pudiera llevar a cabo. Con tantas ramificaciones en marcha, había que asegurarse que la información fuera útil en el espinoso tema del blanqueo de dinero. Ya había pruebas de operaciones de esas características llevadas a cabo en la sucursal estadounidense del banco a favor de cárteles de la droga de México. Y lo que era peor, de transacciones procedentes de bancos de Arabia Saudí relacionadas con Al Qaeda y otras organizaciones terroristas yihadistas, y unas 25.000 relacionadas con Irán, el país con peores relaciones con Estados Unidos.

En mayo de 2012, las autoridades estadounidenses informaron a Falciani de que su vida corría peligro. El Senado no tardaría en hacer pública su investigación contra el HSBC, en la que quedaría patente su falta de control sobre el blanqueo de capitales en temas gravísimos. No hubo tiempo para el pánico. Le propusieron que se refugiara en un país seguro que no podía ser otro que España.

La CIA se puso en contacto con el CNI, que aceptó encantado entrar en escena. Sabían lo que Falciani necesitaba y ellos podían proporcionárselo, eso sí, a cambio de su colaboración. Los espías españoles hablaron con el gobierno para desarrollar su plan e incluso diseñaron una estrategia para que el día que Falciani fuera detenido y transferido a la Audiencia Nacional, el juez de guardia fuera favorable a sus objetivos, una estrategia que no era la primera vez que aplicaban.

Sus colegas franceses les habían pasado parte de la información, pero en el CNI querían tener acceso a todos los datos sobre los 659 españoles que aparecían en la lista. También sabían que otras cuentas podían haber sido utilizadas en delitos de narcotráfico o tráfico de armas por mafias que actuaban en territorio español. Negociaron los detalles sobre la información que les facilitaría a ellos, pero también a las autoridades judiciales y policiales españolas en ámbitos de la lucha contra la corrupción y el blanqueo de dinero.

Francia puso en libertad a Falciani permitiéndole dar un nuevo paso en su estrategia de salir indemne del robo y comenzar una nueva vida gracias al apoyo de todos los países que se habían aprovechado de su acción. El 1 de julio de 2012, el informático viajó de Francia a España en barco desde el puerto de Sète para provocar que la orden de busca y captura emitida por la Policía suiza hiciera saltar la alarma al llegar a Barcelona y fuese inmediatamente identificado. Tras su detención, ingresó en prisión. Todo como estaba previsto, como había acordado Falciani con los agentes del CNI.

La embajada suiza en Madrid no tardó en tramitar la petición de extradición. En ella reconocían abiertamente la validez e importancia del contenido del disco duro robado por Falciani: «Describe parte importante, si no la casi totalidad, de las actividades económicas que HSBC ha mantenido con sus clientes durante al menos los últimos diez años».

El hombre que había vaciado los secretos del banco no se alteró lo más mínimo. El CNI le había garantizado que a medio plazo saldría de prisión siempre que prestara su máxima colaboración a las autoridades policiales y judiciales españolas en los casos que tenían abiertos y, por supuesto, a ellos en todo lo que quisieran saber sobre el funcionamiento del banco y de la información que se había llevado.

Falciani estuvo encarcelado seis meses, hasta principios de 2013, tiempo más que suficiente para activar su colaboración con la Justicia española. Fue puesto en libertad bajo la custodia de la Policía, no porque temieran una acción de las autoridades suizas para acabar con su vida, sino porque había 130.000 implicados en evasión fiscal, entre ellos muchos poderosos, que preferirían verlo muerto antes de que los delatara y prestara testimonio explicando la forma en que habían escondido sus ganancias. Sin contar al HSBC, que semanas después de que Falciani estuviera en España fue acusado de numerosos delitos en Estados Unidos.

Desde entonces, el informático colaboró en grandes sumarios de corrupción política como la trama Gürtel, la Operación Campeón y el caso de las ITV de Cataluña. Y gracias a su información, muchas personas, como el banquero Emilio Botín, se vieron obligadas a regularizar el dinero que habían guardado en Suiza.

De lo que no se habló fue del contenido de los contactos de Falciani con oficiales de inteligencia del CNI, que tenían en su poder una copia de la información que robó en Suiza. Con ellos vació todos sus conocimientos sobre la forma de funcionar del banco HSBC, sus claves, la forma de ocultar información y otros muchos datos que les sirvieron a nuestros espías para entender el funcionamiento de las tretas para evadir euros.

El CNI se quedó para sus archivos toda esa información e hizo llegar a otros países lo que consideraba que podía serles de utilidad. Un trámite discreto, que no podría llevarse a cabo por otro tipo de vías más abiertas y públicas, teniendo en cuenta que la información había sido robada.

Para conseguir el éxito en esta operación de gran envergadura, el CNI necesitó de la autorización del presidente del Gobierno, que debía ordenar al Ministerio de Asuntos Exteriores que lidiara con los suizos, al Ministerio del Interior que colaborara con el CNI y al Ministerio de Justicia que explicara el caso a los magistrados para que el informático no fuera extraditado a Suiza.

En febrero de 2017 una sentencia del Tribunal Supremo acabó con el sueño de miles de evasores fiscales: autorizó el uso de datos robados por particulares para fundamentar condenas por delito fiscal.

VI

Inteligencia Exterior

«No me conviene que me vean contigo»

*U*na de las actividades que llevo a cabo cuando imparto clases de Periodismo de Investigación en la universidad es compartir con mis alumnos la película *Todos los hombres del presidente*. Basada en la peripecia real de los periodistas Woodward y Bernstein para sacar a la luz el escándalo Watergate, que costó la presidencia de Estados Unidos a Richard Nixon, ofrece numerosos momentos únicos para entender cómo funcionan las relaciones del poder con los periodistas.

Hay un momento memorable protagonizado por un agente del FBI, entidad responsable de la seguridad interior y el contraespionaje de Estados Unidos, que actúa como fuente informante, pero no al margen de su agencia, sino más bien como mediador entre ella y los dos periodistas. Es una manera de pasar información con cierta discreción y, al mismo tiempo, tener acceso a las pistas que siguen en cada momento Woodward y Bernstein.

Tras una de sus exclusivas publicada en *The Washington Post*, acuden al agente para preguntarle por las repercusiones que ha tenido en el interior del FBI. Lo encuentran azorado, disgustado, fuera de sí. A sus jefes no les ha gustado su historia y él, ante el acoso de los periodistas, les lanza un dardo envenenado: «No me conviene que me vean con vosotros».

Y no le conviene porque los periodistas con su información han pasado a ser personas no gratas en el FBI. No porque las informaciones publicadas sean falsas, sino porque están acertando en un asunto de corrupción que la agencia no querría que saliera a la luz.

A pesar de la enorme distancia entre los dos periodistas estadounidenses y yo —no solo geográfica, me refiero a la profesional—, y a la distancia menor que separa al FBI del CNI, las situaciones personales de este tipo se repiten en España.

Durante el mandato de Félix Sanz, la persona de su gabinete que mantiene relaciones con los periodistas, el interlocutor para asuntos de espionaje, me hizo vivir una situación casi calcada a la que he narrado del caso Watergate.

Las relaciones con los portavoces oficiales del CNI son complicadas. Cuando no existía una Dirección de Comunicación o eran agentes sin influencia —en la etapa Manglano—, la única posibilidad para contrastar la información era que el director te hubiera ungido con un agente de su gabinete con el que charlar antes de publicarla. En mi caso fue Manuel Rey, un tipo honesto y sincero que me prometió que nunca me engañaría, pero que jamás me diría nada que no debiera. Los dos cumplimos el pacto de colaboración mutua, con nuestras limitaciones, y todo funcionó más o menos bien. Desde que abandonó el servicio secreto, Manolo es un amigo muy especial.

Otros pasaron posteriormente por ese puesto sin pena ni gloria. En varias épocas, el papel de contacto con la prensa lo llevaron los propios directores, que de esta forma controlaban directamente la ida y vuelta de las informaciones.

Al militar que era jefe de prensa en la etapa del director Saiz lo había conocido cuando estaba destinado en el gabinete de comunicación del Ministerio de Defensa. Los dos sabíamos cómo actuaba y pensaba el otro. En varios momentos me reprendió con dureza por mis informaciones y en otros yo le afeé su falta de colaboración. No fue fácil para él, como para sus antecesores, tener que bregar con un periodista que anteponía la información a otras componendas. A una parte del personal directivo del CNI no les he gustado mucho desde que publiqué la primera parte de *La Casa* y viven su relación conmigo en un permanente intento de desprestigiarme. Cuanto más lejos esté del servicio y menos se colabore conmigo, más felices son. El jefe de prensa tiene que aguantarme y algunas veces transmitirme con rudeza el malestar por mis publicaciones. Ya sea porque no las ven ajustadas a su realidad o porque no les gusta que desvele informaciones que ellos querrían ocultar a la opinión pública.

El hombre para la prensa del director Sanz tiene una cierta simpatía y capacidad de trabajo. Estar en el servicio secreto conlleva defender con pasión y sin fisuras sus principios rectores. La prensa es un enemigo cuando bucea en los asuntos oscuros y un amigo cuando comunica las noticias que al servicio le interesa difundir. Si todo va bien, guante de seda. En caso contrario, mano de hierro.

Un día publiqué una información sobre los informes del CNI al gobierno antes de nombrar altos cargos. Como excepción, fue el hombre de prensa de Sanz el que me telefoneó tras leerla. Me negó que en La Casa hicieran ese tipo de cosas. Como dirían Woodward y Bernstein, despertó mi atención no lo que me decía, sino el modo en que me lo decía. Estaba tenso, no le gustaba haber tenido que marcar mi número de teléfono. Si no era cierto lo que yo contaba, como me aseguraba con vehemencia, le bastaba con haber guardado silencio, como él y sus jefes hacían las más de las veces amparándose en que La Casa nunca desmiente las informaciones que le perjudican.

Me pidió detalles que no hubiera publicado y hasta insinuó que era algo que yo sospechaba, pero que carecía de pruebas. Su insistencia me demostró que a los directivos del CNI les preocupaba que su jefa, la vicepresidenta Sáenz de Santamaría, pudiera resultar salpicada por la historia.

La conversación fue tan desagradable que, en un intento de volver a la armonía, le propuse quedar un día ante un par de cafés para hablarlo con detenimiento. Su respuesta fue la misma que el agente del FBI les dio a los pesados periodistas del Watergate: «No me conviene que me vean contigo». A pesar de ello, un par de años después, todo se había olvidado y la noria volvió a girar entre nosotros aunque a una velocidad mucho más lenta.

Raquel Gutiérrez, primera mujer jefa de la División; y luego para arriba… y luego para abajo

*R*aquel Gutiérrez es posiblemente la mujer que más ha destacado en los últimos cuarenta años en la División de Inteligencia Exterior y de una forma especial desde que el CESID se transformó en CNI. Una historia de profundo e intenso trabajo, llena de subidas y bajadas en el organigrama de La Casa, que muestra que la carrera en el espionaje es muy complicada para los jefes que pululan por la sede central en la carretera de A Coruña. Aunque, justo es decirlo, los agentes de campo padecen y sufren mucho más que ellos. Y de eso también sabe Raquel.

Entró a trabajar en los años 80 en el CESID, cuando el entonces director, Emilio Alonso Manglano, decidió civilizar el servicio, metiendo primero a hombres que no fueran militares y después a mujeres. Poco a poco ingresaron chicas jóvenes, universitarias, con idiomas, relacionadas familiarmente con el mundo militar. Existía la mentalidad machista de que no podían poner sus vidas en riesgo, que había que protegerlas, por lo que las enviaban a puestos de analista y principalmente a Inteligencia Exterior.

Gutiérrez entró con buen pie. Sabino Manuel Lauda fue el gran artífice de los éxitos del servicio de inteligencia en el mundo árabe que a ella tanto le gustaba, y a mediados de los años 80 comenzó a dirigir ese trabajo fuera de nuestras fronteras. Lauda la acogió muy bien, descubrió las grandes capacidades que poseía y terminó convirtiéndola en una de sus agentes preferidas.

El primer peldaño lo subió cuando el CESID la designó en 1993 enlace con la Dirección General para África y Oriente Medio del Ministerio de Asuntos Exteriores, dirigida por el diplomático Miguel Ángel Moratinos, con el que estableció una relación de mutuo aprecio laboral. Ese buen trabajo facilitó el cumplimiento de su primer sueño, su nombramiento como jefa del Área de Oriente Medio de la División de Inteligencia Exterior.

En el servicio de inteligencia cuentan que no puedes apegarte a los puestos porque igual que llegas te echan, especialmente cuando hay un cambio de director. El aterrizaje de Calderón supuso su cese en 1998 de una manera injusta, según los que conocían su trayectoria hasta ese momento.

Cuando se vio en estas circunstancias, no le quedó otro remedio que cambiar de mentalidad y reconvertirse. De arriba abajo. Terminó consiguiendo un puesto en París, una de las delegaciones más apetecibles que hay en Inteligencia Exterior, que exige el conocimiento de francés, que ella posee.

A finales de 2004, un nuevo director, Saiz, decidió auparla a un puesto que tras el 11-M exigía a alguien que conociera a la perfección el mundo árabe: la jefatura de la División de Inteligencia Exterior. De abajo arriba. Seis años antes un director no la consideraba apta para mandar un área y en ese momento otro ponía en sus manos toda la División. También es cierto que contaba con el respaldo de alguien con quien había trabajado, el recién nombrado ministro de Exteriores Moratinos, que sabía que con ella al frente mejorarían las relaciones entre ambos departamentos.

De nuevo Gutiérrez mostró sus capacidades para el espionaje y que entendía no solo los asuntos árabes, sino los de todo el mundo. Consiguió potenciar la División, abrir nuevas delegaciones y ampliar otras. Y, lo que fue un gran reto, cumplió con bastante éxito la labor de apoyo a las tropas españolas destacadas en misiones internacionales.

En los últimos años del mandato de Saiz se produjo el cambio de varios directores de Inteligencia. Cuando Agustín Cassinello, el tercero de ellos, fue cesado, la clara candidata para sustituirlo fue Raquel Gutiérrez. Varias mujeres habían ocupado la Secretaría General, el segundo puesto del organigrama, aunque hasta ese momento era más burocrático que operativo. El más relacionado con el funcionamiento del día a día del servicio, el que le correspondía a un agente con una dilatada experiencia, era el número tres —la Dirección de Inteligencia—, el de Gutiérrez, que se había convertido en la primera mujer en desempeñar un cargo siempre reservado a los hombres. Al fin se podía comenzar a hablar de que las mujeres habían superado las trabas para llegar a lo más alto.

La llegada de Félix Sanz a la cúpula del CNI hizo que Raquel Gutiérrez apenas durara un año en el puesto. Estaba vinculada al anterior director, del que el nuevo no quería saber nada y además deseaba colocar a alguien de su confianza, un militar. Igual que había llegado, Gutiérrez se fue, aunque con una diferencia importante que no se había producido antes en el servicio: como agradecimiento a su labor, le concedieron la Gran Cruz del Mérito Naval con distintivo blanco.

Después de haber ocupado un puesto tan relevante, lo habitual es que el siguiente destino sea en el extranjero, lejos de la sede central. Un empleo que se acomodara a su apetencia personal. Raquel Gutiérrez no pidió nada cómodo, sino dirigir la delegación en Marruecos en un momento en que había habido problemas con su gobierno. Le concedieron no el puesto solicitado y merecido en Rabat, sino uno en la secundaria delegación en Casablanca. De arriba abajo.

Despliegue exterior: cuernos y amor en el extranjero, espías con escolta y secuestros

*E*s una de las historias más clásicas contadas entre los agentes de la División de Inteligencia Exterior. Sucedió cerca del año 90, fue un escándalo en La Casa. Desde entonces han ocurrido casos similares muchas veces, pero sin tanta trascendencia. Un agente fue destinado a un país de Latinoamérica para abrir una delegación del servicio secreto. Una misión ilusionante y complicada en país extraño, que emprendió acompañado por su esposa. Iba como agregado en la embajada de España, lo que le permitía disponer de estatus diplomático. Los primeros meses marcharon bien, se integraron sin problemas en la ciudad y conectaron con el resto del personal de la delegación. Quizás demasiado bien. En realidad, quien encajó a la perfección en el mundo diplomático y en las fiestas fue la mujer del espía, que cayó rendida a los brazos de otro agregado de la propia embajada. Se liaron con tan poca discreción que el agente de La Casa no tardó en descubrir el pastel. Lo que terminó de sacarle de sus casillas es que su mujer no estuviera dispuesta a dejar de acostarse con su colega. Se armó tal lío, con broncas, enfrentamientos y peleas públicas, que el embajador no encontró otra salida para apagar el fuego que amenazaba con incendiar el edificio que telefonear al jefe del espionaje para que ordenara el regreso de su agente. Así lo hizo, poniendo en evidencia a una institución que estaba abriéndose al exterior y desconocía las particularidades del día a día.

Años después, la delegada del servicio secreto en Nicaragua, soltera ella, mantuvo una relación amorosa con el jefe del espionaje local. Los altos mandos de La Casa valoraron que si esa relación le permitía obtener información de más calidad, bueno sería.

Otros, por el contrario, lo consideraron un error: su delegada le daría a su amante más información de la que podría recibir.

Ocupar un destino en el extranjero no es tan sencillo para un espía como puede parecer. La vida de un agente, por muy solitario que se sienta durante los años que está destinado en cualquier país del mundo, está sometida a unas reglas estrictas. Si La Casa investiga a las parejas de su personal antes de aceptar su ingreso, cuando uno o una están fuera del país, las precauciones son aún mayores. No les está permitido enamorarse en el extranjero sin permiso, hay que notificarlo y poner en marcha un proceso que garantice que el otro miembro de la pareja está limpio y no es un activo de otro servicio de inteligencia a la caza de información. Puede ser una trampa de miel y debe contemplarse el peor de los escenarios.

En algunos países los riesgos no solo son esos, hay otros aún peores. El agente español destinado en Irán los conocía, pero no reaccionó adecuadamente cuando de improviso el amor llamó a su puerta. La joven de la que se prendó no se dedicaba al espionaje, pero los dos sabían que está muy mal visto que una iraní se enamore de un occidental. El espía mantuvo en secreto su relación para que nadie en Irán ni en su propio servicio se enterara, aunque fue una idea pésima. El país está lleno de chivatos y la policía descubrió uno de sus encuentros, detuvo a la chica y la metieron en una prisión donde sufrió todo tipo de vejaciones y violaciones.

El agente tuvo que regresar a España, pero movió todos los hilos a su alcance hasta conseguir reunirse finalmente con su amada en Madrid. Fue un éxito el reencuentro, pero en su hoja de servicios ese acontecimiento figura como un gran fallo de seguridad. Años después de aquella dura aventura, el agente sigue trabajando en la División de Inteligencia Exterior.

Esta División ha adquirido, desde la creación del CNI, una progresiva importancia, más acorde con la apertura de España al mundo y la diversificación y extensión de sus intereses. Cuando nació el CESID en 1977, sus objetivos eran otros, como la lucha anti-ETA y la Contrainteligencia, pero apenas dedicaba medios a su presencia en el exterior. Más tarde, en 1984, el director Alonso Manglano decidió crear una red en el extranjero, impulsada por el entonces jefe de la División, Florentino Ruiz Platero. La mayor parte de Europa, Latinoamérica y el norte de África fueron objeto de los primeros despliegues. Progresivamente llegaron otros, hasta completar las actuales setenta delegaciones, como llama el servicio a sus representaciones oficiales en el extranjero.

En aquellos inicios se produjeron casos curiosos, sin sentido, como que en China no hubiera delegación y en Taiwán sí. El motivo fue la firma de un acuerdo de intercambio de agentes; este supuso la llegada a España de un espía taiwanés que se agenció una tapadera poco original, pero efectiva: un restaurante chino en Madrid. Años después, cuando desde su país le dieron la orden de regresar, dijo que ni en broma y optó por abandonar el espionaje y quedarse explotando su negocio.

La etapa del diplomático Dezcallar como director, con María Dolores Vilanova como secretaria general, supuso sumar al gran despliegue en Europa y América otro potente en los países árabes, que hasta entonces carecían de la suficiente relevancia para el CNI. Los atentados del 11-S en Estados Unidos dejaron patente que el terrorismo yihadista sería el peor de los enemigos mundiales.

La mayor parte de las setenta delegaciones están asentadas tras llegar a un acuerdo con el servicio secreto de cada país. Los agentes forman parte del personal diplomático oficial con el puesto de agregado o similar. Su trabajo consiste en buscar información interesante para España y mantener un contacto permanente con los oficiales de enlace del espionaje local para el intercambio de todo tipo de datos.

En una parte de esos países también existe lo que llaman «estaciones», formadas por agentes no acreditados que se dedican a buscar información más comprometida y en círculos menos oficiales. Con un trabajo clandestino, nunca reconocen su pertenencia al CNI y trabajan bajo la tapadera de empresas o negocios que nada tienen que ver con el espionaje. Si por cualquier motivo son descubiertos, como no tienen cobertura diplomática, corren el peligro de pisar la cárcel sin que nadie les ayude. Aunque lo habitual es que ambos servicios acuerden una salida discreta del espía no deseado.

En cada país el CNI dispone como mínimo de un oficial de inteligencia y de un ayudante, siempre por parejas y con capacidad de actuar independientemente. Aunque en países donde los temas de interés común son numerosos, como sucede con Francia, ya hace años que la presencia de nuestro servicio secreto es bastante mayor. Aunque inferior a la que tiene, y siempre ha tenido, en Marruecos, que ha constituido habitualmente la delegación con más agentes españoles, y no solo en Rabat, sino en otras ciudades. En ambos casos, en correspondencia, la presencia de espías franceses y marroquíes en suelo español es muy elevada.

También ha aumentado en los últimos quince años el despliegue del CNI en África por la necesidad de combatir el terrorismo islamista y la inmigración clandestina. En Senegal, por ejemplo, hay tres agentes dedicados básicamente a combatir esta última.

En las dos últimas décadas la delegación en Washington es uno de los destinos más codiciados y suele estar dirigida por pesos pesados que han sido cesados en la sede central después de ocupar un alto cargo y piden irse para allá. Durante una parte del mandato de Sanz la delegada fue Elena Sánchez, antigua secretaria general.

Junto con Europa, la zona geográfica que desde el inicio del despliegue ha sido de especial relevancia es Latinoamérica. En los años 80 y 90 el servicio secreto prestó un apoyo impagable a los gobiernos que alcanzaban el poder tras años de dictadura. No se fiaban de sus propios espías porque habían estado sirviendo a los dictadores. Cuando tenían problemas, preferían recurrir al espionaje español en temas tan delicados como las sospechas de que estaban siendo sometidos a escuchas telefónicas. Con suma discreción, los especialistas en barridos electrónicos acudían a las sedes de gobiernos latinoamericanos para solucionarles sus dudas. En los últimos años, en general, se mantiene esa buena comunicación, aunque han existido enfrentamientos con países como Cuba, que ya se produjeron durante la presidencia de Felipe González.

Los diplomáticos españoles tienden a desconfiar de los espías que tienen empotrados entre su personal. Deben soportar, aunque no les guste, que actúen con cierta libertad y no les informen de algunas de las misiones que tienen entre manos. En suelo extranjero es connatural al trabajo de los agentes dar problemas porque con frecuencia van más allá de lo que la ley local permite, y si los pillan con las manos en la masa, el que se lleva la bronca es el embajador.

La historia presenta múltiples ejemplos. Como el golpe de Estado anunciado por el delegado del servicio en Guinea en 1983 y desmentido por el Ministerio de Asuntos Exteriores, con tan mala suerte de que poco después se produjo. O cuando en los años 90 tres saharauis de El Aaiún entraron en la embajada española en Marruecos, pidieron asilo político y el diplómatico Joaquín Ortega quiso entregarlos a la policía local para evitar que el gobierno alauita se irritara. El delegado del servicio Diego Camacho se opuso defendiendo los derechos humanos de los tres jóvenes, un enfrentamiento que le costó salir del país a petición del ministerio de Asuntos Exteriores, aunque su siguiente destino fue París, un premio concedido por su director.

Algunos miembros del cuerpo diplomático son muy críticos y consideran que los espías hacen una labor muy similar a la suya, solo que la venden muy bien. Lo que desconocen es que sus colegas del servicio secreto tienen que justificar su trabajo hasta extremos que a ellos no les piden. Por ejemplo, los delegados tienen que rellenar fichas con los nombres, apellidos, dirección y demás datos de sus fuentes —incluido el alias que figurará en sus informes—, especificando si les pagan, cuánto dinero y a cambio de qué informaciones. Muchas veces, para evitar filtraciones, cuando los agentes regresan a España de vacaciones o por cualquier otro motivo, tienen que acudir a la sede central para facilitar esos datos y responder a las preguntas de sus jefes y del personal de La Casa.

En el CNI se ha establecido como costumbre que el director dedique una parte de su tiempo en los primeros meses de mandato a visitar a sus colegas de otros servicios con los que mantienen más relación. Porque uno de los activos más importantes del CNI para obtener información de calidad es el director, que con esos contactos personales allana caminos, abre puertas y establece contactos que facilitan la obtención de información de calidad.

Después de tantos directores, la excepción han sido Dezcallar y Sanz, que hablan inglés. Esta carencia en el dominio de idiomas es todo un problema, porque en el espionaje son vitales los buenos vínculos con otros servicios, y si el director puede conversar sin traductores con sus colegas extranjeros, la relación se hace más fluida y fructífera.

En La Casa existe el departamento de Relaciones Internacionales, el máximo órgano encargado de mantener relaciones con otros servicios de inteligencia, que les permite conocer cómo se trabaja fuera y establecer lazos de cercanía no solo con los servicios considerados amigos, sino también con otros con los que los nexos políticos no son muy buenos.

La vida de los agentes en el exterior no es nada fácil, e incluso resulta complicada en algunos destinos en los que se la juegan cada día. La Casa tuvo que enfrentarse en 2003 a una situación extrema, difícil de gestionar, cuando en Irak fueron asesinados ocho de sus agentes. Ese día el servicio secreto español decidió recurrir a una agencia internacional de seguridad privada —mercenarios o contratistas— para garantizar en el futuro la vida de los agentes españoles en destinos de alto riesgo. Puede resultar extraño para muchos, pero en varios países conflictivos del mundo los espías tienen que moverse con escolta.

Algunas de sus misiones son especialmente peligrosas, como aquellas en las que intervienen para resolver el secuestro de españoles en zonas de conflicto. Uno de los primeros casos fue el secuestro del atunero vasco *Playa de Bakio*, que se inició el 20 de abril de 2008 en las costas de Somalia y concluyó satisfactoriamente seis días después.

Tras conocer el día 21 que cuatro piratas habían abordado el pesquero con la pretensión de cobrar un rescate a cambio de la liberación de los marineros, el CNI se puso en marcha. Para actuar directamente sobre el punto de acción, enviaron a un equipo. El problema residía en que no podían llevarlos hasta Somalia e instalar allí una base para negociar, porque alguno de los grupos armados del país podría enterarse y los agentes correrían gran peligro.

Consiguieron que la fragata *Méndez Núñez*, que envió el ministerio de Defensa a la zona, se comprometiera a recoger al equipo en Yibuti y los espías hicieran su trabajo desde el barco de la Armada. Curiosamente, cuando los agentes encargados de negociar la liberación llegaron al punto de encuentro, la fragata ya había zarpado. El director del CNI Alberto Saiz montó un escándalo. Habló con Félix Sanz, jefe del Estado Mayor de la Defensa y responsable militar de la operación, con quien había acordado la forma de recoger a sus agentes y le conminó a que el buque regresara inmediatamente a por ellos. Años después, Sanz sustituiría a Saiz en la dirección.

Aunque ni en este caso, ni en los anteriores o posteriores, se reconoce oficialmente, siempre se ha pagado rescate. Por el *Playa de Bakio* se entregaron a los piratas cerca de un millón de euros, una parte de los cuales los puso el armador y el resto procedió de los fondos reservados del servicio de inteligencia. Teóricamente se estableció que los armadores del pesquero pagarían más tarde ese préstamo, aunque existen dudas de que lo hayan hecho. En los posteriores secuestros de cooperantes de diversas ONG y de periodistas, el rescate salió íntegramente de los fondos reservados. Dinero que no solo era para pagar a los secuestradores, sino también a los facilitadores que intervenían para conseguir que se llevara a buen término el intercambio.

Este es uno de los motivos de que sea el CNI y no la Policía quien interviene en los secuestros. El servicio posee delegados en el exterior que conocen la idiosincrasia de los países, mantiene buenas relaciones con los servicios secretos de la zona y actualmente ya disponen de personal especializado en la resolución de este tipo de conflictos. Además, si hay que saltarse la ley española o alguna otra, los espías están preparados para hacerlo y asumir las posibles consecuencias: niegan información a los jueces, como ya han hecho, amparándose en que sus actuaciones son secreto de Estado. Todo por la buena causa de salvar vidas de españoles.

A raíz de la campaña de secuestros, el CNI estudió la posibilidad de crear en la unidad operativa un grupo especial con capacidad para actuar como comandos, al estilo de los que tiene la CIA. Ante un secuestro, ellos podrían desplegar un equipo de unos quince hombres en la zona que pudiera resolverlo mediante las armas. O, al menos, dar protección a los intermediarios en la negociación. Hubo problemas con el establecimiento de la unidad, que entraba de lleno en las competencias de las Fuerzas Armadas, y la idea fue aparcada.

Asesinato de ocho agentes en Irak:
lo que realmente pasó

*E*l episodio más negro del servicio secreto español en sus cincuenta últimos años tuvo lugar a finales de 2003 en Irak. En sendas emboscadas, José Antonio Bernal fue asesinado en Bagdad el 9 de octubre y siete de sus compañeros corrieron la misma suerte el 29 de noviembre.

La historia oculta de esos acontecimientos dramáticos empezó meses antes de que el 20 de marzo de 2003 las tropas de Estados Unidos iniciaran el ataque contra Irak, cuando montaron una campaña mundial de desprestigio contra Sadam Husein. El CNI disponía sobre el terreno de una delegación integrada por el consejero de Información Alberto Martínez y su ayudante José Antonio Bernal. Dos agentes que demostrarían un valor extraordinario, aunque de poco les sirvió por los fallos producidos en el diseño de la operación.

Tras la invasión de Afganistán en octubre de 2001, el presidente estadounidense George Bush promovió la sospecha de que Sadam estaba fabricando armas de destrucción masiva y que daba cobijo y apoyo a Bin Laden y a su Al Qaeda, los responsables de los ataques del 11-S contra las Torres Gemelas y el Pentágono. Martínez y Bernal se pusieron manos a la obra para confirmar esos datos apelando a sus confidentes, indagando por todo el país, y al final informaron a La Casa de que nada de ello era demostrable.

Los dos se quedaron de piedra cuando más tarde el presidente Aznar se sumó a la alianza invasora de Estados Unidos y Gran Bretaña, y defendió exactamente lo contrario de lo que ellos habían contado. Bernal aseguró tiempo después a una persona muy cercana: «Aznar no sabe lo que está haciendo, no hay armas de destrucción masiva de ninguna manera».

La pericia de los dos agentes del CNI quedó demostrada cuando, tras las primeras maniobras incriminatorias del presidente Bush contra Irak, fueron capaces de dibujar a la perfección el mapa de los intereses reales que había detrás del conflicto. Sadam había vendido a compañías francesas la mayor parte de los derechos sobre su petróleo. Cuando los estadounidenses se enteraron, recordaron los sufrimientos de la primera Guerra del Golfo y se pusieron ciegos de ira: no permitiremos —dijeron— que nosotros pongamos los muertos y otros se lleven los beneficios. Gracias a la alta calidad de sus fuentes, Martínez y Bernal encontraron las piezas del puzle que les faltaban para entender la situación: por motivos distintos a los de Francia, pero también económicos, Rusia y Alemania estaban interesados en que el dictador siguiera al frente del país y no hubiera invasión. Nadie era completamente honesto en su posición pública con respecto a Irak.

Tras las declaraciones de Aznar a favor de la guerra, la situación personal de los dos espías cambió radicalmente en los meses anteriores al inminente ataque. La supuesta amistad entre Irak y España pasó a ser una quimera. Los informantes que tanto tiempo les había costado conseguir empezaron a recelar de ellos. Los dos pasaron a convertirse en objetivo de los partidarios de Sadam. Retornaron a Madrid antes de la invasión del 20 de marzo y volvieron a Bagdad en mayo, con el país ya tomado por los militares estadounidenses. Los altos mandos del CNI los devolvieron a un destino en el que sus viejos amigos se habían convertido en encarnizados enemigos; en el que los espías de la temible Mujabarat, sumados a la guerrilla antiestadounidense, sentían que los habían traicionado y esperaban detectarlos para poder matarlos. En esta situación, su regreso fue un gran error que algunos reconocieron a posteriori, pero ninguno de sus mandos del servicio lo vio en el momento de tomar la decisión.

Durante ese verano, el Gobierno español decidió enviar tropas y aumentó la presencia de agentes del CNI. Bernal se quedó en la delegación oficial en Bagdad, y Martínez, con el agente Luis Ignacio Zanón, se fue a Nayaf, mientras que Carlos Baró y Alfonso Vega se desplegaron en Diwaniya.

El 9 de octubre tuvo lugar la primera desgracia en Bagdad. Bernal fue asesinado a la puerta de su casa, a sangre fría, ante la ausencia injustificable del guardia de seguridad que debía prestarle protección. La insurgencia quería vengarse de Bernal, Martínez y los demás espías españoles: según su punto de vista, les habían hecho creer que eran sus amigos y luego los traicionaron al alinearse con Estados Unidos. Nadie pareció entender en el CNI el significado de este asesinato, el mensaje que alguien les mandaba, hasta mucho tiempo después, cuando ya era tarde. O si lo entendieron, lo cual también es probable, prefirieron mirar hacia otro lado.

Los agentes del CNI destinados en Irak empezaron a recibir amenazas, especialmente Martínez y su nuevo ayudante Zanón, pero ni ellos ni sus compañeros del otro equipo, Baró y Vega, cejaron ni un momento, en los siguientes meses, en su afán de proteger a las tropas españolas, buscar el paradero de Sadam Husein y conseguir información sobre los grupos insurgentes.

El 26 de noviembre, otros cuatro agentes llegaron a Irak: José Merino, José Carlos Rodríguez Pérez, José Lucas Egea y José Manuel Sánchez Riera. Iban a permanecer menos de una semana en un viaje de reconocimiento del terreno previo a la misión que comenzarían a principios del año siguiente, en sustitución de los cuatro compañeros que estaban allí.

El sábado 29 de noviembre, según el plan previsto y aprobado por su jefe, el teniente coronel Jorge, los cuatro agentes destinados y sus relevos fueron a Bagdad para cumplir diversos trámites. Un día tranquilo que aprovecharon para hacerse fotos como recuerdo de su estancia en el que era el país más conflictivo del mundo.

Un rato antes de lo previsto, los ocho se repartieron en sus dos todoterrenos, un Nissan Patrol blanco y un Chevrolet Tahoe azul. Desgraciadamente, ninguno de los vehículos estaba blindado, un error del que se darían cuenta tarde. Debían recorrer doscientos kilómetros por carretera. Podían haber viajado por separado, pero habían acordado con el teniente coronel Jorge que harían el trayecto juntos porque así tendrían más posibilidades de hacer frente a un ataque. Una decisión que algunos expertos militares nunca han comprendido.

Unos cuarenta minutos después de salir de Bagdad, tras el todoterreno que conducía Vega, que iba siguiendo a unos centenares de metros al de Martínez, apareció un Cadillac blanco que hizo una extraña maniobra de adelantamiento, acompañada del fuego de fusiles de varios de sus cinco ocupantes.

Vega pisó el acelerador, evitó la primera embestida y consiguió evadirse de sus perseguidores. A toda velocidad adelantó al vehículo de sus compañeros para avisarles del ataque y ganar tiempo para situarse en posición de tiro lateral, algo que no consiguió. Martínez, al volante del otro todoterreno, apenas tuvo segundos para reaccionar y fue el primero en morir. Sentado detrás de él, Lucas Egea recibió un tiro en la cabeza. Las ráfagas de kalashnikov destrozaron también las ruedas y el vehículo fue a parar de mala manera al arcén.

El sedán blanco persiguió al otro todoterreno, al que dio caza consiguiendo idéntico resultado: asesinaron al conductor Vega e hirieron en el estómago al espía que estaba sentado detrás de él, el comandante Rodríguez Pérez. El coche se quedó sin mando, se salió al arcén y quedó atrapado en una hondonada enfangada.

El Cadillac de los atacantes frenó en seco en mitad de la calzada y sus ocupantes continuaron disparando a discreción. Los cuatro agentes que no habían sufrido daños saltaron de los vehículos y repelieron la agresión con sus pistolas, lo que hizo retroceder a los insurgentes, que abandonaron la escena y se perdieron en Latifiya, una ciudad cercana al lugar de la agresión.

Merino, ayudado por Zanón, llevó su vehículo lentamente al encuentro del otro para reagruparse. Se encontraron con Baró, que tomó el mando de la operación. Dejó a los heridos en los todoterrenos y llamó al número de teléfono del teniente coronel Jorge.

—¡Mierda, nos han atacado! —gritó—. Tenemos por lo menos dos muertos. Avisa a la brigada, que manden helicópteros.

La tensión también era evidente en el receptor de la llamada, que en ese momento —era sábado— estaba… en El Corte Inglés de compras. No había plan de respuesta frente a un ataque. La comunicación se cortó.

Los agresores se habían guarecido en dos casas bajas próximas al terreno donde yacían los dos vehículos averiados. Desde su parapeto hacían fuego con ametralladoras y lanzagranadas. Baró sacó el único subfusil que disponían —algo también incomprensible— y repitió la llamada al coordinador en Madrid.

—¡Hay cuatro muertos… o tres! Te damos nuestras coordenadas.

Sin pensárselo dos veces, le pasó el Thuruya a Zanón, pero la comunicación se interrumpió de nuevo.

Todos los agentes fueron cayendo. Baró fue alcanzado por el fuego enemigo. Poco después fue Merino el que resultó herido. Zanón, un militar sin una preparación de combate especial, dio muestras de una desbordante valentía optando por quedarse con Merino, herido de gravedad, aún a sabiendas de que eso supondría su muerte. Sánchez Riera, por el contrario, optó por buscar una salida. Cruzó al otro lado de la carretera y se escondió en unos matorrales, alejado del fuego enemigo. No contaba con que algunos iraquíes que habían parado sus coches para contemplar la matanza se acercaran a él para lincharlo. La suerte que había sido esquiva a sus compañeros le favoreció a él. Un hombre bien vestido se le aproximó y lo besó en la cabeza. La turba se frenó. El hombre, un notable de la zona colaborador del espionaje inglés, había hecho el gesto de amistad para que todos supieran que estaba bajo su protección. Los mismos que un momento antes le golpeaban, le ayudaron a levantarse y lo metieron en un taxi salvador.

El 2 de diciembre se celebró el funeral en la sede del CNI. Estuvieron presentes las principales autoridades del Estado, encabezadas por los reyes, el príncipe y el presidente del Gobierno José María Aznar. Don Juan Carlos impuso a los fallecidos la Cruz Oficial de la Orden del Mérito Civil a título póstumo. Un momento emocionante que no lo fue para todos.

El motivo era que los fallecidos eran militares y muchos de los allí presentes echaron en falta una condecoración militar. Esta llegó tiempo después, la Cruz al Mérito Militar con distintivo amarillo. Un reconocimiento escaso justificado por el incomprensible hecho de que el gobierno del PP seguía defendiendo que en Irak no había guerra. La decisión fue corregida cuando el PSOE llegó al poder y el nuevo ministro José Bono la sustituyó por la Cruz al Mérito Militar con distintivo rojo.

Las peticiones públicas de una explicación por los asesinatos llevó al responsable político del CNI, el ministro de Defensa Federico Trillo, a anunciar que «los presuntos autores del ataque a los españoles fueron detenidos diez días después en una acción conjunta entre fuerzas de la Coalición y la Policía iraquí».

Esa notificación le sirvió para salir del paso con efectividad, pero la realidad fue otra bien distinta. Las tropas de Estados Unidos habían organizado una operación en Latifiya contra grupos resistentes, pero su objetivo no fue capturar a quienes les tendieron la trampa a los españoles. Los familiares de las víctimas siguen esperando una explicación.

Unos meses después, el 22 de marzo de 2004, soldados españoles destinados en Diwaniya detuvieron a Flayeh Abdul Zarha Anyur al Mayali, que durante varios años había sido el traductor de Alberto Martínez. Lo interrogó personal del CNI durante cuatro días sin conseguir arrancarle una confesión inculpatoria. Al Mayali denunciaría posteriormente que esos días le colocaron una capucha en la cabeza, le impidieron dormir y lo sometieron a insultos e interrogatorios constantes. Posteriormente fue entregado a las autoridades estadounidenses, que lo tuvieron once meses encerrado. Como siguieron sin encontrar pruebas, lo pusieron en libertad sin cargos.

El 14 de julio de 2004, en la sede central del CNI en Madrid, el ministro Bono inauguró un monumento, una llama de bronce colocada sobre un muro de acero, con los nombres de los ocho asesinados en Latifiya y Bagdad. Ocho agentes que hicieron un trabajo inmejorable, cuya información de primera mano el gobierno de Aznar no tuvo en cuenta y prefirió creerse los datos que le aportaron la CIA y el MI6. Años después se demostró que los informes del espionaje de Estados Unidos y Gran Bretaña estaban manipulados para facilitar la decisión política de llevar a cabo la invasión. Los del CNI, no.

Alberto Martínez, un jefe de delegación inigualable

*E*l trabajo de los agentes destinados en el extranjero tiene características muy distintas al que realizan sus compañeros en España. Exige un curso especial de varios meses en el que se empapan de la cultura local y de las técnicas especiales imprescindibles para llevar a cabo un trabajo de espionaje que les exigirá unas medidas de precaución extremas.

Si el destino está en un país occidental —Estados Unidos, Francia...—, donde las relaciones se establecen más en despachos que en calles tenebrosas, la labor suele resultarles cómoda y gratificante, y hay peleas por acceder a un puesto.

La exigencia varía cuando el país está políticamente alejado de nuestros hábitos culturales, su gobierno es conflictivo y no está en la lista de amigos o aliados —Rusia, Marruecos...—. Son delegaciones conflictivas, exigen un alto nivel de capacitación técnica para evitar la permanente mirada escrutadora de la contrainteligencia local, pero con mucha preparación los resultados pueden ser buenos.

Y existe un tercer tipo de destino que hace que los anteriores parezcan algo similar a vivir en el cielo: las delegaciones en países poco o nada desarrollados, con un activo conflicto interior, en los que la vida humana no vale un centavo —Senegal, Irak...—. El elegido debe ser valiente, asimilar que va destinado a la selva más hostil y que para conseguir cumplir con éxito su misión tendrá que exponer su vida un día sí y otro también.

Estos últimos son los agentes del CNI que deben tener una mejor preparación y disponer de la moral más alta. Su vida es especialmente agria y por eso, en teoría, los seleccionan entre los mejores. Alberto Martínez, destinado en Irak, representó al principio el ejemplo de jefe de delegación del segundo tipo, el que debe moverse en ambiente hostil en un país alejado de las costumbres occidentales. Más tarde se vio inmerso en el tercer tipo, en el que el espía no se amedrenta frente a situaciones extremas y acepta cumplir su misión en la opción más conflictiva, durante una guerra declarada. Su vida personal, su formación, sus anhelos, su trabajo diario ayudan a comprender qué clase de agentes —no todos son como él— tiene actualmente La Casa en muchas de sus setenta delegaciones.

Alberto Martínez comenzó el 17 de junio de 2000 su primer destino en el extranjero. Ese día llegó a Irak para hacerse cargo de la consejería de Información de la embajada española, un cargo con protección diplomática que amparaba a un espía acreditado ante la Mujabarat, el servicio secreto local. Sus antecesores —él no lo sabía todavía— no se habían complicado mucho la vida en un país hostil y tampoco los acontecimientos les habían obligado a correr riesgos ante la permanente vigilancia del espionaje de Sadam Husein, uno de los más crueles del mundo.

Él no era así. No entendía un destino en el extranjero como una posibilidad de ganar más dinero y llevar una vida de lujo sin pisar callos para que no lo pillaran entrometiéndose en asuntos ajenos y lo expulsaran. Su constancia y responsabilidad convertirían sus casi tres años y medio de estancia en el país en un calvario en el que lo dio todo para conseguir esa información oculta que sus jefes del servicio de inteligencia y el gobierno le demandaban. Otra cosa fue que no valoraran adecuadamente sus informes y el durísimo trabajo de investigación que a la postre le costó la vida.

Martínez era comandante del Ejército de Tierra cuando aterrizó en Bagdad. El esfuerzo, la disciplina y las ganas de prosperar las llevaba en el ADN de su sangre asturiana. Hizo una carrera militar que lo acreditaba. Primero ingresó en la Academia General Básica de Suboficiales hasta obtener el grado de sargento y tres años después hizo lo propio en la Academia General Militar hasta salir de teniente.

En 1991, estando destinado en un regimiento de Valladolid, su pundonor y brillante laboriosidad indujo a un compañero a proponer su nombre en el CESID para que lo captaran como oficial de inteligencia. Martínez no estaba muy convencido de que un trabajo civil le gustara, pero superó las pruebas y el posterior curso de cinco meses antes de poder ingresar.

Consiguió un destino en Valladolid, donde vivía desde hacía

tiempo con su mujer y el hijo de ambos. Al principio se entusiasmó con su trabajo y se estresó por la dificultad de sus nuevos cometidos. Lo vivía con intensidad, como todo lo que hacía, y a veces lo pasaba mal. Se entregaba al cien por cien y necesitaba ver los resultados de su labor. Pero la ciudad se le terminó quedando pequeña para su profesión, por lo que se sacó la diplomatura de Derecho y comenzó a estudiar inglés. Quería ampliar su horizonte y un puesto en el extranjero se le antojó como algo apetecible. Sustituir el uniforme militar por el traje de paisano que siempre llevaba como espía le había supuesto un apasionante incentivo.

En 1999 decidió dar el paso, habían pasado seis años desde que ingresó en el CNI y ya podía salir al extranjero. Seleccionó una lista de vacantes que se producirían en los meses siguientes, entre las que estaban Estados Unidos e Irak. El 30 de noviembre de 1999 regresó a casa para comer y le dijo a Charo, su mujer: «Hemos tenido mala suerte, me ha tocado Irak».

Un poco decepcionado por no haber conseguido Washington, nada impidió que se volcara en la preparación de su nuevo destino. Empezó a estudiar árabe, perfeccionó su inglés e hizo un curso específico de tres meses en el CNI para conocer todo lo posible de su nuevo cometido y del Irak en el que iba a moverse. Como cada proyecto que emprendía, lo vivió con una intensidad total, entregándose en cuerpo y alma a él, quitando tiempo a su familia.

Lo que Alberto Martínez se encontró en Bagdad debió decepcionarle bastante. Sus antecesores no habían tejido una red de colaboradores adecuada para conseguir la mejor información posible. Un espía que carezca de ella no puede saber lo que se mueve en las alcantarillas del poder local, y en consecuencia, le es imposible responder con la máxima confianza a los requerimientos de sus jefes en Madrid. Motivo de más para que Alberto se volcara en su nueva tarea. Trabajaba todas las horas de todos los días. Solo descansaba para ir a clase de árabe, la única limitación que sentía.

El primer año fue intenso y agrio. No tenía a su familia con él y sufría los efectos de la soledad. Trabajaba tanto que no pensaba en los suyos para no aumentar su sufrimiento. Por suerte, todo cambio en agosto de 2001. Pudo llevarse a su mujer y a su hijo, con lo que consiguió un tiempo para desconectar y dedicarse a sus asuntos personales.

Como una gran parte de los delegados del CNI en el extranjero, la familia Martínez vivía en un barrio elegante, cercano al que albergaba las principales embajadas en Bagdad. Ya lo habían preparado antes de salir para lo que sería una constante en su vida diaria

en un país hostil: la Mujabarat lo tenía permanentemente controlado con un equipo que lo seguía allí adonde fuera la mayor parte
de los días. Incluso los fines de semana, cuando salía con su familia, un coche lo seguía por si aprovechaba la jornada de asueto para
reunirse con sus fuentes. Cuando sonaba el teléfono de su casa y
nadie respondía, le quitaba importancia ante su mujer e hijo, aunque sabía que era una llamada de la Mujabarat para confirmar que
seguía allí.

Ese permanente control no le impidió establecer una red de
contactos en Irak que el CNI nunca había tejido. En parte, gracias a
su segundo, José Antonio Bernal, un ayudante muy especial, con el
que se entendía a las mil maravillas y que participaba activamente
en la búsqueda de información. Además, su mujer, que había llevado mal la soledad en Valladolid, se encontró en Bagdad con la esposa de Bernal, con la que hizo buenas migas. A raíz de los atentados en Estados Unidos del 11-S de 2001 la situación personal se les
complicó a todos por el ambiente general que se respiraba en Irak
contra los occidentales. El resto de los familiares de los diplomáticos españoles fue abandonando poco a poco la capital. La mujer de
Alberto decidió que aguantaría ese curso.

Según fueron pasando los meses, Martínez empezó a moverse
con seguridad por las peligrosas calles de Bagdad y de cualquier
ciudad iraquí. Era un espía y su trabajo debía ser arriesgado. Al volante de su Nissan blanco, iba de un lado a otro para mantener entrevistas con sus contactos en todos los grupos religiosos o laicos
del país. Antes de salir de casa, nunca olvidaba esconder su pistola
en el cinturón y hacerse acompañar por la prudencia. Aprendió a
no fiarse de nadie, sin que eso le impidiera acudir a cuantos sitios
consideraba oportunos. Un comportamiento que enseñó a su ayudante Bernal, que mantenía sus propios contactos. Entre los dos te-
jieron una red de colaboradores impresionante, en la que había
unos cuantos que les ayudaban a cambio de dinero.

La situación dio un giro definitivo cuando Estados Unidos, amparándose en la ONU, promovió la sospecha de que Sadam estaba
fabricando armas de destrucción masiva. Alberto y su fiel José Antonio se lanzaron a contrastar esa información. Movieron a sus
confidentes, indagaron por todo el país, tomaron nota con la debida
precaución de las informaciones que les filtraba la Mujabarat y al
final descubrieron que todo lo que se estaba contando desde Occidente era falso.

Los dos se quedaron de piedra cuando en los meses que siguieron oyeron a los máximos dirigentes de Estados Unidos y Gran

Bretaña mantenerse en sus trece. Y aún más cuando el propio presidente Aznar defendió exactamente lo contrario de lo que ellos habían demostrado en sus informes.

El trabajo se complicó especialmente en esos meses. Las fuentes que tanto tiempo les había costado conseguir empezaron a recelar. Les había quedado claro que la supuesta amistad que ellos habían vendido entre Irak y España era una quimera. Algunos de sus contactos les pidieron que los ayudaran a salir del país y les dieran cobijo en España. Martínez intentó gestionar para algunos la residencia en Madrid, pero sus jefes en el CNI no lo apoyaron. Iba a comenzar una guerra y muchos temían por su vida, pero Alberto no logró el respaldo de sus superiores, lo que lo dejó en una postura delicada con sus fuentes iraquíes.

El carácter luchador de Alberto Martínez lo llevó a intentar quedarse en el país cuando comenzaran los bombardeos de los aviones estadounidenses. No lo consiguió: él y Bernal recibieron la orden de salir cuando lo hubieran hecho el resto de españoles de la embajada. Ambos regresaron a Madrid y se integraron en la célula de crisis. Por teléfono hablaban con sus colaboradores y recogían la información de lo que estaba pasando. El comandante no les dijo a muchos de ellos que estaba en la capital de España y les hizo creer que residía en la cercana Amán, la capital jordana.

Fue una etapa intensa, en la que pudo disfrutar de su mujer y su hijo. En casa nunca hablaba de espionaje. «Era hermético por deformación de trabajo —contó su mujer— y para que no me preocupara. Me solía decir: "Cuanto menos sepas, mejor, Charo"».

Martínez supo desde su llegada a España que en cuanto acabara el conflicto regresaría. Le faltaban unos meses para cumplir los tres años de destino en Bagdad y sabía que le tocaría cumplir con su obligación. Lo hizo consciente de que el nuevo Irak era muy distinto del que se encontró al llegar. Tendría que extremar las medidas de seguridad y recuperar en lo posible a sus fuentes, muchas de ellas disgustadas por el comportamiento que había tenido España.

Así lo hizo, en compañía de su fiel Bernal. Nada más instalarse de nuevo en Bagdad, contrataron guardias de protección iraquíes para sus domicilios, los únicos lugares donde estaban desprotegidos ante alguna trampa. Retomaron su complicado trabajo arriesgando el pellejo porque eran conocidos y habían pasado a tener muchos enemigos, pero sabían que nadie se movía por el país como ellos.

A veces, los enemigos parecían ser los propios estadounidenses. Un día que iban los dos en el coche de Alberto, estos los detuvieron en un control de carretera. Los hicieron bajar y les pidieron la documentación. Ambos enseñaron su acreditación oficial, pero el soldado americano les dijo que debían entregarle sus armas, pues nadie podía llevarlas. Alberto se puso furioso, pero Bernal lo calmó: «No vamos a conseguir nada, estos son cuadriculados y se limitan a cumplir escrupulosamente las órdenes que les han dado». Se fueron sin sus pistolas y presentaron una queja diplomática. Tiempo después les enviaron dos pistolas a estrenar, pero no eran las suyas.

Alberto estuvo dos meses en Irak dedicando su escaso tiempo libre a pensar en el nuevo destino que pediría a su regreso a España. Su aspiración era irse con un cargo de responsabilidad al País Vasco, otro sitio de acción, en el que esperaba rentabilizar la amplia experiencia que había adquirido. Pocos habían estado como él luchando con enemigos tan peligrosos y con tan buenos resultados.

En principio, debía regresar a España a finales de junio, pero un retraso en la llegada de su sustituto lo obligó a posponerlo hasta el 19 de julio. Ya sabía que el destino que le había concedido la dirección del CNI era Bilbao, pero no como jefe, lo que él deseaba y sin duda merecía.

No obstante, llegó feliz por poder pasar una larga temporada con su familia. Habían sido unos años complicados, pero todo había quedado atrás. El relax le duró tres días. Una llamada telefónica del responsable en Madrid de la operación en Irak lo trastocó todo. Habían decidido, por necesidades del servicio, volver a mandarlo a Irak seis meses en una misión de contrainteligencia en Nayaf para proteger a las tropas españolas que el gobierno había decidido enviar a la zona. El CNI no tenía a nadie tan preparado, ni siquiera la mitad que Martínez. Se le iluminó la cara. Lo necesitaban y era su deber acudir.

Le prometieron que no tendría que incorporarse hasta septiembre, pero al final le iban a adelantar el viaje al 13 de agosto, sin que hubiera podido disfrutar de todas sus vacaciones. La víspera estaba en una terraza de un bar de Gijón cuando lo telefoneó su superior para cambiar los planes. Alberto se quejó —«esto no es lo que habíamos pactado»—, aunque al día siguiente regresó a Irak.

En esta ocasión a Kufa, a pocos kilómetros de Nayaf, para intentar garantizar que los soldados españoles de la Brigada Plus Ultra no sufrieran atentados, para lo que tendría que utilizar a sus contactos entre los grupos chiíes, que estaban enfrentados entre sí.

Allí se encontró con el otro equipo, formado por el comandante Carlos Baró y el sargento Alfonso Vega, que llevaban un mes en Diwaniya, y con su nuevo ayudante, el radiotelegrafista sargento del Ejército del Aire Luis Ignacio Zanón. Los cuatro deberían ser los ángeles de la guarda de los 1200 soldados españoles.

Martínez se instaló en un pequeño dormitorio en las instalaciones que ocupaba la Brigada Plus Ultra, en peores condiciones que cuando estaba destinado en Bagdad. El 5 de octubre fue a visitar a su amigo Bernal a su casa de dos plantas y le pareció que él sí que vivía bien.

Fue la última vez que estuvieron juntos. Cuatro días después, José Antonio fue asesinado en las cercanías de su casa. Martínez lo vivió como un drama personal. Habían compartido tantos momentos buenos y malos que aquello le abrió una herida profunda. No pensó en sí mismo, pero tampoco se engañó: los enemigos que los dos habían hecho en Bagdad también lo perseguían a él. Su mujer, en Valladolid, lo tenía claro: «Yo sabía que Alberto había destacado mucho y era su objetivo. Desde el primer año estaba fichado porque se implicaba mucho en su trabajo de investigación y era persona non grata para el servicio de inteligencia de Sadam. Me dijo irónicamente que le habían sacado tarjeta roja y que se sentía en el punto de mira».

Martínez no fue el único que supo interpretar el asesinato de Bernal. En la sede central del CNI vieron el peligro que lo acechaba, pero decidieron mantenerlo en Irak porque nadie como él conocía lo que allí estaba pasando. Se dejó un amplio mostacho, cambio su fisonomía y le prohibieron regresar a Bagdad. Vestido con una túnica —debajo de la cual siempre escondía su pistola—, parecía un iraquí más. Por su cabeza nunca pasó la idea de pedir el traslado. Tenía una misión y pensaba cumplirla.

Tampoco le dio vueltas al sufrimiento que le produjo la muerte de su amigo y trabajó, si era posible, aún más. Ni siquiera renunció a la misión, que había comenzado al regresar a Bagdad, de buscar el paradero del desaparecido Sadam Husein. Él y Bernal habían facilitado pistas para cazar a los hijos, acostumbrados a una vida de lujo y mujeres, y no a esconderse en un hoyo. Pero lo del padre resultó más rocoso. Desde que llegó a Nayaf, no formaba parte del trabajo de Martínez, pero sabía que para conseguir pacificar el país era imprescindible dar caza al dictador. Esta misión molestó a sectores iraquíes cercanos a los servicios secretos de Sadam, que habían mantenido su estructura tras la invasión de Estados Unidos. Martínez sabía que estaba en su punto de mira, pero para él su trabajo estaba por encima de todo. Tenía una gran confianza en sí mismo, basada en su gran experiencia en un país que conocía como la palma de su mano.

La información que enviaba a España seguía siendo de alta calidad. En octubre les adelantó que los grupos armados disponían de un mando central, al menos en Bagdad, y que muchos de los atentados suicidas eran llevados a cabo por extranjeros que estaban entrando ilegalmente en el país. Pero les tranquilizaba sobre las tropas españolas. Pensaba que corrían peligro, como todos los militares extranjeros, pero que en su zona de actuación no existía una gran resistencia.

A pesar de su ingente trabajo, Martínez estaba molesto con sus jefes de Madrid. Discutía cada vez más con ellos, se sentía incomprendido, pensaba que no le agradecían el esfuerzo que estaba realizando y comenzaba a hartarse de su proceder. Le mantenía con ánimo pensar que en pocas semanas podría regresar a Valladolid y compartir unos días de descanso con su mujer y su hijo.

El 11 de noviembre, Martínez regresó a España con dos semanas de vacaciones. En este tipo de destinos no existen horas libres, se trabaja de lunes a domingo, todo el tiempo que haga falta. Disfrutó enormemente de su estancia en Valladolid, donde celebró su 45 cumpleaños. «No estaba decaído —recordaba Charo, su mujer—. Había echado cuerpo, aunque estaba algo irreconocible por su transformación obligada: se dejó un gran mostacho, se embutió en la túnica local y le habían salido canas. La verdad es que los dos habíamos envejecido mucho en los tres años de estancia en Irak.»

El 25 de noviembre regresó al país en guerra. Le quedaba un mes más de misión y luego regresaría definitivamente a España. Era el último empujón. Con él aterrizaron los cuatro agentes que se estaban preparando para reemplazar a los dos equipos destinados a proteger a las tropas españolas: Rodríguez, Merino, Lucas Egea y Sánchez Riera. Iban a estar una semana visitando los puntos estratégicos del país, contactando con los servicios de inteligencia aliados y conociendo a sus fuentes de información.

Invirtieron tres días en algo semejante a una visita turística, que sacó de la rutina a los cuatro agentes allí destinados. La mañana del sábado 29 de noviembre los ochos agentes la pasaron en Bagdad visitando organismos internacionales, comieron con personal de la embajada y por la tarde emprendieron viaje a Diwaniya y Nayaf. Se repartieron en dos todoterrenos. Martínez se subió al volante del que iba a ir por delante. Diez minutos después de dejar atrás la localidad de Mahmudiyah, fueron atacados por la resistencia. Alberto fue el primero en ser asesinado. En la siguiente media hora lo serían otros seis de sus compañeros. Solo uno se salvaría.

Nadie había hecho tanto por España en Irak como Alberto Martínez. Se puede afirmar que ha sido uno de los mejores delegados en el extranjero que ha tenido el CNI, a pesar de que nunca durante los casi tres años y medio que estuvo allí se lo reconocieran. Su verdadera valía quedó al descubierto tras su asesinato y el de sus compañeros: no hubo nadie capaz de retomar ese trabajo con la misma calidad durante años.

Carlos Baró, el James Bond que fotografió a los miembros de Al Qaeda

Carlos Baró representa un perfil distinto al de Alberto Martínez. Los dos fueron militares amantes de su profesión y el riesgo, aunque el primero siempre se inclinó por unidades más guerreras. Mientras Martínez fue un oficial de inteligencia, Baró perteneció a la unidad operativa, cuyos agentes se pasan el día en la calle desempeñando las misiones más arriesgadas, aquellas que exigen una preparación y unos medios técnicos especiales. Los dos coincidieron, posiblemente por primera vez, en Irak.

Miles de militares tienen que pasar su carrera castrense con una nota en su expediente que reza «El valor se le supone», ante la imposibilidad de participar en batallas donde demuestren su pundonor y valentía. No es que no lo tengan, es que no han podido contrastarlo. Para ellos, Baró no solo llevó una carrera militar ejemplar, sino que demostró en combate atesorar los valores que aprendió en la academia castrense.

Carlos pertenecía a una familia militar. Su padre, que murió de cáncer muchos años atrás, no era el único uniformado. Su tío, el teniente coronel Javier Baró y Díaz Figueroa, murió en 1993 en un atentado de la banda terrorista ETA en el que fallecieron siete personas. Cuatro años antes, otro de sus tíos, el jesuita Ignacio Martín Baró, fue asesinado en la Universidad de El Salvador cuando defendía a los más desprotegidos.

Estos antecedentes sembraron la personalidad de Carlos, que consiguió las dos estrellas de seis puntas de teniente en 1991, tras su paso por la Academia General Militar de Zaragoza. Nunca pensó en llevar una carrera tranquila, sino que soñó con desempeñar los más peligrosos puestos de combate. Nada de regimientos sencillos, él quería estar en primera línea. Se hizo paracaidista y de operaciones especiales, las dos especialidades más complicadas del Ejército. Estuvo en el Regimiento Príncipe de Cabo Naval, en Asturias, donde un soldado recordaba posteriormente que «todo el mundo lo imitaba. Los soldados jóvenes querían ser como él, era el mejor».

Su etapa militar acrecentó su carácter amable, según recuerda un compañero militar: «Nos presentaron una noche en Madrid y acabamos de madrugada brindando por la Legión con chupitos de bourbon. Él era un cadete de segundo curso en la Academia General Militar y yo un opositor sin pena ni gloria; sin embargo, conectamos enseguida. Al final de la noche me dio una colleja cariñosa y, sacando sus llaves de un llavero legionario desconchado, me dijo: "Era de mi padre; cuando ingreses, me lo devuelves" [...]. Con el tiempo intenté devolvérselo varias veces pero nunca me lo permitió».

Con ese espíritu guerrero, no es de extrañar que en octubre de 1998 entrara en la División de Acción Operativa del entonces CESID. Trabajar diariamente con la tensión que conlleva el espionaje era sin duda un gran estímulo para Baró, y una suerte para el servicio de inteligencia. Esas personas que llegan con una formación tan alta son las que busca cualquier agencia de espionaje, los candidatos especiales, capacitados para obtener información en cualquier situación por arriesgada que sea. Además, atesoraba otras cualidades: hablaba francés e inglés y había estado trabajando en Unprofor, las fuerzas de protección de las Naciones Unidas en la antigua Yugoslavia.

Fue muy feliz en esa etapa, no solo por su trabajo, sino porque se enamoró de una guapa y encantadora chica que le hacía enormemente dichoso y con la que pensaba casarse. No le contaba nada de su trabajo diario, pero compartía con ella su pasión por la vida militar y el espionaje. Incluso cuando vio en la biblioteca de su chica libros sobre el servicio secreto de Fernando Rueda, los devoraba y la animaba a que le preguntara al periodista por determinados detalles que aparecían, algo a lo que ella siempre se negó.

En 2003, llevado por su espíritu combativo, no dudó en pedir una de las plazas que se habían convocado en el CNI para prestar servicio en Irak con la misión de proteger a las tropas españolas que se iban a desplegar tras la ocupación estadounidense.

En julio partió junto con Alfonso Vega a Diwaniya, una de las dos bases de la Brigada Plus Ultra. Su trabajo consistía en conocer lo que se cocía en la zona, qué grupos ganaban poder y cuáles lo perdían, y conseguir acuerdos con ellos para evitar que entre sus objetivos estuvieran las tropas españolas. Además, tenía que localizar los grupúsculos terroristas y adelantarse a los atentados que pudieran montar. También tendría que tejer una red de colaboradores, a cambio de dinero o favores, que le alertaran de cualquier noticia que se produjera entre grupos religiosos, terroristas o en los servicios secretos todavía activos de Sadam. Eso sí, intercambiando información con la CIA y el MI6 para ampliar en lo posible el radio de su actuación.

Diestro en el riesgo, jugando con la ventaja que da moverse en soledad, seguro de sí mismo tras haber pasado tantas y tantas pruebas límite durante su etapa en el Ejército y en los años que llevaba en el CNI, se lanzó sin complejos a la misión de salvaguardar la vida de las tropas españolas.

En cada una de sus acciones se jugó la vida. En cualquier momento podía ser descubierto, pero nada le impidió cumplirlas con brillantez. Él mismo resumió su trabajo en Irak en una carta dirigida a sus más íntimos el 6 de octubre de 2003: «Querida familia: aquí todo sigue normal, es decir todo lo normal que puede ser la vida de un espía en Irak. Lo recordaré como el año que comí arroz con pollo unos días y pollo con arroz otros, que compré un taxi de 1979, perseguí a espías del legendario y temible servicio secreto Mujabarat, compré voluntades entre los jeques de una tribu, hice fotografías a los miembros de Al Qaeda desde mi taxi cuando salían de la mezquita, me entrevisté clandestinamente con líderes chiitas radicales, traté con traficantes de armas, asesinos a sueldo, recorrí Bagdad a ritmo de Sabina, compré un coche de los fedayines de Sadam con varias matrículas, me confeccioné la documentación de mi propio coche, desayuné higaditos de pollo con huevos duros y pan, bebí cerveza camuflada en lata de refresco, fotografié casas seguras de leales al régimen desde un helicóptero, vestí como un árabe, conduje peligrosamente y sin matrículas, merendé dátiles con Coca-Cola, viví a 57 °C, bebí cinco litros de agua al día sin mear ni gota, aprendí lo importante que es tener electricidad, viajé siempre con las armas preparadas…»

Su estancia en la tierra que perteneció a Sadam fue intensa y se vio truncada el 29 de noviembre por el atentado que le costó la vida junto a otros seis compañeros. Fueron atacados por un número superior de enemigos, con armas de larga distancia, entre ellas un lanzagranadas, ante las que no tenían respuesta equiparable ya que portaban solo pistolas y un fusil. En el primer embate, dos de ellos murieron y otros dos resultaron heridos sin solución. Obligados a abandonar los vehículos en que viajaban y resguardarse en el terreno, fueron cercados y llegaron a ese punto límite que separa una actuación militar razonable de una heroica.

Baró tomó el mando tras ser acribillado a balazos Martínez, el jefe natural, impartió rápidas órdenes desplegando por el terreno a sus compañeros vivos, telefoneó a sus mandos para pedir ayuda, se lanzó al suelo en primera línea de combate y no paró de disparar contra los enemigos. En ningún momento pensó en la huida dejando atrás a los heridos, la única forma de salir de aquel infierno provocado por los ataques de rebeldes iraquíes. Murió luchando, defendiendo la posición más adelantada, sin que por su cabeza pasara otra opción.

En Madrid, Baró tuvo dos funerales bien distintos. El primero, compartido con los agentes asesinados, fue de carácter civil, en la sede del CNI, con la presencia de las máximas autoridades del Estado. El segundo, él solo con sus íntimos, de carácter más castrense. En este, la familia pidió a los militares presentes, que tantos buenos ratos habían compartido con él, que cantaran *El novio de la muerte*, el himno de la Legión.

El acto final no había llegado todavía. Baró le había pedido a su hermano que si algún día le pasaba algo quería que sus cenizas fueran esparcidas por sus compañeros paracaidistas, con los que frecuentemente quedaba para saltar en las afueras de Madrid. Su hermano les pidió ser él quien abriera la urna a cientos de metros de altura, para lo que saltó desde un avión agarrado por uno de los incondicionales amigos de Carlos.

Fue su última voluntad, a la que tiempo después le siguió un homenaje que le habría encantado especialmente. Su admirado Joaquín Sabina, cuyas canciones lo acompañaban mientras perseguía sospechosos por Irak, le hizo una poesía que incluyó en su libro *A vuelta de correo*: «Mi hermano Carlos —escribe el cantautor— tenía, como todos los agentes secretos, un nombre en clave: Baracoa. La familia me ha autorizado a rimarlo, pero no a leer su diario. Estoy hablando de tres generaciones de agentes especiales que sabían que una tumba anónima era mejor que una estatua [...]. Maldita guerra de Irak».

> Tuve un hermano secreto en Irak,
> el más audaz, el más noble, el más fuerte.
> Cuando la suerte le dijo tic tac,
> corte de mangas le hizo a la muerte.

Besaba a jeques, comía couscous,
cada mañana era una despedida,
sabía cosas que ignoraba Bush,
le hicieron una chilaba a medida.

Y cómo lo describía,
como Borges, como Pablo,
como Pessoa.
Ni Dios lo mejoraría.
Pongamos Carlos, que hablo
de Baracoa.

Me lo imagino con tan corta edad,
Lawrence de España versus Saladino,
llevando al huerto al ladrón de Bagdad,
comprando alfombras, retando al destino.

Era mi socio aunque nunca lo vi.
Quiso vivir sin pasar a la historia,
murió por nadie, por todos, por mí.
Harto consuelo dejó su memoria.

Y cómo me defendía,
como Adán contra el diablo,
en una canoa.
Ni Dios lo mejoraría.
Pongamos, Carlitos, que hablo
de Baracoa.

Sobre las guerras del Golfo canté
con el ardor de la sangre encrespada,
con la coartada de la poca fe,
contra el horror de una muerte anunciada.

Esta oración de naranjito en flor
que me mató tan póstumo y tan tarde,
desde el diario de un gran corazón
al corazón de un cantautor cobarde.

Y todo lo deglutía,
cocinando en un establo
sin barbacoa.

Ni Dios lo mejoraría.
Pongamos, Carlitos, que hablo
de Baracoa.

JOAQUÍN SABINA, Madrid, 30 de julio de 2004
«Baracoa», en *A vuelta de correo* (Visor Libros, 2007)

VII

Inteligencia electrónica

¿El magistrado del Tribunal Supremo autorizó que penetraran en mi ordenador?

Corría el mes de noviembre de 2008 cuando una fuente sin identificar del CNI me iba a meter de lleno en una guerra interna. Alguien me eligió como mensajero para hacer llegar una información a la opinión pública. Lo que ocurrió pone en evidencia el control sobre Internet del servicio de inteligencia y sus enormes capacidades para actuar en ese medio. Y me permite plantear si el control del magistrado del Tribunal Supremo afecta a todas sus operaciones o si, por el contrario, deja al margen algunas de ellas, quizás porque no considera que afecten a la inviolabilidad de las comunicaciones.

Recibí un correo electrónico de una mujer llamada María Ángeles que aseguraba seguirme con gusto, desde hacía mucho tiempo, en el programa de radio *La Rosa de los Vientos,* de Onda Cero, que dirigen Bruno Cardeñosa y Silvia Casasola. Me anunciaba que en La Casa «la situación está rozando la sublevación» y acusaba directamente, sin citar su nombre, al director Alberto Saiz: «Todo esto viene de la poca estabilidad mental y de los afanes de protagonismo de una sola persona».

No tardé mucho en confirmar mis sospechas: María Ángeles no existía, era la personalidad asumida por un agente del CNI para comunicarse conmigo. Guardé silencio sobre su mensaje e identidad ficticia, dado que su supuesta confidencia me fue de gran utilidad para interpretar los extraños movimientos que empezaron a producirse a mi alrededor a cargo de agentes y exagentes que me interrogaban, con mayor o menor discreción, sobre la filtración del cese de Agustín Cassinello como director de Inteligencia, que se produjo unas semanas antes. Algo se estaba moviendo dentro de las paredes, normalmente silenciosas, del servicio de inteligencia.

En los meses siguientes surgió en la prensa el debate sobre si el director Saiz seguiría en su puesto al cumplir los cinco años de mandato —tiempo límite— o el gobierno lo prorrogaría otros cinco. Ofrecí en la radio mi versión de que Saiz iba a ser renovado, lo que provocó que María Ángeles volviera a aparecer, con un nuevo mensaje que me encontré en mi cuenta de correo electrónico, para defender lo contrario y acusarme de estar mediatizado por el círculo del director.

Mi postura no varió un ápice tras leer sus argumentos porque disponía de información de fuentes solventes que me lo habían ratificado. Quizás por mi terquedad, volví a recibir otro *email* del personaje anónimo revestido con apariencia de mujer. Me ofrecía nuevos datos de lo mal que lo estaba haciendo Saiz y su hombre de confianza F. M. (Francisco Montes), al que en algún momento llamaba Paco. En esta ocasión, introdujo el tema de la corrupción que unos meses después acabaría con la carrera del director: «Respecto a la suciedad [de Alberto Saiz], todo se refiere a gastos exagerados destinados a asuntos propios. Tengo entendido que ya está en manos de un compañero tuyo de profesión».

Estaba claro que había una conspiración interna contra el director, que quienquiera que fuera María Ángeles —hombre, mujer o grupo de ellos— me había seleccionado, por ser un experto en el tema, para explicar el punto de vista profesional de la denuncia, pero que las pruebas de mal comportamiento personal del director se las habían enviado al diario *El Mundo*.

Desvelé en varios programas de radio la información que había podido confirmar y no tardé en recibir un mensaje de despedida en el que me alertaba de que vigilara mis «cositas como antaño o mejor, jaja. Siempre sin paranoias, pero con lógica. Me vuelvo ya a tierra extraña». María Ángeles había decidido desaparecer, regresar a las sombras de las que en realidad nunca había salido

Entendí el mensaje en todas sus dimensiones. La División de Seguridad había abierto una investigación, se había puesto manos a la obra para detectar las fuentes de los periodistas que estábamos ocupados en esa investigación. María Ángeles se había enterado y me avisaba para que estuviera al loro.

Sabía que el CNI disponía de todos los medios necesarios para acceder a mi ordenador. Otros no sé, pero si sus agentes querían descubrir la información almacenada, lo iban a conseguir. También sabía que María Ángeles no existía y que había adoptado todas las medidas de precaución necesarias para no ser descubierta. Si conocía a ciencia cierta que iban a investigarme, seguro que había ocultado su rastro para que nadie la relacionara conmigo. Decidí dejar en mi ordenador los correos sin borrar para que los encontraran con facilidad. Ya había aprendido que aunque borres algo, siempre queda una copia en algún lugar recóndito de las tripas del ordenador.

No me preocupó en ese momento descubrir si el magistrado del Tribunal Supremo adscrito al CNI habría firmado una orden para investigar al grupo de agentes que estaban filtrando información y si en la orden se especificaba mi nombre y el de otros periodistas. Me dio igual. Con orden o sin ella, iban a penetrar en mi ordenador. Además, lo harían de tal forma que no tendría posibilidades de descubrirlos, así que desconecté mentalmente. Que ellos hicieran su trabajo, yo seguiría haciendo el mío.

Unos meses después, el 14 de abril de 2009, el diario *El Mundo* publicaba: «Agentes del CNI dicen que el director utiliza el Centro en su propio beneficio». Poco después recibí otro mensaje sorpresa de María Ángeles, no me lo esperaba y carecía de sentido. Atónito lo leí varias veces antes de concluir que no lo había escrito la misma persona que me había contactado inicialmente. Era una trampa del CNI para que recuperáramos la relación digital e intentar descubrir todo lo que yo sabía de mi fuente. El lenguaje imitaba al de María Ángeles utilizando la terminología del fútbol para no mencionar al CNI y me anunciaba que quizás algún día podríamos vernos en persona. Me chocaron frases como «Por aquí andamos bien, ya que afortunadamente todo nos pilla muy lejos, no como a nuestros amigos de España» o «Un saludo, como siempre y hasta siempre». El hecho es que, habiendo descubierto la manipulación del mensaje, contesté: «¿Te conozco?». No fue muy original, pero es lo que se me ocurrió —también pensé contestar «¿Estudias o trabajas?», pero me pareció demasiado borde.

El 2 de julio, Saiz arrojó la toalla y lo sustituyó Sanz. A pesar de ello, unos meses después, el 18 de septiembre, recibí otro correo de María Ángeles con un objetivo escondido entre sus líneas. Tras darme las gracias (¿?) por mi «aportación al saneamiento del Centro», como sin darle importancia concluía ubicando dentro de Estados Unidos la ciudad desde la que me escribía. Eran de nuevo los investigadores de la División de Seguridad del CNI o los de la División Técnica: mi fuente originaria jamás se habría identificado así porque ofrecía un dato inequívoco para que la localizaran. Perseguían a alguien que estaba allí destinado y esperaban un gesto mío para implicarlo. Fue en ese momento cuando descubrí quién era uno de los agentes de los que sospechaban. No solamente habían leído mis correos, como ya sabía, sino que habían tomado posesión de la dirección de correo de María Ángeles para intentar engañarme. Entonces confirmé lo que venía indagando desde hacía tiempo: el poder del CNI en Internet no tenía límite. Son capaces de cualquier cosa. Pero ¿con o sin una orden emitida por un juez?

El espionaje invisible: el CNI habría espiado a Angela Merkel si hubiera podido

«*S*i hubiéramos conseguido el número de teléfono de Angela Merkel, le habríamos hecho una instalación remota de un *malware* y habríamos escuchado todas sus conversaciones. Lo que pasa es que quien lo consiguió fue la NSA [la Agencia de Seguridad Nacional de Estados Unidos].» El experimentado espía, con largos años de destacada actividad en el CNI, es rotundo en su afirmación con la tranquilidad de que su nombre no aparecerá junto a estas declaraciones, pero con la certeza de quien ya no tiene que simular que el espionaje es una institución angelical regida por unos objetivos que nunca se deben reconocer.

Edward Snowden, el técnico de la NSA y la CIA, se quedó espantado cuando descubrió las capacidades inimaginables, incluso para él, que tenía el espionaje electrónico estadounidense. La integridad moral le pudo, robó una ingente cantidad de datos y los filtró a la prensa en 2013 con la intención de que la presión de la opinión pública pusiera freno a ese dislate. Gracias a él, el mundo entero confirmó lo que otros antes que él ya defendían: el espionaje electrónico masivo no tiene límites en capacidades y alcance. Y nos enteramos, para escarnio general, que habían escuchado, entre otras muchas personas, las conversaciones de la canciller alemana Angela Merkel y de otros treinta y cinco líderes mundiales.

Julian Assange y su portal Wikileaks complementaron la información anterior y añadieron un nuevo factor. A principios de 2017 publicaron documentos secretos robados a la CIA que demostraban que, además del espionaje masivo e indiscriminado, disponían de herramientas informáticas capaces de lanzar ataques individuales, concretos, sobre cualquiera de sus objetivos.

El puzle estaba concluido: los servicios secretos de Estados Unidos disponían de una capacidad sin límite para controlar la vida diaria de cualquier individuo. En medio de esas polémicas, apareció el nombre del CNI. Snowden declaró a la periodista Ana Pastor, durante una entrevista emitida en La Sexta, que no solo Estados Unidos, sino también el Gobierno español utiliza el espionaje masivo.[1] Después descubrimos que el FSB, el servicio secreto ruso, piropeaba al CNI por ser muy bueno en interceptación de señales. Comentarios que disgustaron a los espías españoles, que prefieren que la opinión pública los relacione con las chapuzas de *Mortadelo y Filemón*, por humillante que pueda parecer para la imagen de su trabajo.

La realidad es que el servicio de inteligencia español dispone de medios de vigilancia electrónica sobre cualquier actividad desarrollada en nuestro país, incluso sobre lo que ocurre en otros países del globo que son de su interés, que les posibilita obtener información masiva. Y donde no llegan, la consiguen intercambiándola con sus grandes amigos estadounidenses de la NSA y la CIA.

Los ojos y oídos de La Casa han adquirido un desarrollo descomunal desde el nacimiento del CNI, gracias a la ingente cantidad de millones invertidos desde entonces en tecnología. A pesar de ello, el atraso desde el que partían y el continuo avance de la tecnología los obligará en los próximos años a seguir dedicando una parte importante de su presupuesto a este campo.

Ahora mismo, el control sobre las actividades de cualquier ciudadano llega a un extremo en el que, si el CNI lo desea, puede conocer cada detalle de la vida pública y privada de él. La asiduidad con que gran parte de los españoles se pasan el día pegados al teléfono móvil y al ordenador hacen que sean susceptibles de ser controlados. Sumado al hecho de que los más importantes archivos del Estado están digitalizados y colgados en bases de datos coordinadas por las Fuerzas y Cuerpos de Seguridad, que permiten la búsqueda selectiva de información.

Los más importantes medios de vigilancia indetectable que usa el CNI son: el espionaje masivo de las comunicaciones ejecutado por su División Técnica; los satélites espías; los drones, y el Sistema Integrado de Interceptación de Telecomunicaciones, conocido como Sitel. Los cuatro, unidos al trabajo realizado en la calle por los oficiales de inteligencia y, de una manera más discreta, por las unidades ope-

---

1. Ana Pastor entrevistó a Edward Snowden en Moscú, para *El objetivo*, La Sexta, emitido el 13 de marzo de 2016 y disponible en: http://www.lasexta.com/programas/el-objetivo/noticias/entrevista-completa-edward-snowden-objetivo-version-extendida_20160313572398a04beb28d446ffed10.html

rativas, ofrecen unos resultados espectaculares gracias a la aplicación de la «minería de datos», que facilita cruzar y seleccionar con rapidez la ingente información almacenada sobre cualquier español.

El servicio de inteligencia se rige por la ley del secreto, lo que permite que nadie conozca lo que está tejiendo entre las paredes de sus diversos edificios. Su deber es informar al gobierno sin explicar en ningún momento cómo han conseguido sus datos, de modo que el control de los excesos que pudieran cometer es nulo. La postura de los gobiernos se resume en el «Ojos que no ven, corazón que no siente».

La prueba la puso sobre la mesa en 1998 el ministro de Defensa Eduardo Serra en el Congreso de los Diputados. Se había destapado que el servicio secreto había infectado de micrófonos la sede en Vitoria de la entonces formación política legal Herri Batasuna. Serra, responsable político directo del servicio, defendió que él no tenía por qué conocer los métodos que empleaba el espionaje para conseguir la información que este remitía al gobierno sobre cualquier tema.

La División Técnica hace de todo:
el espionaje masivo y el espionaje selectivo

*E*l espionaje que terminaría convertido en un escándalo nacional se inició en 1984. Muchos creen que fue un vestigio del pasado, un error que nunca más se repetiría, pero se equivocaban de cabo a rabo. El dispositivo técnico siempre ha seguido operativo y con modernos medios tecnológicos de lo más increíbles. Es la misma idea, pero actualizada, de la que aborrecieron públicamente sus jefes políticos y todos los grupos parlamentarios provocando en 1995 la dimisión del director del servicio secreto Emilio Alonso Manglano, el ministro de Defensa Julián García Vargas y el vicepresidente del Gobierno Narcís Serra.

Ese año de 1984, tres más tarde del nombramiento del director Alonso Manglano, La Casa montó, en la entonces llamada Agrupación Operativa de Misiones Especiales (AOME), un Gabinete de Escuchas. Solo había seis agentes destinados, pero parecía un número suficiente para dar los primeros pasos en el trabajo: escuchar las conversaciones de los teléfonos móviles que se movían por Madrid, unos dispositivos a los que en ese momento solo tenían acceso la gente más pudiente e importante.

Las escuchas solo se podían hacer de una manera aleatoria, por lo que los técnicos debían rastrear el espectro de radiofrecuencias e ir identificando al que pillaban hablando para determinar si les interesaba grabarlo. Nos enteramos de esta actividad, referida a los años que iban desde 1984 hasta 1991, porque el jefe de la unidad operativa, Juan Alberto Perote, fue despedido en 1991 y se llevó el listado con una parte de las escuchas realizadas. Supimos que el servicio secreto intervenía las comunicaciones de personal diplomático de Libia, Cuba, Venezuela, Portugal, Rusia y hasta de

Estados Unidos. Pero también, y ahí se desató el escándalo, de muchos españoles miembros del gobierno, políticos, jueces, periodistas y empresarios. Incluso grabaron conversaciones privadas del rey Juan Carlos.[2]

En aquel momento, las actuaciones del Gabinete de Escuchas —también llamado gabinete técnico— requerían la autorización del director Alonso Manglano, lo que las convertía en institucionales. Quedó probado que de sus resultados informaban a Narcís Serra, lo cual evidenciaba los beneficios que sacaba el gobierno de esa labor totalmente ilegal de control de los españoles.

Abierto un proceso judicial por la realización de estas actividades, Alonso Manglano mantuvo que el sistema de escuchas era aleatorio y que no podían programar a las personas a las que grababan. Algo cierto en sus inicios, posteriormente falso. En 1992, la entonces llamada División de Acción Operativa (DAO) compró tres equipos de la marca Thomson que podían grabar de forma selectiva y un año después adquirieron unos maletines dirigidos específicamente a escuchas selectivas.

En julio de 1999, el que había sido jefe de la unidad responsable de estas escuchas, Juan Alberto Perote, hizo unas declaraciones en las que dejaba claro lo que muchos se negaban a aceptar y otros desmentían por interés propio. La periodista Carmen Remírez de Ganuza le preguntaba si el gobierno de Aznar espiaba igual que lo hacía el de González: «Seguro, y el que venga, también. Todos los servicios espían igual. Es que si no, no tiene sentido un servicio de inteligencia. Un servicio de inteligencia está, precisamente, para hacer lo que no es posible hacer desde otros medios». Y concluía sobre si creía necesario escuchar y grabar conversaciones privadas: «Seguro, pero es que lo juzgo necesario cuando esas conversaciones privadas tienen un interés operativo».[3]

Un gran conocedor del espionaje como Perote llevaba la razón. El CNI no ha dejado de potenciar ese Gabinete técnico hasta convertirlo, por la dimensión adquirida, en la División Técnica, que ha pasado a depender de la Dirección Técnica de Operaciones, encargada de llevar a cabo misiones de espionaje con todos los medios especiales a su alcance, que en estos momentos son muchos más e inmen-

2. Manuel Cerdán y Antonio Rubio desvelaron la trama en *El Mundo*. Su primera entrega fue «El CESID lleva más de diez años espiando y grabando a políticos, empresarios y periodistas», 12 de junio de 1995.

3. Carmen Remírez de Ganuza, «Manglano hacía lo que le decían Serra y González», *Época*, 26 de julio de 1999.

samente mejores de los que tenía en su origen. Ya sea por cable, por satélite o por el espacio radioeléctrico, intervienen millones de comunicaciones que les puedan facilitar información de utilidad para las diferentes divisiones de inteligencia.

El terreno que delimita lo que es legal o ilegal la División Técnica lo tiene muy estudiado para no verse inmersa en la repetición del escándalo. Cumple estrictamente las leyes españolas, por lo que pide autorización al magistrado del Tribunal Supremo que trabaja con La Casa cuando quiere intervenir las comunicaciones a españoles residentes en territorio nacional. Pero cuando sus interceptaciones se realizan a ordenadores o teléfonos situados en cualquier país extranjero, no tienen en cuenta las limitaciones de nuestra legislación. Es por eso que si hubieran tenido la posibilidad de pinchar el teléfono de Angela Merkel, lo habrían hecho sin pedir permiso a nadie. Igual que cuando han espiado los teléfonos u ordenadores a terroristas de ETA o del Estado Islámico mientras sus miembros estaban en Francia o Marruecos.[4] Sí los debían judicializar cuando esos mismos sospechosos de terrorismo residían o pasaban por España.

El silencio que debe reinar sobre este tipo de acciones lleva a que mucha gente piense que lo que los servicios secretos de algunos grandes países realizan no está cerca de las posibilidades españolas. Muy al contrario. Uno de los grandes especialistas en la materia, Estados Unidos, respondió a las grandes zancadas que La Casa había dado en el tema hace más de diez años por cuenta propia estableciendo una cooperación que ha redundado en beneficio de ambos. La distancia entre los dos países era tremenda en asuntos tecnológicos, pero desde el servicio español se les hizo ver que España podía colaborar con ellos, no al mismo nivel, sino aportando cada uno todo lo que tuviera en cada materia, lo que les beneficiaba a ellos.

La CIA y la NSA querían que el CNI colaborara obteniendo intervenciones masivas de comunicaciones de diferentes países —amigos y enemigos de los dos— que se podían ejecutar perfectamente y con cierta facilidad desde el territorio español. A cambio, le ofrecieron la entrega de intervenciones también masivas que podían ser de utilidad al CNI, más los instrumentos adecuados para poder interpretar y sacar rédito de la ingente cantidad de información.

Estamos hablando de intervenciones de millones de conversaciones telefónicas, correos electrónicos y mensajes en las redes sociales,

---

4. Ver en el capítulo III lo referido al espionaje masivo a ETA.

que exigen al receptor una enorme capacidad de procesamiento de datos, que solo es posible con el uso de una tecnología punta desarrollada por Estados Unidos.

Para sacar provecho a ese enorme tráfico de comunicaciones se requiere una herramienta capaz de procesar grandes cantidades de datos no estructurados, a través de un proceso de razonamiento automático que permita identificar patrones y tendencias, establecer relaciones y responder a las preguntas específicas basadas en la información que contienen.

El sistema es capaz de elaborar, a partir de sus conversaciones y uso de redes sociales, el perfil sicológico de la persona investigada. Igualmente puede establecer un mapa de relaciones partiendo de las llamadas telefónicas o del correo electrónico. Esta herramienta procesa, analiza y organiza información para identificar patrones o tendencias. Todo ello en un tiempo que se mide en segundos.

Gracias a sus propios esfuerzos y a la inestimable ayuda estadounidense, España pudo acabar con ETA, como ya se ha contado en este libro, y cosecha ingentes éxitos contra los grupos terroristas del Estado Islámico y Al Qaeda.

Ahí reside el motivo de que nuestro gobierno fuera tan reacio a condenar el espionaje masivo de Estados Unidos destapado por Snowden cuando aparecieron informaciones que demostraban que habían espiado a sus principales socios europeos, entre los que estaba España. No había dudas de que la NSA recolectaba información de las comunicaciones en territorio español, incluidos los altos cargos del gobierno. Pero todavía era más importante la ayuda que llevaban prestando durante años a la División Técnica.

En el CNI sabían que la cooperación con los servicios de inteligencia extranjeros era una moneda de dos caras. Por un lado, estaban los temas de ayuda mutua, y de otro, todos los demás asuntos, en los que no existían amigos de ningún tipo. Sabiéndolo, los espías españoles dispusieron las medidas adecuadas para evitar que Estados Unidos y otros países de los considerados aliados introdujeran en ordenadores y teléfonos de instituciones del Estado sus potentes *softwares* maliciosos y virus. Un espionaje electrónico selectivo muy dañino.

Francia, por ejemplo, demostró su poder en este campo cuando en 2009 lanzó un ataque mundial de pirateo informático. Habían incluido a peligrosos enemigos como Irán por su programa nuclear, pero también ordenadores de personalidades relevantes de Grecia, Argelia, Costa de Marfil, Canadá y España. Aquí no los descubrieron, pero en Canadá sí y dieron la voz de alarma señalando la responsabilidad del servicio secreto galo. El troyano se llamaba Babor y en España se introdujo en varios ordenadores que contenían información sobre la crisis económica y las medidas que pensaba adoptar el presidente del Gobierno José Luis Rodríguez Zapatero.

La División Técnica del CNI también creó al menos un virus informático, bautizado como Careto, capaz de tomar posesión de ordenadores infectados y de robar la información que contenían, sin despertar la prevención del usuario. La infección comenzó en el año 2007 y fue descubierta y desactivada siete años después por Kaspersky Lab. Los ordenadores controlados pertenecían a 31 países, siendo el más infectado Marruecos. También había muchos latinoamericanos, los africanos con costa en el Mediterráneo y varios de Europa como Suiza y Gibraltar. Todos ellos eran de especial relevancia para la política exterior española. En sus tripas, el diseñador no había podido evitar escribir expresiones que solo se usan en nuestro país como «me cago en la mar», algo que para los especialistas ayudaba a apuntar hacia su origen.

Los técnicos que investigan estos ataques informáticos nunca pueden atribuir su autoría a un organismo, solo explican los datos más relevantes para que cada uno saque sus conclusiones. En este caso, todo indicaba que el CNI era el autor, con lo que demostró al mundo de los servicios de inteligencia que disponía de unas capacidades que no se le suponía para crear armas tecnológicas de espionaje tan avanzadas. Según la opinión autorizada del propio Eugene Kaspersky, «parece que el gobierno español es muy bueno en el espionaje».

Este no fue un hecho aislado en lo que respecta al espionaje selectivo. En 2016 se descubrió que el CNI había comprado a la empresa italiana Hacking Team el *software* malicioso Galileo RCS, que instalado en ordenadores, teléfonos móviles o tabletas actúa también como troyano espía. Un virus que permite seguir a cualquier sospechoso y tener acceso a toda la información que maneja.

Otro de los grandes avances del CNI fue la compra de una ingente cantidad de equipos con los que puede reventar cualquier tipo de clave diseñada por grandes expertos que se dedican a vender a mafias, grupos terroristas o potencias extranjeras. Los primeros que sufrieron su acción fueron los terroristas de ETA, que escondían información valiosa en sus ordenadores protegida por el sistema de encriptación PGP. Los agentes españoles consiguieron acabar con sus secretos, uno de los mayores daños que les infringieron.

El éxito en las investigaciones del CNI para conseguir avanzar en sus trabajos sobre sospechosos de todo tipo lo llevó también a colaborar con empresas extranjeras que disponen de la última tecnología. En estos casos, en contra de lo que se dice públicamente, la colaboración debía contar con el permiso del servicio secreto del país donde está radicada la empresa. Estamos hablando de una transferencia de tecnología que no debe llegar a manos de *países golfos* o mafias.

Este fue el caso de una empresa británica con delegación en España, a la que el Cuartel General de Comunicaciones del Reino Unido —un equivalente de la NSA— autorizó a mantener contactos con el CNI en el tema que les interesaba: la investigación de las direcciones IP de los ordenadores. Algo básico para identificar a las personas que realizan actividades ilegales desde un ordenador anónimo.

El espionaje inglés, con el que el español mantiene muy buenas relaciones, consideró que sus colegas de la División Técnica del CNI habían conseguido avanzar de una forma importante en esa cuestión, que disponían de los medios necesarios de protección para garantizar que no les robaran esa tecnología y posteriormente los invitaron a reuniones secretas en Gran Bretaña aduciendo que eran muy buenos en operaciones encubiertas en el ámbito de Internet.

El CNI también cuenta con modernos equipos que permiten identificar a objetivos que pasean por la calle o entran en edificios utilizando patrones biométricos, o mediante un *software* que analiza imágenes grabadas de vídeo o fotos —también las subidas a Internet— e incluso dispone de una versión que identifica las voces.

Otro de los avances es la posibilidad de captar a poca distancia las radiaciones que salen de un ordenador, lo que supone saber lo que está escribiendo un objetivo desde una camioneta instalada en la puerta de su casa. Incluso han descubierto que cuando alguien apaga el ordenador, la información se mantiene durante un breve tiempo y puede ser recuperada.

En esta guerra tecnológica es importante la capacidad ofensiva, pero no lo es menos la defensiva. De esta última no se encarga la División Técnica, sino el Centro Criptológico Nacional. Fue creado por el director Dezcallar y ha supuesto uno de los grandes éxitos del CNI. Él y su equipo vieron que la amenaza procedente del ciberterrorismo se iba a convertir en una de las más peligrosas plagas del siglo XXI. Podía suponer, como luego se ha demostrado, un agujero vital en la seguridad nacional, no solo porque el robo de información pudiera afectar a las comunicaciones más sensibles del Estado y a las infraestructuras estratégicas, sino también porque podía dañar los sistemas bancarios o perjudicar los negocios de las grandes, medianas y pequeñas empresas.

Levantaron de la nada el Centro Criptológico Nacional, una de las patas que con el paso del tiempo se ha convertido en una de las más robustas de esa enorme mesa que conforma el despliegue tecnológico del servicio de inteligencia. Una pata volcada en la defensa nacional de cualquier interés que pudiera ser atacado por otros países, mafias de cualquier tipo o empresas y particulares con intereses dañinos.

La selección de personal fue un éxito a todas luces, según las personas capacitadas para valorar su trabajo. Contrataron a excelentes ingenieros informáticos, programadores, matemáticos, criptógrafos, lingüistas y hasta reconocidos *hackers*. Desde el principio tuvieron claro que su éxito no solo dependería de la lista de su personal en nómina, a la que llegaron mayoritariamente jóvenes civiles de ambos sexos con capacidades demostradas y a explotar.

No quisieron, ni les interesó, abarcarlo todo mediante funcionarios propios. Desde el primer momento identificaron a los mejores especialistas que trabajaban por libre o para empresas del sector. Pasaron de ficharlos y los convirtieron en colaboradores puntuales en sus respectivas especialidades o en aquellos déficits de conocimiento con los que se topaban en algunas investigaciones. Eso les garantizaba estar a la última de las continuas innovaciones.

Los españoles, dicen en el CNI, pertenecen al club de los ciudadanos del mundo más descuidados en cuanto a la vigilancia de su privacidad. Tratan la información que vuelcan en sus cuentas de correos y perfiles de las redes sociales como si solo la vieran sus familiares y amigos, un grave error del que se pueden aprovechar todo tipo de mafias, pero también otros servicios de inteligencia.

Los agentes españoles, al igual que los de muchos países, disponen de cientos de perfiles falsos con los que navegan por las redes buscando datos personales de personas investigadas, redes mafiosas o grupos terroristas, especialmente de simpatizantes islamistas. Aunque no solo acumulan información, también intervienen en foros e interactúan con personas concretas cuando el caso lo requiere.

El inicio de la andadura del Centro Criptológico Nacional presentó algunos problemas. Los agentes demostraron pronto su capacidad para ir solucionándolos, pero algo fallaba: carecían de los medios técnicos necesarios para resolver algunas amenazas y para recorrer el camino que otros servicios de inteligencia aliados habían hecho años antes.

No solo piensan así los expertos españoles. Bernard Barbier, jefe del espionaje galo desde 2006 hasta 2014, fue el creador del ciberejército francés. Una vez retirado, las ganas de presumir no le permitieron morderse la lengua: «Francia es la primera potencia de espionaje técnico en la Europa continental, pero por relación a sus habitantes son los suecos. Los italianos son malos. Los españoles son un poco mejores, pero no tienen medios».

Durante los años siguientes a su creación, tras la llegada de Alberto Saiz a la dirección, el Centro Criptológico Nacional adquirió material muy costoso aprovechándose de que tras el 11-M el servicio se convirtió en una de las prioridades nacionales para hacer frente al terrorismo.

Con gente capacitada como la que trabaja en el CNI, sus mandos presionaron años después al director Sanz para que consiguiera saltarse los problemas presupuestarios y poder disponer del dinero necesario para avanzar en la guerra silenciosa en Internet. Así consiguieron en julio de 2016, estando el gobierno del Partido Popular en funciones, con todas las trabas activadas para no acometer nuevos gastos, que el Consejo de Ministros aprobara una dotación de 60 millones de euros para que pudieran adquirir los equipos tecnológicos que necesitaban para su trabajo de controlar todo lo que pasa en la red y a todas las personas que utilizan dispositivos. Por supuesto, amparados en algo que la opinión pública entendiera: la lucha contra el terrorismo islamista y la ciberseguridad. Dos amenazas reales, pero que recibieron las críticas de algunos que piensan que bajo ese paraguas se encuentra el deseo de acumular información indiscriminada sobre todos los españoles para en un futuro poder utilizarla ante las amenazas diversas que puedan surgir. Más o menos: de entrada almacenamos y luego ya veremos para qué utilizamos esos datos.

El cineasta estadounidense Oliver Stone opinó, tras su investigación para rodar la película *Snowden* sobre el agente de la NSA, lo siguiente: «He escuchado muchas veces esa justificación, pero no la comparto. En nombre del terrorismo aparecen las tiranías y los totalitarismos. Supone la muerte de la verdadera libertad. Yo no quiero ese tipo de protección».

El argumento del CNI sobre la necesidad de disponer de los mejores medios para combatir al Estado Islámico y a otros grupos yihadistas es cierto… en gran parte. Las detenciones producidas durante los últimos años muestran la existencia de un cibercalifato capaz de organizar ataques en todo el mundo y también en España. Y muestra también el uso que hacen los terroristas para captar seguidores, impartir órdenes o, incluso, para enseñar a sus fieles el manejo de bombas. Aunque carecen de medios para lanzar un ciberataque que deje a una ciudad sin luz, se dedican a conocer la nueva tecnología y la aplican de manera eficiente para darse publicidad y realizar sus operaciones.

Igual de cierto es el segundo argumento acerca de la ciberseguridad. Empresas tan prestigiosas como Kaspersky Lab demostraron a principios de 2016 que bancos de treinta países, con los mejores sistemas de protección, recibieron ataques de *crackers* que les sustrajeron cantidades entre dos y nueve millones de euros. Los bancos atacados estaban en Rusia, Estados Unidos, China o España.

Precisamente España es uno de los países que recibe más ciberataques del mundo, motivo por el cual uno de los objetivos más importantes del Centro Criptológico Nacional ha sido desde su origen concienciar a la sociedad, en general, y a las empresas de todo tipo, en particular, de la necesidad de dotarse de los medios técnicos y humanos necesarios. Con frecuencia las intrusiones proceden del exterior, pero son muy habituales las originadas aquí mismo. Un dato demuestra la gravedad de la amenaza: el CNI, la institución que cuenta con una de las protecciones más altas, sufre mensualmente veintiún ataques cibernéticos, de los que aproximadamente tres son críticos y dieciocho muy graves. Los mandos del espionaje aseguran que sus cortafuegos nunca han sido saltados por los atacantes. No obstante, La Casa dispone de una Intranet que, por motivos de seguridad, no está conectada al exterior.

La experiencia ajena les hizo ejecutar una curiosa y radical medida de seguridad. En junio de 2010 se descubrió que los ordenadores de una central nuclear iraní habían sido infectados por uno de los más potentes virus encontrados hasta el momento, Stuxnet. Se sospechó que el sistema empleado por los atacantes para meterlo en el sistema fue un *pendrive* introducido en su ordenador por un funcionario que trabajaba para la CIA. En otra ocasión, en la cumbre del G-20 celebrada en San Petersburgo en 2013, los rusos regalaron a los representantes de los demás países unos *pendrives* con información que contenía un potente virus para infectar sus ordenadores cuando llegaran a sus países. Para evitar este tipo de ataques silenciosos y otros problemas internos de seguridad, como que algún agente infiel trate de llevarse información confidencial, los ordenadores del CNI carecen de rendija para las memorias USB.

Cada vez son más las empresas que reciben ataques y piden asesoramiento al Centro Criptológico Nacional, aunque las que no son de gran tamaño mantienen los reparos a gastar mucho dinero en seguridad informática. Un error probado por el hecho de que oficialmente se habla de 4.000 ataques en España al año, cifra en la que no se tienen en cuenta numerosas agresiones que los receptores ocultan para que los usuarios de sus productos no sepan que son vulnerables y les han robado. Eso sin contar los ataques mediante virus que se ocultan en las tripas de los ordenadores, donde pueden permanecer años sin ser descubiertos.

El Centro Criptológico Nacional tiene importantes misiones defensivas no solo para el CNI, sino también para la Administración del Estado. Es, por ejemplo, el encargado de homologar los sistemas informáticos y de comunicaciones cifradas, aprobando las redes de datos que a diario utilizan el rey, el gobierno, las más destacadas autoridades del Estado y la cúpula militar.

También controla los teléfonos móviles de todos esos altos cargos para que nadie pueda pincharlos, para lo que encarga a empresas españolas la fabricación de los aparatos y su propio personal diseña el cifrado.

Satélites, centros de escucha, cables submarinos y drones: millones de interceptaciones

Sin poder compararse con las grandes potencias, España está a muy buen nivel en lo que hace referencia a satélites espía y de comunicaciones. Atrás quedan los tiempos, en los orígenes del CNI, en los que se necesitaban gestiones políticas particulares e intensas para conseguir que Estados Unidos accediera a dedicar unas horas de alguno de sus satélites para cubrir necesidades puntuales de inteligencia, especialmente en el tema de la lucha contra ETA.

En julio de 2002, sucedió un hecho que demostró al gobierno de Aznar la necesidad de apostar por disponer de satélites propios. Soldados de Marruecos ocuparon la isla de Perejil y quedó patente que cuando dependes de otros países para que te pasen información de sus satélites, por muy aliados que sean, pueden negártela alegando sus propios intereses estratégicos. Y en Marruecos las necesidades españolas estaban enfrentadas a las de Estados Unidos y Francia.

También pertenece al pasado la inseguridad de las comunicaciones de nuestras embajadas, especialmente en países conflictivos, fácilmente captadas por cualquier país que quisiera conocer tanto la postura española sobre algún tema de su interés como los movimientos de los espías por algún país.

El gobierno dispone de una pequeña parte, cifrada en el 2,5 por ciento, de los satélites de observación franceses Helios 2A y Helios 2B. Tienen visión infrarroja y el inconveniente está en que solo pueden dedicar a España el tiempo correspondiente al porcentaje de su participación en el proyecto.

Estos satélites actúan en cualquier rincón de España o de otros países que presenten intereses estratégicos, sin que nadie sea capaz de mirar al cielo, detectarlo y evitar que intercepte sus acciones legales o ilegales. Pueden conseguir una imagen de una casa frecuentada por sospechosos de terrorismo yihadista, velar por la seguridad de las tropas en Oriente Medio, vigilar el tráfico marítimo buscando barcos piratas en aguas de Somalia o controlar movimientos de tropas del vecino Marruecos.

Las imágenes que obtienen son enviadas automáticamente a Torrejón, donde existe un centro para el análisis de datos. Una vez realizada la interpretación, son transferidas al Estado Mayor de la Defensa, con sede en la madrileña calle de Vitrubio, desde donde las reenvían al CNI o a otros organismos que lo hayan solicitado.

Los Helios tienen unos ojos tan potentes que les permiten identificar, de día o de noche, objetos de medio metro. Su capacidad, cuyo detalle es desconocido, ha permitido desbaratar muchas acciones contra los intereses españoles en medio mundo o, por ejemplo, informar del secuestro de un pesquero español en aguas africanas.

Para garantizar las comunicaciones más sensibles de España por todo el mundo el gobierno dispone de los satélites Spainsat y Xtar-Eur. Su objetivo es que nadie escuche las conversaciones entre nuestras delegaciones diplomáticas y el ministerio de Asuntos Exteriores, entre las misiones militares en el extranjero y el ministerio de Defensa, y entre los agentes del CNI destinados fuera y su sede central. El Spainsat se encarga de las telecomunicaciones militares y el Xtar-Eur, perteneciente a una empresa mixta hispanoestadounidense —ellos tienen el 51 por ciento—, facilita también las comunicaciones estratégicas americanas. Los dos encriptan las comunicaciones.

Parece mentira que un país como España tuviera que esperar a 2008 para instalar un sistema seguro de comunicaciones en embajadas tan conflictivas como las de Jartum, Islamabad, Malabo, Teherán, Argel, Nuakchot y Damasco. Aunque quizás fuese más sorprendente que el sistema seguro no empezara a instalarse en el resto de capitales del mundo hasta el año 2009.

Las comunicaciones del CNI son autónomas y muy seguras para los equipos desplegados en el exterior que carecen de la posibilidad de utilizar el apoyo de las embajadas. Habitualmente, en cada equipo hay un experto en comunicaciones —utilizando los satélites— que garantiza su inviolabilidad, lo que es básico cuando trabajan en la clandestinidad.

Estos satélites son absolutamente imprescindibles. Hasta el punto de que su vida útil acaba en el entorno del año 2020 y los dos tendrán que ser sustituidos so pena de dejar en abierto nuestras comunicaciones más secretas. Con ese objetivo, ya está listo para ser lanzado el satélite Paz y en unos años lo hará el Ingenio.

Uno de los cometidos más secretos de los satélites es su capacidad de intervenir comunicaciones de una forma masiva —como hacen los satélites de la red Echelon, presidida por Estados Unidos y Gran Bretaña—, una capacidad a la que el CNI tiene acceso. Toda la información recopilada es enviada a la División Técnica de La Casa, encargada de analizarla y convertirla en inteligencia para que pueda ser explotada por la división que está investigando el tema.

Esa división también almacena datos obtenidos por otros sofisticados sistemas, más desconocidos. En Castilla-La Mancha, cerca de Manzanares y Daimiel, está escondido el Centro de Estudios de Propagación Radioeléctrica, nombre intencionadamente extraño que sirve de pantalla para un centro de escuchas que nació en la época de la dictadura de Franco como un proyecto de espionaje hispano-alemán, pero que en los últimos años se ha volcado del lado español. En sus orígenes, la alta tecnología la pusieron los alemanes, que eran los que mandaban, y el centro pretendía robar información procedente de las comunicaciones de los países comunistas del Pacto de Varsovia. Ahora ya no.

El acceso en mitad del campo está limitado con grandes cercas, que alejan a la gente que pasa por allí en coche del centro de escuchas, instalado bajo tierra, aunque pueden detectarse algunas de sus numerosas antenas. Con una tecnología ultramoderna, intercepta de forma sistemática millones de conversaciones internacionales telefónicas y por radio.

Desde la salida de los alemanes, sus enormes antenas barren el espacio radioeléctrico de países como Marruecos y otros de la zona del Sahel. Hace unos años, en una batalla tecnológica destacable, Mohamed VI llevó a cabo un proceso para modernizar sus comunicaciones complicando la labor de este centro, lo que obligó a la Dirección Técnica a buscar nuevas vías para saltarse ese impedimento y poder seguir escuchando a los marroquíes. Esa información masiva que recolecta el centro es entregada en bruto a la NSA como pago por las ayudas que le prestan en el terreno tecnológico.

Igual o más importante es otro centro de espionaje existente en Conil de la Frontera, que permite la captación masiva de conversaciones entre varios continentes que circulan por los cables submarinos que pasan por allí. Estos cables unen Sicilia con Florida y desde la localidad gaditana se pinchan millones de datos que son compartidos, al menos, con las agencias de inteligencia de Estados Unidos. La información recogida tanto desde Manzanares como desde Conil debe cumplir el requisito imprescindible para la legislación española de que no figure nadie que viva en España. Excepto que exista una autorización judicial previa.

Tras la llegada del director Sanz, el CNI acometió la última asignatura pendiente en los avances tecnológicos: la compra de drones, aeronaves no tripuladas, que ya utilizan una gran parte de los servicios secretos del mundo. Antes de la adquisición, dispuso durante una temporada de modelos estadounidenses para practicar y comprobar sus resultados.

Los drones de La Casa tienen una sorprendente capacidad de inteligencia, sirven para recoger datos, vigilar el terreno y seguir a sospechosos. Todo sin que las personas que aparecen en las imágenes enviadas a un centro de control sepan que desde el cielo un aparato dotado con una cámara de alta resolución las está monitoreando y grabando sus movimientos.

Las ventajas de estos drones sobre cualquier otro sistema parecido es que permiten distinguir en tierra con total claridad el objetivo que persiguen. De esta forma, para vigilar una operación en la que un traidor pretende entregar a un agente extranjero unos documentos que ha robado en su ministerio, antes se exigía disponer de agentes sobre el terreno, cerca del escenario de la entrega, que podrían ser descubiertos. Ahora basta con hacer volar un dron que permite ver al detalle lo que ocurre. Cuando se haya producido la entrega, desde el centro de control se activa a los agentes próximos para que procedan a las detenciones.

Sitel, un sistema legal de escuchas telefónicas con puerta de atrás

*L*os implicados en la trama Gurtel, uno de los casos de corrupción más graves de los últimos años en nuestro país, no se fiaban de sus teléfonos móviles. Hacían bien. Francisco Correa y sus cómplices estaban obsesionados con que alguien pudiera grabar sus conversaciones, por lo que disponían de varios números, que alternaban continuamente. Su paranoia llegó a tal extremo que en noviembre de 2008 resetearon algunos móviles en busca de programas troyanos de escucha, aunque el resultado fue negativo. Se quedaron más tranquilos: creyeron que las escuchas telefónicas producían interferencias en la comunicación o dejaban alguna huella. Estaban absolutamente equivocados. El espionaje que los perseguía era indetectable.

Se llama Sitel. Es un avanzado sistema informático que permite intervenir, de forma ágil, sin límite, sin la posibilidad de ser detectado y con la máxima calidad, las comunicaciones que tengan lugar en España. Hasta su entrada en funcionamiento, las escuchas telefónicas las autorizaba un juez, que exigía la grabación íntegra de las conversaciones en cintas magnetofónicas, el envío de la transcripción de las partes más relevantes y la obligación de guardar la totalidad de las cintas, que debían estar a su disposición hasta que ordenara su destrucción.

Tras una orden judicial, la compañía telefónica derivaba una línea para que las Fuerzas de Seguridad escucharan las conversaciones del sospechoso, con frecuencia con una pésima calidad de recepción, lo que exigía en muchas ocasiones a la Policía o al servicio secreto acudir discretamente a las proximidades del domicilio a pinchar la línea del teléfono. Otro problema añadido, lento y complicado de resolver, era conocer la identidad de las personas que charlaban con el sospechoso.

Llegó Sitel y se acabaron los problemas. Su funcionamiento es bien sencillo: consta de tres servidores centrales —CNI, Policía y Guardia Civil— conectados al ordenador central de la Dirección General de Telecomunicaciones, en Las Rozas (Madrid), en los que meten las claves del número a pinchar facilitado por las compañías telefónicas, para después almacenar las conversaciones y distribuirlas a los ordenadores, fijos o portátiles, de las unidades que investigan a los sospechosos. Ya no graban en analógico en una cinta, sino en digital, en la memoria de un disco duro, con la misma calidad con la que se han escuchado entre sí los intervinientes en la charla.

Para el CNI, Sitel es un arma muy poderosa e interesante. Para recurrir a ella, los agentes que desean información sobre un objetivo y que valoran la necesidad de escuchar sus conversaciones, realizan una solicitud interna para que se active el proceso, facilitando el nombre de la persona investigada y sus datos básicos: nombre, apellidos, DNI, dirección correspondiente al titular de la línea y compañía telefónica que la gestiona.

Con esta información, el letrado del servicio que mantiene relaciones con el magistrado del Tribunal Supremo adscrito al CNI le hace una petición de intervención electrónica, especificando los detalles concretos que lo justifican para la seguridad nacional y asuntos como el tiempo de duración. A diferencia de un juez normal, que para ampliar esa escucha exige un informe sobre lo hallado y lo que se espera encontrar, el magistrado del Supremo no tendrá acceso a esa información en el futuro.

Con el mandamiento judicial pertinente, agentes del servicio acudirán a la compañía telefónica para solicitar los datos personales de la línea que permitirán a Sitel acceder desde sus servidores centrales. Las compañías telefónicas tienen que entregar las llamadas del año anterior del objetivo, lo que permite dibujar con toda exactitud sus movimientos. No facilitan el contenido de las conversaciones, que no guardan, sino los metadatos, que permiten dibujar un mapa de su vida íntima. Esta información identifica lo que se conoce como «el número de Dunbar», que son las 150 personas con las que un individuo se relaciona habitualmente. Estos datos son trascendentales en cualquier investigación y aunque oficialmente deben ser destruidos cuando concluye el caso, es dudoso que lo haga el CNI, que lo archiva todo.

Cuando desde el servidor del CNI se accede al número telefónico del objetivo, lo más importante es que no solo podrán controlar sus llamadas, sino también los mensajes. Este aspecto adquiere una relevancia especial teniendo en cuenta el hábito de muchos españoles de comunicarse por escrito.

El espía, sentado delante de un ordenador instalado en su puesto de trabajo o en un portátil que lo acompaña en el seguimiento del objetivo, escucha las conversaciones en el momento en que se están produciendo. Con una ventaja añadida: en el mismo instante, a un lado de la pantalla aparecen una serie de datos personales tanto del usuario del número de teléfono intervenido como de su interlocutor. Lo que antes eran voces de personas desconocidas que aparecían de repente y conspiraban con el objetivo, ahora son identificadas con nombre y dos apellidos, dirección postal, número del terminal y calle de la ciudad o pueblo desde la que está hablando.

Este último es un avance, desde el punto de vista del espionaje, que revoluciona los viejos sistemas de seguimiento: la ubicación geográfica facilita el lugar en el que están situados ambos interlocutores. Sitel permite tener ubicada a cualquier persona que lleve el móvil en su bolsillo.

Para que este sistema tuviera un rendimiento plenamente eficaz, el gobierno tuvo que aprobar una reforma de la ley para obligar a cualquiera que adquiriera un móvil a facilitar todos sus datos de contacto. Antes, los llamados «móviles desechables», con tarjetas prepago, permitían que los delincuentes o los servicios secretos los utilizaran para que nadie supiera quién estaba detrás de una llamada.

El control del servicio secreto no acaba ahí. El ciudadano investigado también ha perdido cualquier atisbo de privacidad en lo que hace referencia a la informática vinculada a la telefonía. Todas sus comunicaciones por Internet —los mensajes que envía, las compras que realiza, las páginas en las que entra…— son automáticamente grabadas y almacenadas por Sitel.

Para colmo, los que conocen el funcionamiento del sistema hablan de «la puerta de atrás», la posibilidad de que los funcionarios encargados de Sitel puedan más tarde acceder directamente a los números telefónicos sin necesidad de que lo autorice de nuevo el juez.

Minería de datos: acumulan toda
la información sobre nosotros

*E*l círculo del espionaje tecnológico se cierra cuando en la sede del CNI suman la información obtenida por la División Técnica, satélites, centros de escucha, drones, sistema Sitel, espionaje en Internet, agentes de campo, agentes operativos y bases públicas de datos a las que tienen acceso directamente o mediante las claves concedidas a los policías destinados en la BOA. Toda esa colosal información está almacenada en memorias, y gracias a herramientas informáticas pueden elaborar perfiles sobre las personas que están investigando y sobre quienes están próximos a ellas.

Tras la filtración de los documentos conseguidos por Edward Snowden, quedó demostrado que la NSA guarda todo tipo de datos de millones y millones de personas con los que elabora perfiles de ciudadanos, lo que le permite reconstruir sus vidas desde varios años antes. En la citada entrevista a La Sexta, Ana Pastor mantuvo el siguiente diálogo con el contratista:

—Por supuesto —dijo Snowden—, el Gobierno español, el alemán, el británico, están espiando igual que Estados Unidos. Es barato, es sencillo.

—Quiero leerle algo que ha dicho sobre su caso, hace solo unos días, el responsable de los servicios secretos en España [Félix Sanz]: «En España no se ha vulnerado el derecho a la intimidad. No se leen nuestros correos, no se escuchan nuestras llamadas».

—*(Carcajada de Snowden)* Una declaración más honesta sería reconocer que sí están recogiendo información de todos los ciudadanos, porque es más fácil que intentar recabarla de individuos concretos. A no ser que España diga que no realiza recogida de datos masivos y que no los comparte con otros gobiernos para cualquier objetivo, no puede decir que algo así no está ocurriendo.

La Guardia Civil y la Policía han sido sancionadas en varias ocasiones por la Agencia de Protección de Datos por saltarse la ley. Por el contrario, el CNI nunca ha sido castigado por el almacenamiento de información de una manera ilegal. Así explicaba la razón Artemi Rallo, director de la Agencia: «Casi nada escapa a nuestra vigilancia […]. El CNI está en el casi».

Si todo lo relacionado con el CNI es secreto, sus bases de datos tienen una protección absoluta. Nadie sabe qué es lo que guardan y cómo lo utilizan. Lo único lógico es deducir que guardan la información de sus propias fuentes por satélite, Internet… y todas aquellas a la que tienen acceso gracias al almacenamiento realizado por otros.

La «minería de datos» consiste en utilizar el mayor número posible de bases de datos que acumulan información útil de cualquier tipo para los investigadores y seleccionar con procedimientos avanzados todo lo que haya sobre una o varias personas.

El primer paso son las llamadas «bases primarias», que acumulan información sobre temas particulares. Existen muchas en España y sería interminable abarcarlas, pero se pueden mencionar las más importantes.

El SUBA es el Sistema Unificado de consultas de las Bases de Datos, compartido por la Policía y la Guardia Civil, al que nadie duda de que tiene acceso el CNI —o sus agentes de la BOA, que es lo mismo—. Aquí están las bases de datos del DNI —en la que están todos los españoles—, viajeros —alimentada por todos los hoteles, que tienen la obligación de enviar las fichas de sus clientes—, alquiler de vehículos, reconocimiento de voces —Saivox—, ADN y huellas dactilares —esta última llamada SAID, Sistema Automatizado de Identificación Dactilar.

Otras bases de datos primarias que funcionan a pleno rendimiento son el SRI (Sistema de Registro de Investigaciones), la base de datos de la Agencia Tributaria, el SIS/Sirene del espacio Schengen, el Perpal-BDSN de señalamientos nacionales, Adextra sobre la situación legal de los extranjeros en España y Senda sobre el crimen organizado.

A todas ellas habría que sumar muchas otras informaciones a las que el CNI puede tener acceso, como el PNR (Passenger Name Record), el localizador de los billetes de avión, el código que sirve para localizar los datos de cualquier viajero: nombre y apellidos, trayecto, línea aérea, número de vuelo, ruta, fecha, horario, clave de servicio, teléfono de contacto y sistema de pago.

La información procedente de estas bases de datos se suma a las de otras creadas por el propio CNI con la información que obtienen de Internet, Sitel, satélites y demás fuentes propias. A las que se une la enorme cantidad de información almacenada en sus archivos durante decenas de años. Después, esa información es tratada selectivamente y da origen a las bases de datos secundarias, en las que ya hay una fijación de objetivos, tales como terrorismo islamista, blanqueo de dinero, contrainteligencia rusa o ataques a la economía nacional.

Entre tal ingente cantidad de datos, el servicio de inteligencia tiene la capacidad de seleccionar los necesarios para construir una imagen detallada de la vida de cualquiera de sus objetivos. Y puede llegar a hacerlo sin necesidad de haberle estado siguiendo por la calle, gracias a que esa persona ha hecho llamadas telefónicas, ha viajado, ha navegado por Internet, tiene DNI o ha sacado una licencia de armas.

José Antonio Bernal, un radiotelegrafista convertido en héroe

*E*n el Centro de Comunicaciones instalado en la sede central del CNI y en el que está situado en la unidad operativa en El Pardo trabajan numerosos agentes que tienen una formación superior en radiotelegrafía. Una parte de ellos procede de la academia del Ejército del Aire, que goza de un enorme prestigio. Todos ellos conocen el histórico código morse, pero están preparados para ejecutar las comunicaciones más complicadas, incluida la instalación y conservación de los aparatos.

Los radiotelegrafistas reciben las transmisiones que les envían los agentes desde los países donde el CNI tiene estaciones (legales) y antenas (ilegales). Pero también están encargados de recibir las intervenciones de todo tipo de conversaciones de interés para el servicio de inteligencia, tanto dentro como fuera de España. Entre otras, escuchan charlas procedentes de algunas de las embajadas extranjeras asentadas en Madrid, sin que nadie pueda detectarlas.

Uno de esos hombres que trabajaba en la sombra —también literalmente, pues apenas veía la luz del sol en sus horas de trabajo— era José Antonio Bernal. Un suboficial cuyo sueño de juventud era pilotar aviones de combate, pero que vio truncadas sus expectativas cuando apenas llevaba unos meses preparando el examen de ingreso a la Academia General del Aire. Un amigo de su padre, militar también de ese Ejército, consiguió que le hicieran por anticipado las pruebas de aptitud médica que debe pasar cualquier joven que quiera ser piloto. El resultado fue deprimente: presentaba un problema en los oídos a 4.000 pies de altura.

La decepción le duró poco tiempo y continuó con sus ganas de ser militar. Su padre le marcó el camino alternativo de radiotelegra-

317

fista y él se lanzó en tromba. Se presentó al examen de ingreso y sacó el número 1, con una nota de 9,95. Un puesto destacado que no abandonaría durante los cuatro años que duró su carrera hasta convertirse en sargento. Cuando vistió por primera vez el uniforme de suboficial del Ejército del Aire ya lucía en su pecho tres medallas que había ganado en esos años.

José Antonio era un hombre inquieto, con ganas de comerse el mundo. Aceptaba las misiones más difíciles y no decía que no a nada. Ni siquiera cuando el CESID le propuso ficharlo mientras estaba destinado en la base de Torrejón de Ardoz.

Corría el mes de junio de 1995 cuando su nombre apareció en el Boletín Oficial del Estado destinado a la Secretaría de Estado para la Administración Militar, una forma discreta de oficializar su entrada en el servicio secreto. Con anterioridad, había estado realizando las pruebas de acceso, obligatorias incluso para los futuros agentes que como él habían sido captados por el propio servicio por su brillante hoja de servicios.

En todo ese tiempo, nadie supo a qué se dedicaba. Los mandos del CESID le habían pedido discreción y él la llevaba a rajatabla. Posiblemente su mujer supiera algo, pero no sus padres y amigos. Cuando se incorporó al nuevo destino, intentó seguir con la representación, pero su padre, un militar experimentado, un día le comentó: «No me engañes, cuando te vistes con corbata para ir a trabajar es porque no vas a un cuartel». José Antonio no torció el gesto e inventó el primer pretexto que se le ocurrió, pero finalmente no le desmintió que trabajara en el servicio de inteligencia, aunque se negó a facilitarle detalles sobre lo que hacía.

Soledad Gómez, su madre, siguió mucho tiempo pensando que estaba destinado en un cuartel. Nunca dudó de él. Era el primogénito cariñoso que, al volver de la academia para preparar su ingreso en el Ejército, entraba en la cocina, olía cada plato que estaba guisando y entonaba aquella monserga de: «Jo, mamá, y si no apruebo...». Ella le transmitía la tranquilidad y el ánimo que su hijo buscaba: «Siempre dicen que como una hija para una madre no hay nada, pero mi hijo era para mí algo especial. Teníamos una confianza especial. Era una excelente persona, muy cumplidor, muy amigo de sus amigos».

El capitán Bernal recuerda orgulloso cómo su hijo llevaba a todas partes la bandera española, «que era lo más sagrado para él, la llevaba en el reloj, en el coche, en la cartera. La bandera era el no va más». Incluso de joven, cuando iba a campamentos en Navahermosa, en los Montes de Toledo, siempre le ponía a la tienda que compartía con otros compañeros el nombre de España.

El sargento primero José Antonio Bernal nunca fue un aventurero. Razonaba las cosas detenidamente antes de llevarlas a cabo y transmitía su forma de actuar a todos cuantos lo rodeaban. Eso sí, era ambicioso dentro de su profesión y cuando en el año 2000 se enteró de que había una plaza para un agente de su perfil en Irak, como número dos de la delegación del CESID, no se lo pensó dos veces y la solicitó.

Para cubrir cada vacante, en el servicio hay que superar unas exigencias y José Antonio, como buen número uno que había sido a lo largo de su profesión, las sacó adelante. Pasaron el corte once candidatos más. La principal dificultad residía en que su jefe directo prefería mantenerlo a su lado y había sido claro al explicarle que no pensaba apoyarlo para que le dieran el destino en el extranjero.

Unos días antes de la adjudicación definitiva, se sinceró con su padre: «Quiero irme a Irak, pero es muy difícil que consiga la plaza porque mi jefe no quiere desprenderse de mí, y si pone pegas, no me la van a dar». Su padre vio claro cómo echarle una mano: «Habla con fulano [un alto mando de La Casa], que es amigo, y le dices de mi parte que quieres ir a Irak». Su hijo se quedó asombrado de su osadía: «Papá, tú no sabes quién es ese, yo no tengo poder para hablar con él». El capitán Bernal, curtido en los complicados pasillos de las Fuerzas Armadas, le buscó una solución para pasar el trago: «Te voy a dar una invitación para que vayas al Trofeo General Jarrín de Orientación, que organizo yo. Cuando se la entregues, seguro que te pregunta si necesitas algo».

A José Antonio no le gustó aquello, pero siguió el consejo paterno. La plaza fue para él. No había urgencias. Irak había sufrido una guerra contra Estados Unidos pero el presidente Bush, padre del que gobernaba en ese momento, había retirado las tropas y había permitido que Sadam siguiera al frente del país. Era un destino conflictivo en la escena internacional, pero no más peligroso que otros.

Antes de incorporarse a la embajada en Bagdad, tuvo unos cuantos meses para limar los problemas que podía encontrarse. Hizo un curso especial para aprender la idiosincrasia iraquí y algunas técnicas especiales necesarias para un agente secreto que se va a mover en territorio hostil. Cada día daba clases de inglés, un idioma que controlaba bastante, y de árabe, una complicada inmersión en la que puso los cinco sentidos para poder manejarse en lo más básico. Sobre el terreno seguiría con sus clases hasta conseguir hablarlo con cierta soltura. Había tiempo por delante: los tres años que duraba su destino daban para mucho.

José Antonio dejó a su mujer y a su hija en Madrid y se fue a

Bagdad el 17 de septiembre de 2001. Antes de partir y en un viaje anterior de una semana que hizo para coincidir con su antecesor y que le explicara los detalles del puesto, le traspasara las fuentes de información y le presentara a los contactos oficiales, hablaron de que Bernal se quedaría el pequeño chalé con jardín en el que vivía el otro y heredar también a su personal asistente.

Su antecesor estaba soltero y la casa le parecía un poco grande, pero era perfecta para José Antonio, quien ansiaba llevarse con él en cuanto pudiera a su mujer y a su hija. Le resultó comodísimo contar desde el primer momento con una cocinera y un jardinero que hacía todo tipo de tareas domésticas. Más tarde, cuando la situación se puso fea, les sumó dos guardias de seguridad que se turnaban para mantener la casa protegida durante las 24 horas del día.

Su mujer, Virtu, y su hija llegaron poco después de que lo hicieran la esposa y el hijo del comandante Alberto Martínez, el jefe de la delegación del CNI, el compañero de trabajo de Bernal con el que congenió rápidamente.

Martínez ya conocía Irak y le enseñó cómo moverse. Era la primera vez que Bernal estaba destinado en el extranjero y en trabajos como ese no es suficiente la preparación previa, sino que se necesita aprender muchas cosas sobre el terreno. En esos primeros meses, «José Antonio cogió un aprecio de narices a Alberto», según palabras de su padre. Las mujeres congeniaron y se hicieron compañía en un país en el que tener amigos era un tesoro.

Bernal era la mano derecha de Martínez, que apreció en él esa cualidad tan militar que es la lealtad. Su tarea prioritaria era ocuparse de garantizar que los mensajes que enviaba a Madrid no eran intervenidos por el espionaje iraquí o por cualquier otro, por eso habían enviado a un radiotelegrafista. Sin embargo, los dos formaban un equipo compacto, y Martínez le adiestró para que se convirtiera en un agente de campo y lo ayudara a obtener información. De esa forma consiguieron ampliar el número de fuentes: esas personas bien situadas, en cualquier grupo influyente, que les sirvieran para tener informados a sus jefes en España de lo que pasaba en Irak y de lo que pudiera ocurrir más adelante.

Martínez y Bernal formaban parte de una delegación, no de una estación. Los dos estaban acreditados ante el servicio secreto de Sadam, la Mujabarat, con una increíble imagen de dureza y falta de compasión tanto en el ámbito internacional como entre los grupos opositores locales. Eso no les impedía a los dos agentes españoles mantener relaciones con quienes deseaban apartar al dictador del poder, algo imprescindible para valorar la coyuntura iraquí. Especialmente porque pocos días antes de que Bernal llegara a Bagdad, terroristas de Al Qaeda habían atentado en Nueva York, y Estados Unidos estaba preparando su respuesta.

Los meses pasaron y la situación en Irak se fue haciendo irrespirable. Las familias de los dos agentes regresaron a España un año después de su llegada y ellos comenzaron a vivir una rutina más conflictiva. A principios del año 2003 un equipo de inspectores de las Naciones Unidas compareció ante el Consejo de Seguridad y explicó que no habían encontrado pruebas de que Sadam dispusiera de armas de destrucción masiva, pero tampoco podían asegurar que no las tuviera debido a que el dictador no les había facilitado su supervisión. El conflicto diplomático había adquirido una relevancia mundial.

Como ya hemos contado, los dos agentes españoles estaban seguros de que Sadam no disponía de ellas y de que la causa del problema era el petróleo. Habían informado de ello a sus jefes en Madrid, pero parecía que nadie los creía. La CIA defendía la existencia de las armas, y frente a la todopoderosa agencia, sus conclusiones en apariencia carecían de peso. Martínez y Bernal fueron perdiendo la confianza de la Mujabarat a medida que el gobierno del presidente Aznar se alineaba con el estadounidense de Bush y el británico de Blair.

En febrero de 2003 recibieron desde Madrid la orden de abandonar Bagdad antes de que el conflicto estallara. Esperaron a que el embajador y el cuerpo diplomático españoles salieran de Irak y llegaran a casa. Después cerraron la delegación y retornaron por un camino seguro. Bernal selló el edificio de la embajada y, en un pequeño espacio que quedaba abierto, decidió dejar unas máscaras de gas y agua por si algún español acudía allí en busca de ayuda durante los ataques.

Al regresar a Madrid no disfrutaron de días de vacaciones. Antes de que el 20 de marzo Estados Unidos comenzara a lanzar sus bombas contra objetivos estratégicos de Bagdad, Martínez y Bernal se convirtieron en las principales figuras del gabinete de crisis que se montó en la sede del CNI. Eran los únicos que disponían de acceso a fuentes directas en Irak, con las que habían establecido mecanismos para mantenerse en contacto a distancia, asegurándoles el sueldo que cobraban como colaboradores suyos y seguro que algunas otras promesas.

La situación había cambiado drásticamente. Si los dos españoles se movían con relativa tranquilidad por territorio iraquí antes de comenzar las amenazas de Estados Unidos contra Sadam, el protago-

nismo adoptado por el presidente Aznar apoyando incondicional-
mente el ataque, los puso en evidencia y colocó en una tesitura complicada a sus fuentes. Muchos les habían creído amigos de Irak y
ahora los veían como sus principales enemigos.

De la misma forma que los dos agentes tomaron la decisión última sobre cuándo debían abandonar Irak una vez que recibieron la
orden, también decidieron el momento idóneo para regresar una vez
que las fuerzas estadounidenses habían tomado el país y habían comenzado a asentarse. La familia del hermético Bernal supo que iba a
marcharse de nuevo cuando le anunció a su hermana que si quería
que asistiera al bautizo de la niña que ella había adoptado en China
tenía que ser antes de julio.

El destino por el que tanto había peleado había cambiado completamente su apariencia, el terreno de juego era distinto. «Él era
plenamente consciente de las dificultades que se encontraría a su regreso —explica su padre—, la situación estaba muy jodida. No podía
permitir que los españoles que estaban allí no tuvieran a nadie que
se preocupara por ellos. Había firmado por tres años y tenía que
cumplir con su compromiso».

Es imposible saber a ciencia cierta lo que pasó por la cabeza del
agente Bernal antes de su partida, pero nadie conocía mejor que él la
situación que se iba a encontrar. El servicio secreto de Sadam lo tenía
identificado, había trabajado con ellos íntimamente. Tenía muy buenos contactos con diversos grupos religiosos que estaban enfrentados. Lo lógico era pensar que pasarían a verlo como un traidor. Pero
también es fácil deducir que Bernal era consciente de que nadie conocía Irak como el comandante Martínez y él mismo.

Bernal era sentado, metódico, y no se engañaba. No lo intentó
con su padre: «Yo me quiero ir a Irak. Si me sale bien, bien; si
me sale mal, pues mal». Y tampoco con su madre cuando directamente le increpó: «¿Cómo te vas a ir allí tal y como están las cosas?». José Antonio no dudó: «Sabes qué te digo, que en todas partes hay Dios».

El joven sargento radiotelegrafista, curtido ya en acciones de
campo, regresó con su comandante a Bagdad. Allí lo esperaban su
chalé de dos pisos, la cocinera, el jardinero y dos guardias que man-
tendrían a salvo el domicilio. Al llegar se reencontró en el jardín con
la pila inmensa de Coca-Colas que un amigo de su padre le había enviado por barco, junto a una mesa y unas sillas, para que cuando des-
cansara pudiera disfrutar del refresco.

Se puso a trabajar con intensidad, aunque sacaba ratos para enseñar a su cocinera platos españoles, en los que se iba haciendo una

experta. Los riesgos de la misión aumentaron cuando el Gobierno español anunció el envío de tropas. Martínez salió destinado a Nayaf y él, un sargento, se convirtió en el máximo experto del CNI en Bagdad. Su misión básica era recibir a los soldados españoles lo mejor posible, para lo que debía conseguir que los grupos terroristas, las facciones religiosas y la Mujabarat, que había pasado a la clandestinidad casi intacta tras la ocupación estadounidense, respetaran su presencia y no los convirtiera en objetivo. Esa tarea lo expuso aún más de lo que ya estaba. No paraba de mantener contactos en el avispero iraquí con cuadros medios de la Mujabarat y con líderes chiítas duramente reprimidos por esta. Todos se llevaban mal, pero él se relacionaba igual con unos y con otros.

El 7 de octubre, a la hora de la comida, telefoneó a su mujer, con la que deseaba tener un segundo hijo cuando hubiera terminado la experiencia iraquí, y después a su madre. Lo hacía con cierta frecuencia, quería mucho a sus mujeres. Les había dejado claro que no lo llamaran bajo ningún concepto, que él tomaría la iniciativa siempre. Tras hablar con su madre se despidió: «Bueno, pues en una semana nos vemos, que voy de vacaciones cortas, un beso».

Ese día fue dichoso para Bernal. Su amigo radiotelegrafista, al que había conocido en la Escuela, su querido Nacho Zanón, que llevaba dos meses en Irak, regresaba a España de vacaciones y se quedaría a dormir en su chalé. Los dos habían entrado al mismo tiempo en el servicio de inteligencia y se querían tanto que Bernal le había cedido su casa en Cuatro Vientos para que viviera con su mujer, con la que se había casado hacía poco. Pasaron la tarde juntos bebiendo Coca-Colas en el jardín y la mañana siguiente, muy temprano, lo acercó al aeropuerto.

Al día siguiente, Bernal se levantó sin prisas. Alfonso Vega, uno de los agentes que había llegado durante el verano para potenciar la presencia del CNI en Diwaniya en apoyo de las tropas españolas, suboficial como él, le había pedido que esa mañana lo esperara en su casa, pues quería informarle de un asunto relacionado con un grupo terrorista.

Vestido con su pantalón corto de estar por casa, una camiseta y los zapatos, oyó que llamaban a la puerta. El guarda de turno le había pedido incorporarse más tarde ese día y a él no le había importado. La asistenta y el jardinero tampoco habían llegado, así que salió él. Comprobó que era un clérigo chií al que conocía bien y le abrió. No fue un gesto de despreocupación o de aceleración. Todo parecía normal hasta que el clérigo, vestido con un turbante negro y una capa ligera del mismo color, y acompañado por otros dos hombres, comenzó a hablarle con agresividad. No se sabe lo que le dijo, pero Bernal pensó que habían ido a secuestrarlo o a matarlo. Rápido de reflejos, entendió que su única posibilidad era huir hasta una calle ancha situada a unos doscientos metros. Apartó al clérigo y a sus sicarios de un empujón y emprendió una carrera enloquecida. Quizás no llevaba los zapatos bien atados, pero el hecho es que tropezó, lo que le permitió a un cuarto hombre darle caza y pegarle un tiro en la cabeza.

Su asesinato llegó a los telediarios sin tiempo para que los agentes que el CNI envió a casa de sus padres tuvieran tiempo de comunicárselo. «Cuando vi en la pantalla la noticia, dije han matado a Josito —recuerda el capitán Bernal—, fue como si ya supiera que iba a ocurrir».

El teléfono comenzó a sonar inmediatamente y no paró durante varios días. De entre todas las llamadas, hubo una especial para el capitán del Ejército del Aire: su antiguo jefe, el que había ayudado a su hijo para conseguir el destino, que en ese momento estaba destinado en una delegación del servicio de inteligencia. El hombre no pudo evitar llorar amargamente en cuanto escuchó la voz del padre y, lleno de congoja, le dijo que él era el responsable de su muerte. El capitán Bernal le respondió que no había culpables y le consoló: «En cualquier caso, si hubiera alguien culpable, que no es el caso, sería yo».

Los acontecimientos se sucedieron a velocidad de vértigo. El capitán Bernal estaba acostumbrado a organizar eventos y tenía la sangre fría de un militar experto. Dejó que otros actuaran, pero él se encargó de cada detalle. Habló directamente con la prensa para dejar claro que «somos militares, sabemos que se corre un riesgo, para el que nuestro hijo se había presentado voluntario», que era el trabajo que le gustaba y «ha muerto en acto de servicio, haciéndolo por Dios y por la patria».

Nunca hasta ese momento el CNI había sufrido la muerte de uno de sus agentes de una forma tan pública y cruel. Un agente, además, que estaba llevando personalmente la seguridad de la embajada y los asuntos españoles en Bagdad. El sustituto de Alberto Martínez, Luis G. C., había llegado hacía poco tiempo y no controlaba la situación. El propio embajador español se lo comunicó con orgullo al capitán Bernal cuando fue a buscar el cadáver de su hijo a Bagdad: «Era el mejor de todos».

Le organizaron un funeral con la asistencia de las principales autoridades del Estado. Le concedieron, entre otras condecoraciones, la Gran Cruz de la Real Orden de Reconocimiento Civil a las Víctimas del Terrorismo, que apareció publicada en el Boletín Oficial de Defensa del 31 de octubre de 2003. El ministro Federico Trillo le anunció al capitán Bernal que el presidente Aznar quería entregársela en un acto especial en el Congreso de los Diputados. Sin embargo, ese acto se retrasó, después tuvieron lugar los atentados del 11-M, el cambio de gobierno y..., por muy alucinante que pueda parecer, todavía no se la han entregado.

El duelo por el marido, el padre, el hijo, el hermano y el amigo asesinado cruelmente en la puerta de su casa en Bagdad lo soportó cada uno como pudo. Algunos testimonios, como el del padre Ángel, de la asociación Mensajeros de la paz, confortaron a los más allegados. Un par de semanas antes de ser asesinado, José Antonio habló con el sacerdote, que estaba visitando sus misiones en Irak. Según les contó a los padres, su hijo lo invitó a alojarse en su casa, donde estaría más seguro y comería bastante mejor. Allí compartieron largas charlas y pudieron beber Coca-Colas.

Cuando el sufrimiento no se había apagado, a finales del mes de noviembre, saltó la noticia de la emboscada a ocho agentes y el asesinato de siete de ellos. Los padres de Bernal no dudaron ni un momento en acudir al tanatorio para estar con las familias. Allí se encontraron con Charo, la viuda de Alberto Martínez, el jefe y amigo al que tanto apreciaba su hijo. La mujer le dijo a Soledad Gómez una frase que le destrozó el corazón: «He llorado tanto la muerte de tu hijo que no tengo lágrimas para mi marido».

La investigación demostró que el asesinato de Bernal fue una encerrona perfectamente montada. El guarda de seguridad no apareció esa mañana, pero tampoco lo hicieron el jardinero y la cocinera aunque siempre acudían a la casa muy temprano. Los agentes enviados por el CNI no creyeron en las casualidades e interrogaron al guarda, que aseguró que no podía declarar nada hasta que quitaran del medio a Sadam Husein, que seguía escondido, y a su gente. El guarda temía por su vida y su testimonio no dejó dudas sobre que su ausencia no fue una casualidad. Si quería salvar su vida y la de su familia, no debía estar en la puerta de Bernal esa mañana.

Semanas después se realizaron algunas detenciones, pero no parece que realmente estuvieran vinculadas con el asesinato. Los resultados de la investigación realizada por agentes españoles, que contaron con la colaboración de la CIA y el MI6, no ofreció ninguna conclusión. Aunque la realidad fue distinta. Lo que ocurrió es que archivaron el caso y no dieron a conocer públicamente las conclusiones. Tras el asesinato en noviembre de siete agentes, quedó patente que fue una temeridad enviar a Bernal de regreso a Irak.

El espionaje es una profesión en la que se mezcla la confianza y el engaño. El agente debe ser capaz de manipular y ayudar a sus confidentes para conseguir los objetivos que le ha marcado su servicio de inteligencia. Cuando ese estatus se rompe, como le ocurrió a Bernal tras la invasión estadounidense, la estrategia fracasa y queda en evidencia. Más de uno debió sentirse engañado y quiso venganza. Sin contar con que el trabajo que estaba realizando para proteger a las tropas españolas urgía llegar a acuerdos con muchas partes que estaban enfrentadas entre sí. Un cúmulo de relaciones que, de conocerse —lo que pudo pasar—, llevó a alguno de esos grupos a sentirse engañado. Y en Irak, en aquellas fechas, todo se resolvía a tiros.

Bernal regresó a Bagdad tras la invasión estadounidense porque tenía un compromiso personal y siempre los cumplía. Se había preparado para ser radiotelegrafista y acabó trabajando de agente sobre el terreno en las peores circunstancias. Era muy responsable, y si le quedaban unos meses de trabajo, no habría aceptado quedarse en España. Pero debieron ser otros los que evitaran el error de dejarlo regresar.

José Antonio Bernal había nacido el 4 de enero de 1969 en el hospital Gómez Ulla, donde lo bautizaron el día de Reyes. Su féretro fue llevado al mismo hospital, desde donde fue trasladado al cementerio de Carabanchel. Un día, muchos años después, su hija le preguntó a su madre si su padre estaba enterrado en un trozo de tierra con una crucecita, como los estadounidenses, según había visto en alguna película. Su madre le dijo que no y le preguntó si quería ir a visitarlo. Las dos se fueron al cementerio. La niña pudo contemplar la tumba de mármol, con una gran cruz y llena de flores. También leyó la inscripción que Virtu, su madre, había hecho esculpir: «Gracias por haber compartido tu vida con nosotros. Nunca se pudo amar tanto. Nunca te olvidaremos. Tu esposa, hija, padres, hermanos y demás familia». La niña dijo orgullosa: «Ay, mamá, qué bien está aquí».

VIII

Relaciones con otros servicios secretos

Ganas sospechosas de ir al baño, entrar en edificios públicos sin dejar huella, usar viejas cabinas de teléfonos...

*E*staba en una situación complicada, había ido al cuarto de baño y no pude por menos que acordarme de una antigua anécdota vivida por el director del Seced en 1976. Andrés Cassinello había viajado a Saint-Martin-le-Beau, a unos doscientos kilómetros de París, para reunirse con el presidente de la Generalitat en el exilio Josep Tarradellas. Fue a su casa para negociar el fin de su exilio y el regreso a España, y durante la larga conversación a solas, mientras tomaban unos cafés, Cassinello le pidió al anfitrión que le indicara dónde estaba el servicio. El mismo jefe del espionaje reconoció muchos años después lo que hubo detrás de esa petición en apariencia tan humana y corriente: «Mantuve con él una larga entrevista, tan larga que hubo un momento en que le pedí ir al baño. Entré en el baño pero no a orinar, sino para darle la vuelta a la cinta de la pequeña grabadora que llevaba oculta y en la que registré toda la entrevista».

A mí me había pasado algo similar con la persona con la que estaba reunido en un discreto bar alejado de cualquier institución oficial con cuyos empleados nos pudiéramos cruzar antes o después de la charla. A mi interlocutor le conté la verdad desde el primer momento: estaba escribiendo un libro sobre el CNI y quería comentarle algunas dudas que me habían surgido sobre su papel cuando era agente. Le había dicho que con una hora creía que sería suficiente, pero ya llevábamos tres. No recuerdo el número de cafés que nos metimos, reconozco que los dos habíamos estado nerviosos, y el hecho es que sentí unas ganas enormes de ir al servicio. Al principio dudé pensando que lo interpretaría como una excusa para dar la vuelta a la cinta, al igual que hizo Cassinello cuarenta años antes. Pero no tenía sentido: le había prometido no grabarle y había cumplido mi palabra —sí, ya lo sé, las grabadoras actuales no llevan cinta—. Aguanté media hora más, pero la conversación fluía sin fin. Ya no podía más, le pedí disculpas y desaparecí en el baño. Pasé un mal rato, pero estoy seguro de que supo que fui honesto con él.

Un par de meses antes tuve que avisar a Alicia, mi mujer, de que iba a dejar el móvil en casa, por lo que era posible que sonara cuando no estaba. Me miró sin ninguna extrañeza y se limitó a responderme: «Tus *business*, ¿no?». Asentí con la cabeza y me eché a reír. Aunque nadie en casa me pregunta adónde voy cuando no doy explicaciones, de vez en cuando suelen hacer guasa y me preguntan: «¿Te vas a tus *business*?».

El día del que hablo me reuní en las afueras de Madrid con una fuente que me había pedido que no acudiera con el teléfono móvil para que la triangulación de la señal no marcara que habíamos estado juntos. Un dato al que se podría llegar si por cualquier motivo lo relacionaban conmigo en una investigación futura. Durante toda la tarde tuve una sensación de orfandad, la que produce en estos tiempos no llevar encima el teléfono móvil.

Reconozco que soy uno de los pocos españoles que utiliza las cabinas públicas para telefonear. Dejan una huella más difícil de seguir y es más complicado descubrir durante una investigación oficial a quién has llamado. El problema es que hay demasiadas cabinas que no funcionan y una cierta desidia por arreglarlas. Pero el móvil deja siempre registrados los datos y su uso no es muy recomendable cuando estás investigando sobre el servicio secreto. Cualquier teléfono público es más seguro.

Otro día descubrí que la seguridad de los edificios del Estado es totalmente inviolable frente a los visitantes, pero no lo es tanto cuando alguien de dentro no quiere que se identifique a la persona que va a verlo. La fuente con la que quería hablar sobre mi investigación para este libro me pidió, ante mi sorpresa, que fuera a su lugar de trabajo. Con todas las precauciones que yo había tomado para que nadie detectara nuestro encuentro, mi fuente decidía que nos encontráramos en su despacho. Como había vigilancia en la entrada, tendría que enseñar mi carné de identidad y mis datos quedarían reflejados en el libro de visitas. Es más bien su problema, pensé. Estuve allí dos horas hablando largo y tendido sobre diversos temas relacionados con el libro. Sin embargo, les aseguro que entré y salí sin que nadie me tomara los datos, gracias a un sistema que la fuente había ideado para evitarlo. Nunca estuve allí, bueno, claro que estuve, pero ya me entienden.

70 años después, la CIA sigue haciendo en España lo que le da la gana

$\mathcal{U}$n nutrido grupo de agentes operativos de la CIA entra y sale de España sin ningún control. A veces realizan misiones en la Península; otras, las más, pasan por aquí como base tranquila de retaguardia antes de desplazarse al país en el que van a actuar. La mayor parte de ellos posee pasaporte diplomático, aunque en España no lo necesitan porque, hagan lo que hagan, nunca van a ser detenidos. Las agencias de inteligencia estadounidenses saben que los acuerdos de colaboración rubricados con el CNI son tan beneficiosos para nuestro país que les otorgan una considerable libertad de acción. Algo que no es una novedad de los últimos años. Aunque pueda parecer increíble, es una constante histórica desde que en 1947 se creó la CIA y los agentes que había en España pertenecientes a su antecesora Oficina de Servicios Estratégicos (OSS) cambiaron de traje.

Tras el final de la Segunda Guerra Mundial, Franco necesitaba apoyos internacionales ante el veto de las democracias europeas. Estados Unidos ya tenía claro que España le era imprescindible geoestratégicamente para hacer frente al avance del comunismo. Desplegaron su diplomacia cerca del dictador y, al mismo tiempo, la CIA maniobró en los influyentes ambientes militares para que apoyaran intercambiar su respaldo por la instalación de bases militares. En 1953 se firmaron los Pactos de Madrid, en cuya letra no aparecía uno de sus principales acuerdos: la CIA podría colonizarnos en temas de inteligencia como le diera la gana con el pretexto de ayudarnos a combatir la creciente amenaza de la URSS.

El primer ejemplo del control total de la CIA tuvo lugar al año siguiente, cuando llegó al puerto de Barcelona el barco *Semíramis*, procedente de Moscú, que traía, junto a diversos refugiados, a los soldados de la División Azul que combatieron con los nazis en Rusia y habían sido hechos prisioneros. Lo seguirían otros barcos como el *Crimea*, cargado de «niños de la guerra» y otros exiliados que huyeron durante el conflicto civil y habían decidido retornar a España. Para detectar a los topos que la KGB pudiera haber metido entre ellos y con el objetivo de recolectar toda la información posible sobre la vida en la URSS, se organizaron equipos de investigación integrados por policías —encargados de los interrogatorios—, espías militares —responsables de la investigación— y agentes de la CIA —contrastando los datos y dirigiendo todo el proceso—. Los americanos llevaban la voz cantante y a cambio lo pagaban todo, incluidos los folios donde se redactaban los informes.

Los años de la dictadura fueron de colonización total de la CIA, que se permitió algo impensable en la actualidad porque constituye un delito: pagaban un sobresueldo a diversos agentes del espionaje español dedicados a tareas de contrainteligencia sobre el espionaje soviético —este pago se prolongó hasta los primeros años de la democracia, existiendo ya el CESID.

En 1974, agentes del entonces Seced descubrieron, durante un barrido electrónico realizado en el Palacio de la Zarzuela, que le habían escondido micrófonos al príncipe Juan Carlos. No tuvieron dudas de su procedencia estadounidense. No se armó un escándalo porque todos sabían que el gran aliado de España actuaba como le daba la gana y quería conocer hasta el mínimo detalle lo que hacía y pensaba el sucesor de Franco.

Cuando llegaron los últimos años del franquismo, la CIA impulsó una transición pacífica para garantizarse que tras el fallecimiento del dictador siguieran disponiendo de los mismos privilegios que llevaban ostentando más de veinte años. En unión con el servicio secreto español, desplegaron todas sus influencias, promovieron la apertura democrática en España, pero siempre que se siguieran sus ideas y conveniencias. La principal de sus premisas fue permitir la actividad de todos los partidos políticos menos el comunista de Santiago Carrillo. Extremo en el que fracasaron, gracias a que el rey Juan Carlos, el presidente Adolfo Suárez y el gobierno los engañaron en el último momento, tras asegurarles reiteradamente que estaban de acuerdo con ellos y era impensable reconocer a los comunistas como partido legal.

En los primeros años del gobierno de la UCD ocurrió algo que habría sido increíble de creer si no hubiera sido por el testimonio de su protagonista. Una noche, el presidente Adolfo Suárez se había quedado a trabajar hasta tarde en su despacho del Palacio de la Moncloa y, al dirigirse a sus aposentos, se cruzó por los pasillos con un fontanero que le dijo que estaba haciendo arreglos. Al día siguiente preguntó por él y nadie lo conocía. Algo había estado haciendo la CIA en plena sede presidencial que no llegaron a descubrir.

La presencia estadounidense en la Transición los llevó a controlarla hasta el extremo de que, durante el frustrado golpe de Estado del 23-F de 1981, hubo reuniones de uno de los golpistas, que mantenía muy buenas relaciones con la CIA, con el embajador estadounidense. Las tropas de Estados Unidos estuvieron en máxima alerta desde primeras horas del día.

En febrero de 1985, el presidente Felipe González decidió expulsar de España a dos agentes de la CIA descubiertos por los policías que custodiaban el perímetro del Palacio de la Moncloa. Se habían hecho pasar por turistas que fotografiaban el exterior de la residencia, con la intención posterior de colocar micrófonos para enterarse de la conversación de González con el ministro ruso de Asuntos Exteriores Andrei Gromyko, que iba a visitar España.

Los espías estadounidenses seguían tratando a España como si fuera una república bananera y no aprendieron la lección. Al año siguiente, preocupados por la distancia política que estaba abriendo el gobierno socialista con Estados Unidos, montaron una operación para chantajear a Alfonso Guerra, vicepresidente del Gobierno. Trataban de conocer hasta el mínimo detalle sobre su vida privada, para encontrar algo con lo que obligarlo a ser más comprensivo con sus intereses. Se pusieron en contacto con un antiguo agente de seguridad del Palacio de la Moncloa y le ofrecieron el oro y el moro para que los ayudara. Fue un gravísimo error: trabajaba en secreto para la unidad operativa del CESID. Pillados in fraganti, el presidente González les dio la lección que nadie se había atrevido hasta ese momento: expulsó a los ocho agentes de la delegación de la CIA en Madrid.

El director de la agencia pidió disculpas desde Langley a su colega español Alonso Manglano, pero no por ello cejaron en su empeño de espiar a todos los altos cargos españoles que pudieran. Con la llegada de José María Aznar a la presidencia, el espionaje de la CIA y la NSA había evolucionado y había pasado a ser casi indetectable. Habían desarrollado sistemas de interceptación electrónica muy sofisticados que garantizaban que ninguno de sus agentes fuera pillado con las manos en la masa.

Los grandes aliados en política internacional, como Estados Unidos, con los que compartimos principios democráticos, alianzas culturales y económicas, siguieron espiándonos, robándonos información política y económica, tanto o más que aquellos otros, como Rusia, que todo el mundo identifica como enemigos naturales. La gran superpotencia, la más poderosa del mundo, dirigida por George Bush, Barack Obama o Donald Trump, ha mantenido los mismos principios de obtener información sobre todos los países, aliados o no, incluido España.

El programa Prisma, puesto en marcha durante el mandato de Bush al amparo de los ataques del 11-S, continuado y ampliado por Obama, ha recabado información a través del tráfico internacional de comunicaciones que pasa por los servidores de empresas como Microsoft, Facebook, Google, Apple, Yahoo, Skype, Youtube, Aol y PalTalk. El material son correos electrónicos, fotos, audios y vídeos que supuestamente son de interés para la inteligencia. Las empresas ponen el conjunto de ese material en manos de la NSA, que es quien decide lo que les interesa y lo que no. Eso implica que las actividades en la red de los políticos, empresarios y otros influyentes españoles que utilizan esos programas llegan con facilidad a manos del espionaje americano. Además, el espionaje masivo de la NSA abarca a todos cuantos vivimos en España, y el selectivo de la CIA seguro que incluye a los personajes más importantes del país.

A los políticos españoles y al CNI les disgusta hablar del tema. En época de normalidad prefieren desmentirlo, pero tuvieron la desgracia de que en 2013 irrumpió en la escena pública Edward Snowden, que demostró que la relación de Estados Unidos con sus aliados no es tan idílica como tratan de hacernos creer. Que todo lo que pasa en otros países, incluidos sus grandes aliados, les interesa y lo roban sin importar la inmoralidad del camino utilizado. Demostró que Estados Unidos, que nos lleva espiando desde los años 50, sigue haciéndolo con total impunidad setenta años después.

El CNI valora que la información electrónica que les pasa la NSA y la CIA les permite hacer frente a las grandes amenazas procedentes del terrorismo, como ya hemos contado. Y que frente a sus actividades agresivas en otros terrenos solo queda dotarse de los medios necesarios para tratar de minimizar los daños.

Las delegaciones de la NSA y la CIA en Madrid, con sede en el edificio principal de la embajada de Estados Unidos en la madrileña calle de Serrano —cuentan con pisos operativos distribuidos por Madrid, Cataluña y Andalucía, y numerosos colaboradores de nacionalidad española—, tienen entre sus fines principales la obtención de información política y económica.

Con ese objetivo, intentan controlar a personalidades, altos cargos y personal diplomático relacionados con los asuntos que les interesan. Buscan vulnerabilidades que puedan usar para el chantaje, algo que puede sorprender, pero que en la CIA está perfectamente estructurado en un departamento encargado de almacenar información sobre personas que en el presente o el futuro puedan serles de utilidad. Buscan datos sobre su vida pública (formación, ideas políticas...), pero también sobre su vida privada (tendencias sexuales, consumo de alcohol, amistades, enfermedades...).

Este control de los agentes operativos de la CIA y de sus colaboradores españoles comienza en el rey y termina en diplomáticos que puedan ser contactados durante su estancia en el extranjero, pasando por el presidente y altos cargos de importantes empresas con intereses en otros países, o que desarrollen tecnología puntera y puedan competir con las suyas para conseguir grandes negocios internacionales.

Este es el motivo por el cual cuando Felipe VI —y antes el rey Juan Carlos— se hace un chequeo o está ingresado por una enfermedad en un hospital, todos los resultados de las pruebas los hacen desaparecer y se pide la máxima discreción a los médicos y personal sanitario.

El espionaje desplegado por la NSA, ayudada por las potentes empresas tecnológicas de su país, tiene un parapeto importante en lo que hace referencia a las comunicaciones de los más importantes cargos políticos de la nación. Como ya he explicado, el Centro Criptológico Nacional, dependiente del CNI, es el encargado de que nadie entre en las comunicaciones vía teléfono o Internet del Gobierno de España y de la Administración. Para ello disponen, entre otros medios, del programa de correo electrónico Lotus notes, de IBM, otra empresa estadounidense, que previamente permitió modificar su funcionamiento para que ni ellos mismos pudieran descifrar cómo funciona el programa aquí. La calidad del trabajo del Centro Criptológico Nacional permite a nuestros gobernantes estar más tranquilos. Aunque en estos temas, la seguridad al cien por cien no existe.

El problema está en el uso de los ordenadores en ministerios cuya información es apetecible para Estados Unidos. Si en Defensa, Exteriores o Economía un funcionario del gabinete del ministro, saltándose las estrictas normas de seguridad establecidas, mete en el ordenador un dispositivo extraíble USB infectado con un programa espía, puede facilitar que todas las comunicaciones de su departamento pasen a estar controladas por la NSA.

Este procedimiento es utilizado con frecuencia por la agencia de espionaje norteamericana cuando encuentra cortafuegos en los equipos que quiere controlar. Uno de sus virus descubiertos en ordenadores de Irán, el conocido como Duqu, apareció también en dispositivos de funcionarios españoles antes de las elecciones generales de 2011.

No obstante, los propios servicios de inteligencia se quejan de la falta de concienciación sobre seguridad de algunos altos cargos. Muchas veces, al llegar a sus casas, creyéndose amparados por identidades falsas, entran en ordenadores personales o hacen llamadas a teléfonos sin protección, con lo que desvelan información sensible muy útil para los espías. Pero no solo para el SVR ruso, sino para la CIA estadounidense. Si ese sistema no funciona, la alternativa de la CIA es la colocación de micrófonos en despachos y salas de reunión de los miembros del gobierno. Es un riesgo que solo corren en casos muy concretos e importantes.

Otro problema grave son los políticos de los partidos, que sí utilizan ordenadores con programas creados por empresas norteamericanas, por lo que todos los *emails* que escriben, los comentarios que hacen, las fotos que cuelgan o la información sobre las páginas que visitan pueden ser robados por la NSA y utilizados en el futuro para obligarlos a colaborar con ellos o simplemente para que les pongan al día sobre la marcha de un asunto que les interesa.

Las agencias de espionaje de Estados Unidos están volcadas en la investigación del sector empresarial, tienen una voluntad decidida de ayudar a sus empresas en todo lo que esté en sus manos. Buscan información que incluye desde patentes españolas hasta alianzas estratégicas que puedan llevar a cabo multinacionales españolas y que pueden ir en detrimento de los intereses de su industria.

En otras ocasiones, el espionaje no es a una sola empresa de un sector, sino a varias y a la política estratégica desarrollada por el Gobierno español en la materia. Es el caso de Cuba, donde España ha tenido históricamente una relación especial con los Castro que molestaba a Estados Unidos. La CIA siempre ha querido conocer de antemano los movimientos y encuentros del Ejecutivo español que iban contra su política de boicot. Algo similar ejecutaron con las empresas turísticas españolas, muy interesadas en el mercado cubano mirando al presente, pero especialmente pensando en un futuro sin los Castro. Estados Unidos no quiere ceder ese negocio por nada del mundo y disponer de la información sobre la iniciativa española en ese sector siempre ha sido una prioridad, especialmente tras el fin del bloqueo conseguido por el presidente Obama.

Los espías estadounidenses fueron muy activos durante la crisis que padeció nuestro país al principio de la presente década y que pudo concluir con la intervención de nuestra economía. Consideraron que había que apoyar a España para evitar que sus problemas pudieran tener un efecto rebote en la economía mundial y afectarles a ellos.

En las visitas de los mandatarios españoles al extranjero, el espionaje es si cabe más habitual. Uno de los incidentes afectó a José Luis Rodríguez Zapatero cuando era presidente del Gobierno. El 2 de abril de 2009 acudió a la cumbre del G-20 que se celebró en el ExCel Centre de Londres. Con él estuvo una amplia delegación que aprovechó para mantener contactos con los representantes de los países más poderosos. Oficialmente, trataron un tema que parecía más cercano al de una ONG que al de países con intereses enfrentados: mejorar la coordinación a nivel mundial con el fin de ayudar a restablecer el crecimiento económico.

Sin embargo, el gobierno británico montó un sibarita sistema de espionaje que abarcó desde los días anteriores a todos y cada uno de los participantes. Los correos electrónicos, los mensajes enviados desde las Blackberry personales y una parte de las llamadas de teléfono del presidente Zapatero, del ministro de Asuntos Exteriores Miguel Ángel Moratinos y de los componentes de la delegación fueron intervenidos por el Centro de Escuchas y Decodificación británico (GCHQ), que compartió todos los datos con sus «primos» de la NSA estadounidense.

Las destacadas personalidades españolas gozan de una alta protección facilitada por La Casa frente al espionaje tecnológico americano ejecutado bajo el programa Prisma, pero la inmensa mayoría de la población está desprotegida. Los especialistas en seguridad informática recomiendan utilizar navegadores como Firefox, que pertenece a la Fundación Mozilla, que se opone totalmente a las actuaciones de la NSA. Si se usa Gmail o Outlook y no se quiere cambiar de proveedor, no hay que dejar alojados los correos en los servidores aunque se tengan muchos gigas disponibles, porque ese es el tipo de información a la que van a tener acceso agencias como la NSA. También especifican que se pueden usar servidores de correo de otros países, pero ojo, muchos de ellos tienen sus servidores alojados en los Estados Unidos, por lo que no garantizan su seguridad.

Todo eso no quita que la CIA respete ciertas normas de protocolo entre aliados. La principal es que una parte de las actividades conflictivas que desarrolla en territorio español, y que pudieran producir escándalo público si se conocen, exigen notificación previa y autorización por parte del CNI. No lo hacen en todas las ocasiones, pero sí en algunas con relevancia política.

La más notoria en la etapa del CNI ha sido el incidente conocido como «vuelos de la CIA», una operación mundial de secuestro de sospechosos de terrorismo yihadista en sus lugares de residencia o escondite y su traslado a cárceles secretas para ser interrogados mediante vuelos que hicieron escala en países intermedios. Un informe presentado al Parlamento Europeo por el diputado socialista italiano Giovanni Fava hablaba de 1245 vuelos civiles de la CIA en aeropuertos europeos, de los cuales 68 habían recalado en España. Otro informe anterior reconocía la colaboración de distintos países y señalaba a nuestro país por haber facilitado apoyo logístico.

Fueron muchos vuelos pero, como pasa siempre en estas operaciones, de nada servían las sospechas o los datos en bruto si no había pruebas fuera de toda duda. El caso que hizo estallar el escándalo fue el de Jaled el Masri, un ciudadano alemán de origen libanés. El 31 de diciembre de 2003 fue detenido en la frontera de Serbia con Macedonia. Los estadounidenses sospecharon que su documentación podía ser falsa, por lo que lo retuvieron 23 días bajo la acusación de haber recibido entrenamiento militar de Al Qaeda en Jalalabad (Afganistán). De nada sirvió que lo negara todo, ese era el patrón de actuación de cualquier yihadista.

Lo entregaron a agentes de la CIA, que lo torturaron e interrogaron hasta que el 23 de enero de 2004 decidieron llevarlo a una cárcel secreta en Afganistán. El vuelo partió de Skopje (Macedonia) e hizo escala en el aeropuerto de Son Sant Joan, en Palma de Mallorca.

Antes de que despegara, ocurrió algo que nadie en España ha querido reconocer. Un agente de la CIA, que había estado destinado en la embajada de Estados Unidos en Madrid, telefoneó a la Comisaría General de Información y al CNI para anunciar que el vuelo que trasladaba a un terrorista yihadista iba a hacer escala en territorio español. Ni la Policía ni los espías intuyeron, cuando se dieron por informados, que el asunto iba a adquirir tiempo después una trascendencia política y judicial tan importante. Todos sabían que si algún día se descubría el percal, lo negarían hasta la evidencia, como así tuvieron que hacer.

El avión aterrizó en Palma, el personal de la CIA se tomó unas horas de asueto en un hotel desde el que llamaron por teléfono a sus familias, que vivían en las proximidades de la sede de la agencia en Langley. Esparcieron un montón de pistas, convencidos de que las autoridades españolas respaldaban su ruta y nadie iba a investigarlos.

Si el secuestro de Jaled el Masri hubiera confirmado las sospechas iniciales, el escándalo nunca habría estallado. Pero resultó que el prisionero, tras cuatro meses de brutales interrogatorios en Kabul, demostró que su declaración de inocencia era cierta y que se habían equivocado. En mayo lo devolvieron a Macedonia.

En 2006 se abrieron diligencias en el Juzgado Central de Instrucción número 2, que tras las pertinentes investigaciones no dieron resultado y el caso fue archivado. Nadie colaboró para identificar a los agentes de la CIA que con nombres falsos llevaron a cabo el traslado ilegal. Las autoridades policiales y del CNI siempre negaron disponer de datos. Pero lo sabían todo.

Un pederasta captado por la CIA en Irak, colaborador del CNI

*E*l CNI lo desmintió desde el primer momento y, ateniéndonos al significado estricto de las palabras, están en posesión de la verdad. Daniel Galván Viña, el pederasta que fue condenado en 2011 a treinta años de prisión en Marruecos por abusos sexuales a once niños y niñas, no es funcionario del servicio de inteligencia español. Y no lo es porque su nombre no figuraba en la plantilla de trabajadores a sueldo de La Casa, pero sí apareció en algún momento en el listado de colaboradores.

El caso de Galván, nacionalizado español, supuso un gran escándalo para el servicio español. Pillado en Marruecos sin ningún género de dudas, el juicio celebrado en 2013 fue ampliamente seguido en el país vecino, con el lógico follón mediático. A mediados de julio, el rey Juan Carlos hizo una importante visita oficial, que fue coronada unos días después con el anuncio de que cuarenta y ocho presos españoles habían sido amnistiados por Mohamed VI. La embajada española había presentado un listado para que dieciocho fueran indultados y treinta trasladados a prisiones españolas. Un supuesto lío provocó que todos quedaran en libertad.

El escándalo no tardó en montarse. Uno de los liberados era Daniel Galván, el mayor pederasta condenado en la historia de Marruecos. Un diario local denunció que trabajaba para el CNI y que había sido indultado con la aquiescencia del servicio secreto marroquí. En cuanto la bola de nieve de la noticia creció, llegó el desmentido del espionaje español. La presión de las opiniones públicas marroquí y española forzó su detención e ingreso en prisión en España, donde todavía permanece y parece que para mucho tiempo.

La historia de Galván va mucho más allá del CNI. Salaheddin Gadhban Binia, como se llama en realidad, es un teniente del Ejército iraquí que combatió en la larga guerra con Irán que duró desde 1980 hasta 1988. Estados Unidos y países como España apoyaron en la contienda a Sadam Husein.

En esa época Gadhban comenzó a colaborar con la CIA, el servicio secreto que lo captó. El CNI (entonces CESID) no participó en su captación porque carecía de un delegado permanente en Irak. El despliegue de la inteligencia española no era muy grande porque ese país aún no era una prioridad. El agente destacado en Siria era el que viajaba periódicamente a Bagdad cuando las circunstancias lo aconsejaban.

Fue la CIA quien utilizó al militar iraquí duránte la primera Guerra del Golfo, en la que el presidente de Estados Unidos era George Bush padre. Tras la invasión de Kuwait el 2 de agosto de 1990, Estados Unidos formó una coalición que consiguió la victoria en febrero de 1991. La doctrina de los servicios de inteligencia es contar con colaboradores capaces de facilitar informaciones o ayudas de todo tipo, y cuando dejan de ser útiles, desprenderse de ellos.

En 1992, Gadhban consiguió un pasaporte español y una nueva identidad. Lo que demuestra el valor que había tenido y el que se esperaba siguiera teniendo. A partir de ese momento, Galván se convirtió en colaborador de La Casa, aunque la CIA lo seguía utilizando cuando lo consideraba necesario. Otro hecho, el de compartir colaboradores, que es habitual en el espionaje.

En 1996, Galván consiguió un trabajo como administrativo en la Universidad de Murcia, algo que implicaba que el CNI podía disponer de uno de sus colaboradores en una comunidad que era una de las que estaba registrando un mayor aumento de musulmanes. Se desconoce si Galván ayudó durante la segunda Guerra del Golfo. Pudo haberlo hecho si mantenía contactos allí o facilitando información sobre sus relaciones y experiencias. Cualquiera que conociera el país podía colaborar.

Tras los atentados del 11-M, alguien sin beneficios más allá de su humilde sueldo en Murcia, aterrizó en Marruecos. Era una época en la que existía gran preocupación en los reinos español y alauita por el terrorismo islamista que azotaba a los dos países. Galván llegó con un poder adquisitivo alto que solo lo podía justificar un sobresueldo procedente de un servicio de inteligencia o de dos. Allí dio rienda suelta a sus perversiones y terminó siendo detenido.

¿Podía conocer el CNI los abusos de niños que Galván llevaba a cabo? Es imposible saberlo, aunque ese tipo de comportamientos nunca han supuesto un impedimento para que alguien coopere con un servicio de inteligencia. Los colaboradores son contratados por la calidad de su información o el trabajo que son capaces de hacer, y el servicio permanece al margen de lo que hagan en su vida privada siempre que no sea un problema público.

Tras el errado indulto en Marruecos, Galván perdió la libertad y al menos está encerrado en una cárcel española, con una calidad de vida infinitamente superior a la de las prisiones marroquíes. No tendrá problemas mientras sus labios estén sellados sobre lo que hizo para la CIA y el CNI en los últimos treinta años.

Marruecos-España: una relación plagada de expulsiones por ambos bandos

*E*l policía español de origen marroquí puede contar abiertamente lo que no se atreven a mencionar compañeros que trabajan en el CNI. Cada vez que viaja de vacaciones a Marruecos para visitar a la numerosa familia de sus padres, siempre detecta seguimientos, personas extrañas que se le acercan para preguntarle por su vida en España e, incluso, acercamientos para valorar su grado de lealtad a Marruecos. Cuando regresa a España, el policía cuenta cada detalle a sus jefes.

Esta es una constante del servicio secreto marroquí con todos los descendientes de marroquíes que en España tienen acceso a cualquier tipo de información que les pueda ser de interés. Para la DGED, el espionaje exterior marroquí, todos aquellos a los que consideran compatriotas son objetivos para convertirse en colaboradores.

Desde la llegada de Yassine Mansouri a su dirección, la DGED ha adquirido un tono más agresivo en su despliegue en el exterior y especialmente en España. Mansouri es el primer civil que dirige el servicio y fue designado por el rey Mohamed VI, con quien estudió en el colegio y de quien depende directamente. Su misión es aplicar su política interior en el extranjero. Lo principal es el control de los centenares de miles de inmigrantes marroquíes en España para que se mantengan fieles a su rey. Después está la lucha contra el terrorismo yihadista, controlar las actividades del Frente Polisario y fomentar su desprestigio, así como minimizar la influencia de Argelia, su gran enemigo, sobre el Gobierno español.

Según un informe del CNI de mayo de 2011, «su objetivo es extender su influencia e incrementar el control sobre las colonias marroquíes utilizando la excusa de la religión».[1] Este trabajo, según los espías españoles, lo realizan «a través de su embajada y consulados» y con colaboradores reclutados en diversos sectores de la sociedad.

En su deseo de obtener información sobre España, la DGED tiene desplegados agentes en Madrid, Barcelona, Gerona, Málaga, Algeciras, Alicante, Bilbao, Las Palmas de Gran Canaria, Palma de Mallorca, Oviedo, Sevilla y Valencia. Un despliegue geográfico que no tiene ningún otro servicio extranjero, aunque en número se queda detrás de Estados Unidos.

Fruto de esa labor de espionaje que ejecutan, más allá del límite de la legalidad en muchos casos, en 2013 fue expulsado de España, por petición del director Félix Sanz, el presidente de la Unión de Centros Culturales Islámicos de Cataluña Noureddin Ziani. El CNI sabía desde hacía tiempo que era colaborador de la DGED, que pagaba mensualmente sus servicios. Le permitió moverse hasta que estableció relaciones demasiado cordiales con la antigua Convergencia Democrática de Cataluña, que contaba con él para intentar ganarse el voto de las comunidades islámicas para el independentismo. Traspasó una línea roja y lo echaron.

Otro caso distinto fue el del agente del CNI identificado por su placa 8882. Al ser de nacionalidad española, con raíces en Marruecos, se limitaron a expulsarlo de La Casa. Fue contratado en 2007, tras ofrecerse voluntariamente gracias a que hablaba varios dialectos del árabe en los que se comunicaban sospechosos de terrorismo yihadista. En 2014 agentes de la División de Seguridad descubrieron —¡siete años después de entrar!— que no era de fiar. Mantenía contactos con agentes de la DGED, era amigo de un sospechoso de simpatizar con el terrorismo yihadista, había fotografiado instalaciones de La Casa que luego había enviado a alguien desconocido por Internet y hasta había grabado sin permiso encuentros sexuales con otra agente que había enseñado a algunos compañeros para presumir.

El CNI tampoco se queda atrás en su comportamiento en Marruecos. Si para ellos España es un país prioritario en sus relaciones internacionales, Marruecos también lo es para España. No hay ningún otro país del mundo que tenga tanta presencia de espías españoles. Nuestras delegaciones más importantes están en Rabat, Casablanca, Nador, Tetuán, Tánger, Agadir y Larache. Allí tratan de

---

1. Ignacio Cembrero, «A la caza del espía marroquí», *El País,* 14 de diciembre de 2012.

obtener toda la información posible sobre el régimen, empezando por la vida pública y privada de Mohamed VI y terminando por las actividades y medios de su Ejército, pasando por amenazas como el tráfico de drogas o la inmigración ilegal. Una mención aparte merece el terrorismo yihadista, una de las prioridades a nivel mundial del CNI, que adquiere en Marruecos una especial trascendencia.

Aunque las relaciones entre los dos países han sido en la etapa del CNI muchísimo mejores de lo que lo fueron en la etapa del CESID, los directores españoles y Yassine Mansouri no han conseguido ponerse de acuerdo para legalizar la presencia de sus espías fuera. Solo los marroquíes de Madrid y los españoles de Rabat son reconocidos como delegados de sus servicios. El resto son antenas, es decir, espías sin cobertura que si son descubiertos in fraganti realizando actividades ilegales pueden ser encarcelados. Algo que nunca ha ocurrido.

Es el caso de los agentes de La Casa destinados en el norte de Marruecos: en Tánger, Tetuán y Nador. En 2009, el jefe de estación en esta última provincia recibió la llamada de su jefe en Madrid conminándolo a regresar de inmediato a la Península. La orden de expulsión la había firmado el Gobierno marroquí tras descubrir su relación con Chakib al Khayari, el cabeza visible de una asociación de derechos humanos. Acusaban al español de haberle entregado dinero.

En los meses siguientes fue el CNI el que decidió anticiparse a los problemas con sus colegas sacando de Marruecos a sus delegados en Tetuán y Tánger. En esta última localidad un agente español fue pillado mientras intentaba captar a un militar marroquí, por lo que decidieron dejar sin agentes el norte del país.

En contra de lo que muchos podrían deducir, todos estos altercados nunca sirvieron como pretexto para romper relaciones, ni tampoco para perjudicar la colaboración en los temas de interés mutuo. Sí estuvo a punto de conseguirlo una decisión fuera del ámbito del espionaje.

En octubre de 2007, el juez de la Audiencia Nacional Baltasar Garzón se consideró competente para investigar el genocidio de opositores saharauis por parte de trece altos cargos marroquíes. Entre ellos figuraba Yassine Mansouri. Durante una reunión del club de servicios secretos del Mediterráneo, Mansouri mostró su enorme malestar ante el director Alberto Saiz. Las buenas relaciones bilaterales estuvieron a punto de irse al traste, pero la intervención del gobierno de Rodríguez Zapatero solucionó lo que interpretaron como una emboscada contra la colaboración bilateral.

Tampoco se enturbiaron las relaciones tras la difusión en septiembre de 2008 de una noticia absolutamente falsa por el periódico *L'Observateur du Maroc*, en la que se aseguraba que el expresidente del Gobierno José María Aznar era el padre de la hija de la ministra francesa de Justicia Rachida Dati. Aznar lo desmintió rotundamente, a pesar de lo cual muchos no le creyeron.

Tiempo después se descubrió que el director del citado diario marroquí, Ahmed Charai, estaba al servicio de la DGED y había participado en la compra de periodistas estadounidenses, franceses y británicos para que en sus informaciones relacionaran al Frente Polisario con el terrorismo yihadista. Este hecho confirmaba las sospechas de que el bulo había sido promovido por el espionaje marroquí para vengarse de Aznar por la humillación a que sometió al país en julio de 2002 después de que ordenara invadir la isla de Perejil.

Tras los atentados terroristas de 2003 en Casablanca y de 2004 en Madrid, nada impidió que los dos servicios se convirtieran en socios en la lucha contra el yihadismo. Eso ayudó a que otros asuntos controvertidos hasta ese momento empezaran a resolverse de una forma amistosa. Por ejemplo, cuando tuvo lugar la crisis de inmigración durante el gobierno de Rodríguez Zapatero, la DGED no aprovechó para agitar el tema de Ceuta y Melilla, como habían hecho en ocasiones anteriores.

La operación del CNI para derrocar a Mohamed VI

*A*bdelilah Issou es uno de los mayores enemigos de Marruecos. Su nombre aparece marcado en esa lista negra desde que a finales del año 2000 descubrieron que había estado trabajando desde 1997 para J. M. de L., un agente del servicio secreto español destinado en el país. El teniente Issou se dio cuenta a tiempo de que su vida corría peligro y huyó aceleradamente de su acuartelamiento. Lo último que pudo esperar es que el espionaje español se negara a cumplir su palabra de trasladarlo a la Península si era descubierto. Corrían tiempos crudos entre los dos servicios secretos y el español no estaba dispuesto a echar leña al fuego de esas complicadas relaciones dando amparo a un militar marroquí. Issou consiguió huir por sus propios medios a España, donde vive escondido desde entonces. Hace unos años la DGED intentó secuestrarlo en Madrid por pertenecer a un movimiento opositor en el exterior.

Alto, fuerte y desconfiado, en guardia ante cualquier imprevisto, Abdelilah recuerda el momento de su captación por el servicio secreto español: «El día que contacté con el consulado español, pedí hablar con el agregado de prensa, porque mi intención no era hacer de espía para el CNI ni mucho menos, sino que se publicara en la prensa española lo que estaba pasando en palacio [el de Rabat] y dentro del Ejército marroquí, es decir, los escándalos de corrupción, tráfico de droga… Lo de espiar me lo propuso el "diplomático español" a raíz de nuestro segundo encuentro, además de proponerme un plan que consistía en formar un grupo clandestino de oficiales, que se llamaría Oficiales Libres Marroquíes, cuya misión sería, a largo plazo, el derrocamiento de la monarquía en Marruecos y la instauración de un régimen democrático. Me prometió dinero, asesoramiento, e incluso armas si hacía falta, y acepté. Lo de espiar hay que matizarlo. Como se dice, a veces el fin justifica los medios, y lo de colaborar con el CNI no fue sino un medio para llegar a derrocar a un régimen dictatorial, corrupto y podrido, que es la monarquía alauí, un acto de resistencia».

Las tareas que le encargaban muestran con claridad los objetivos del servicio secreto español en Marruecos: «Mi trabajo consistía primero en recabar información y segundo en reclutar oficiales para el grupo que he mencionado. La información era sobre la familia real [marroquí], algún que otro político y, claro, estaba la información militar, y aquí también tengo que matizar. Yo aceptaba dar información sobre los altos mandos, e incluso hacerles retratos psicológicos, pero en cuanto a la información militar, sea de carácter estratégico, táctico u operacional, o encontraba excusas para no proporcionarla, o la proporcionaba a medias, o simplemente daba información errónea. Al fin y al cabo, yo no sabía adónde iba a parar esa información».

Issou, como todos los agentes captados en territorio hostil, recibía dinero por su trabajo, pero lo importante era lo que el servicio haría por él si era descubierto: «No tenía un sueldo fijo y nunca lo pedí. Cuando necesitaba dinero para gastos justificados de desplazamientos, hoteles o llamadas telefónicas, pues se lo pedía, y me lo pagaban siempre. En cuanto a lo que me prometieron, pues yo puse como condición que, si llegaba el caso, me tendrían que ayudar a salir del país, darme asilo en España, protegerme, y garantizarme una vida digna, pero desgraciadamente no cumplieron con ninguna de esas promesas. Deserté del Ejército cuando supe que estaba vigilado por el contraespionaje. Mi contacto me aconsejó seguir con mi rutina como si nada, pero era mi pellejo el que estaba en juego, y sabiendo lo que me harían una vez arrestado, no lo dudé ni un solo momento. El CNI me dejó tirado. Deserté del ejército en septiembre del 2000, y estuve escondido hasta finales de octubre, cuando pasé la frontera entre Marruecos y España en Ceuta y llamé a mi contacto, poniéndolo delante del hecho consumado. Estaba ahí y no tenía más remedio que ayudarme y cumplir con lo acordado. Nos reunimos en un hotel y mantuvimos una conversación a raíz de la cual me dejó bien claro que, de momento, no se me iba a aportar ninguna clase de ayuda, que tendría que volver a Marruecos y a mi trabajo. Pero me dio cita ahí en Ceuta para el mes de junio del 2001. Era surrealista todo aquello. Tuve que volver a cruzar la frontera, con un pasaporte que no era mío y con todos los riesgos que eso conllevaba. No volví a mi trabajo y estuve escondido hasta junio. Volví a cruzar la frontera y acudí a la cita. No se presentó nadie. Volví a mi escondite en Marruecos hasta que pude conseguir el pasaporte que me iba a permitir cruzar el Estrecho para la Península, lo que hice a principios de enero del 2002».

Viviendo sin papeles en España, intentó solucionar su vida futura: «La primera vez que intenté volver a contactar con el CNI fue desde Zamora, donde estuve una temporada en el 2002, a través de la Policía Nacional. Me había llegado un rumor, según el cual iba a haber un gran atentado terrorista de Al Qaeda en España. Tenía la posibilidad real de empezar una investigación y conseguir información que, quizás, habría evitado lo del 11-M. La Policía Nacional de Zamora transmitió mi mensaje a sus superiores, pero el agente que vino desde Madrid unos días después para entrevistarme no era del CNI, sino de una unidad de inteligencia de la Policía Nacional, y lo que quería era información concreta sobre aquel supuesto atentado, y yo no la tenía. Le dije que si me ponían en nómina, podría ponerme a trabajar en el asunto y conseguir la información, pero claro, eso llevaría su tiempo. Me dijo que iba a transmitir la propuesta a sus superiores, pero nunca volví a saber nada de él. La segunda vez fue en Madrid, en el 2005. Mandé un mensaje a través de la página web del CNI, bajo una falsa identidad, ofreciéndome para colaborar en temas de terrorismo islamista. Me mandaron a dos agentes jóvenes para entrevistarme. Les conté mi historia y me dijeron que iban a transmitirlo todo a sus superiores, pero jamás se volvieron a comunicar conmigo».

Para intentar regularizar su situación y evitarse problemas con el espionaje marroquí, pidió asilo político en España: «Quiero agradecerle al pueblo y a las instituciones españolas su hospitalidad y el otorgarme el estatuto de asilado, y la protección del Estado español. También le quiero agradecer al señor José María Aznar y a la que fue su ministra de Asuntos Exteriores, la señora Ana Palacio, el no haberme entregado en su día a Marruecos, porque me consta que ha habido presiones enormes de Rabat en este sentido. En cuanto a mi vida, estoy llevando una existencia tranquila y normal, como cualquier ciudadano».

Pero la DGED no se dio por vencida en ningún momento: «En agosto del 2010 fui abordado una mañana muy temprano, cuando hacía *footing* en el madrileño barrio de Villaverde, por dos individuos marroquíes armados que intentaron hacerme subir a un coche, y si no fuera por una vecina que salió de su casa justo delante del lugar del intento de secuestro, no estaría aquí ahora para contarlo. Mis agresores me soltaron cuando la vieron y salí corriendo. Me esperaba recibir un balazo en la espalda pero logré escapar y volver a mi casa, en estado de *shock* pero sano y salvo. Me vestí y me fui a la comisaría del barrio para denunciar los hechos. Llegaron dos agentes de la unidad de información de la Policía Nacional y me llevaron con ellos a su oficina. Ahí les conté todo lo sucedido, les di la descripción de los individuos, que eran nacionales de Marruecos. Este incidente pasó solo unas semanas después de empezar unas conversaciones con otros opositores asilados marroquíes en Europa para formar un movimiento político, así que no tengo ni la menor duda de que el intento de secuestro fue obra de los servicios de seguridad marroquíes. Después del incidente de Villaverde empecé a temer por mi vida y a sentirme menos seguro que antes. El Estado español no me puede proteger las veinticuatro horas del día. Marruecos me considera uno de los mayores enemigos del país en el extranjero, lo publicó el *Aujourd'hui le Maroc* en febrero del 2011. Me meten en el mismo saco que al difunto jeque Abdeslam Yassin, fundador del grupo islamista marroquí Justicia y Caridad; el príncipe Hicham, primo del rey Mohamed VI; el excapitán del Ejército del Aire marroquí y asilado en Francia Mustafa Adib, y otras dos personas».

El espionaje ruso, el más agresivo
y peligroso en España

$\mathcal{L}$os tres directores que ha tenido el CNI y los jefes de la Comisaría General de Información de la Policía coinciden en su apreciación: el SVR, el espionaje exterior de Rusia, es el más agresivo que trabaja en España. Su único límite es ser muy cuidadosos en el contacto con funcionarios españoles porque si los descubren podría acarrearles la expulsión inmediata de sus agentes. Su trabajo se dirige a robar tecnología puntera y en los últimos años, tras el conflicto en Ucrania, se han desatado aún más para conseguir información política, económica y militar.

La novedad desde el año 2014 es el esfuerzo desplegado por Rusia utilizando sus cibermedios para acceder a los teléfonos y ordenadores de los altos cargos del Estado, de las principales empresas nacionales y de aquellas que manejan alta tecnología. La amenaza es tan grave que el CNI lleva años peleando para concienciar al gobierno de que están poniendo en peligro la seguridad nacional.

El director Félix Sanz ha reconocido que lo que pasó en las elecciones de Estados Unidos en 2016 podría pasar perfectamente en España en el futuro. El problema en esa ocasión estuvo en la falta de concienciación del aparato del Partido Demócrata, que no se puso las pilas para evitar que los *crackers* rusos violaran con cierta facilidad su sistema informático y robaran todos los datos que les interesaban, para después filtrarlos oportunamente en favor del candidato electoral que más convenía a sus objetivos, el republicano Donald Trump.

Las discretas llamadas de alerta del CNI fueron dirigidas en un primer momento al presidente del Gobierno Rajoy, a sus ministros y secretarios de Estado. Habían constatado que los cibersoldados del GRU —el Departamento Central de Inteligencia ruso, dependiente de las Fuerzas Armadas— estaban intentando penetrar en sus móviles y ordenadores mediante el aparente simple sistema de enviar correos con virus que al abrirlos tomaban posesión de los dispositivos. Después toda la actividad del poseedor de los mismos llegaba directamente a los rusos.

Esta operación es ejecutada por el GRU, cuyos trabajos siempre han sido más secretos que los del FSB —espionaje interior— y el SVR —espionaje exterior—, porque la capacidad de infiltración de los servicios de inteligencia occidentales en el espionaje militar ruso ha sido menor. Lo que se sabe, gracias a los estadounidenses, es que coordinan importantes misiones en el extranjero, entre las que se cuentan la dirección de equipos de *crackers* que actúan con independencia y aisladamente con el objetivo de robar información y ejecutar operaciones encargadas por el poder ruso representado por el presidente Putin.

Tras el estallido del conflicto de Ucrania, entre sus objetivos en España, el GRU dio prioridad a robar toda la información que manejan los altos cargos sobre la OTAN y la UE, al margen de que estuviera referida a esa guerra. Una información que buscaron en España, pero también en el resto de países pertenecientes a esa alianza militar y a la unión política.

Conscientes de que la puerta de entrada a la globalidad de la información secreta podía ser abierta por un simple descuido de cualquier funcionario, el CNI no solo procedió a sensibilizar a los receptores de esos ataques, sino que desarrollaron un sistema especial que hiciera de cortafuegos y al que han denominado Sistema de Comunicaciones Especiales de la Presidencia de Gobierno. Un sistema que está implementando el Centro Criptológico Nacional.

Para colmo de males, tras la llegada en 2004 al CNI de Alberto Saiz, se descubrió un agujero interno en la seguridad. Los equipos de la unidad operativa que controlaban los movimientos de agentes del SVR en España detectaron que sus objetivos se escapaban de su persecución sin justificación aparente. Era como si los rusos conocieran sus tácticas de seguimiento o los detectaran. Una vez podía ser casualidad, pero varias veces demostraba que algo funcionaba mal.

Una investigación interna de varios años, llevada con el mayor de los sigilos, permitió descubrir que el exagente Roberto Flórez, antes de abandonar el servicio, había vendido al SVR una documentación interna referida a la identidad de los agentes y a los métodos de seguimiento. Flórez fue detenido y posteriormente condenado. Se cambiaron los medios de trabajo y a los agentes encargados del seguimiento, y todo volvió a la normalidad.

El espía ilegal ruso que el CNI
no quiso detener para evitarse líos

*H*enry Fritz conocía perfectamente las calles de Madrid, por las que se movía como pez en el agua. De padre neozelandés, su español era muy fluido, aunque con fuerte acento, procedente supuestamente de la herencia de su madre ecuatoriana. Una mezcla familiar poco frecuente, pero que a nadie extrañó en los cerca de veinticinco años que vivió en España.

Llegó a mediados de los años 80, sin compañía, buscando los mimbres para asentar una vida estable y tranquila. Tuvo varios empleos, pero ninguno serio y definitivo. En 1990 su situación laboral se complicó y debió buscar a la desesperada un trabajo que le permitiera quedarse en el país. Mantenía una cierta relación con Carlos Moreno, un trabajador autónomo que ayudaba a empresas en los trámites para conseguir subvenciones estatales. Fritz le propuso crear entre los dos una empresa que se dedicara al comercio internacional. Así nació Frimor —iniciales de los apellidos de los dos—, a la que Fritz dedicaba todo su tiempo y en la que Moreno solo echaba una mano cuando podía. El medio neozelandés medio ecuatoriano consiguió de esta forma el requisito que le faltaba para permanecer en España.

Era un ciudadano corriente, uno más del montón, que cumplía religiosamente sus obligaciones legales y no llamaba la atención de las autoridades. Trabajaba mucho, salía a divertirse poco y llevaba una vida muy ordenada. Una tapadera perfecta para un espía ilegal del servicio secreto ruso, que en aquella época se llamaba KGB y después SVR.

Los espías legales son aquellos que tienen una cobertura diplomática. Si son pillados efectuando actividades incompatibles con ese estatus, son devueltos de inmediato a su país. Son más fáciles de descubrir, solo habría que buscarlos entre los 27 diplomáticos que Rusia tenía, por ejemplo, en su delegación en España. Por el contrario, un ilegal carece de cualquier cobertura en el país en el que está desarrollando su actividad. Se hace pasar por un ciudadano normal, él mismo se busca las tapaderas que le permitan llevar una vida discreta y suele evitar los contactos personales con agentes locales de su servicio que en algún momento pueden estar siendo sometidos a vigilancia.

Estudiando similitudes con casos de otros ilegales, la preparación de la operación debieron montarla con mucha antelación. La delegación del KGB en Nueva Zelanda se desplazó a varios cementerios para buscar una tumba de un ciudadano local que coincidiera en años, más o menos, con la edad del agente que querían introducir en España. Allí encontraron la de Henry Fritz, que finalmente diferiría en dos años con la del ilegal en el que iba a reencarnarse.

En la sede del KGB diseñaron la personalidad del nuevo espía con la intención de que su perfil no levantara sospechosas en las autoridades españolas. Después, el seleccionado, Serguey Yuryevich Cherepanov, estudió las materias que le harían apto para cumplir su misión: el idioma español, nuestras costumbres, y las de Ecuador y Nueva Zelanda, países en los que se suponía que había vivido. También recibió una preparación técnica concreta sobre el trabajo a realizar, incluidos los sistemas para comunicarse con su controlador en España o en el extranjero mediante sistemas seguros.

Más tarde pasó una temporada en Ecuador y en Nueva Zelanda para conocer de primera mano los sitios donde supuestamente había transcurrido su vida pasada. Finalmente viajó a España para asentar durante un tiempo su cobertura sin mantener el mínimo contacto con nadie de nacionalidad soviética. Posiblemente, el momento en que creó la sociedad con Moreno fue el de activación de su trabajo. Habían pasado varios años en los que apenas mantuvo contacto con su mujer Olga y su hijo Andrei, que permanecieron en Moscú.

Nadie del entonces CESID tuvo noticias de la existencia del espía ilegal. La tapadera era difícil de descubrir si no se ejecutaba una profunda investigación de su caso, a partir de una pista previa, o si llamaba la atención por alguna de sus actividades ilegales. Años después, el CNI tampoco tuvo el mínimo indicio que les sugiriera que era un agente ruso. El éxito de la operación residió en que el SVR utilizó a Fritz como paloma mensajera, sin obligarlo a contactar directamente con ninguno de sus activos legales en España.

Desde que montó la empresa, ese hombre grueso, de tupido bigote, se dedicó supuestamente a hacer negocios fuera de España. Moreno, su socio, veía cómo viajaba con cierta regularidad a países cercanos, al centro de Europa o a América Latina, siempre para negocios que escasas veces veía reflejados en las cuentas de la empresa. Con frecuencia comprobaba cómo su socio tenía que pagar de su bolsillo los viajes de negocios, sin que pareciera importarle.

La paloma mensajera volaba y volaba de un sitio a otro aprovechándose de su clandestinidad para realizar misiones concretas, como transmitir recados o ver a otros ilegales como él, que tampoco trataban personalmente con los agentes locales del espionaje ruso.

A su vuelta a España pasaba por los trámites más complicados de su trabajo. Tenía que entregar el contenido recibido en sus desplazamientos a sus colegas locales, para lo que él mismo diseñaba «buzones muertos». Son recovecos junto a un árbol de El Retiro, escondrijos en el cuarto de baño de un restaurante, cajones ocultos, en los que depositar objetos que posteriormente son retirados por otra persona. Fritz disponía de un sistema de comunicación indirecta con su controlador que le permitía avisarle de cuándo había cargado el buzón.

Los años pasaron. La soledad que sufre un ilegal es la misma que la de cualquier otra persona. Más si tiene a su mujer y a su hijo lejos, sin posibilidad de compartir sus problemas, enfermedades o deseos. Un día conoció a Carmen Valdezate, una mujer que le gustó mucho y a la que quiso —supuestamente—. Nunca le dijo cuál era su verdadera personalidad, su nombre o el país en el que había nacido. Se sentía bien con ella, lo que además contribuía a asentar su tapadera y hacerla más creíble. También encandiló a su hijo Alejandro, que apreciaba la buena relación que tenía con su madre y lo bien que la trataba.

En esta situación tan idílica pasaron los años sin que se levantara la liebre de su actuación ilegal en España. No hubo nada que forzara a ese hombre de 50 años, que trabajaba en una empresa situada en la céntrica calle de Goya, a dejar de cumplir con su trabajo a la perfección.

En 2009, todo cambió de la única forma que suele hacerlo en estos casos. La CIA había captado en Moscú a un topo, el coronel Alexandr Poteyev, uno de los responsables de los agentes ilegales en el SVR. La información más importante que filtró fue la existencia en Estados Unidos de diez de sus ciudadanos, que en realidad eran rusos, que vivían clandestinamente en el país.

Pero también facilitó la identidad de otro ilegal que vivía en España: Henry Fritz. Esa información, compartida con el MI6 inglés, no tardó en llegar a España para que el CNI se pusiera manos a la obra y lo investigara todo sobre él. Pronto descubrieron que en Nueva Zelanda la única persona con ese nombre había muerto muchos años antes y que Fritz viajaba con frecuencia gastando un dinero que no conseguía con su trabajo.

Durante unos meses, agentes de la unidad operativa siguieron sus movimientos y comprobaron que no conectaba con agentes del SVR directamente, pero sí le vieron cargar un buzón muerto junto a una carretera. Unas horas después paró en el mismo sitio un coche y un hombre se bajó simulando que iba a orinar, cuando en realidad recogía el paquete. Era un agente del SVR destinado en la embajada rusa.

La operación para acabar con las actividades de Fritz la coordinó el CNI con la CIA y el MI6, los responsables de la operación conjunta a nivel internacional. A principios de junio de 2010, el FBI, encargado de la contrainteligencia en el interior de Estados Unidos, decidió que el día 27 procedería a la detención de los diez ilegales detectados en su país. Unos días antes, la CIA procedería a la extracción desde Moscú del coronel Poteyev, para evitar que el SVR lo identificara, lo detuviera y lo condenara a la más cruel de las muertes.

Sin saber todavía lo que había pasado con el doble agente, los rusos asistieron perplejos a la detención de sus ilegales en Estados Unidos. Al día siguiente se reventó la tapadera de Fritz en España y lo hizo un espía del MI6, no del CNI. El agente británico lo esperó cerca de su casa y entabló conversación con él. Fritz se quedó pasmado cuando de sopetón, después de más de veinte años de trabajo en España, su tapadera había sido puesta al descubierto. Negó ser agente ruso, defendió ser el auténtico Henry Fritz y no quiso prestar atención a su interlocutor cuando este lo amenazó con que en cualquier momento lo podía detener la Policía española si no aceptaba hablar con él. Era la tarde del 28 de junio y la conversación en la calle fue controlada por un despliegue de agentes del CNI. Nadie movió un dedo para detenerlo.

Al día siguiente Henry telefoneó a Alejandro, el hijo de su novia Carmen, para que lo acercara al aeropuerto, pues tenía que irse de viaje, uno de los muchos que hacía. Desde ese momento se le perdió la pista y nadie volvió a conocer su paradero, reconvertido en el Serguey del que llevaba tanto tiempo huyendo.

Desde que fue contactado por el espía británico, el control fue absoluto sobre todos sus movimientos, por lo que es extraño que lo dejaran escapar. Lo lógico después de más de veinte años actuando en suelo español, habría sido detenerlo, interrogarlo y juzgarlo. Quizás las pruebas de que disponían carecían de validez jurídica como para condenarlo, pero habría sido una muestra pública del disgusto español. Debieron prever que la reacción de la opinión pública resaltaría cómo un ilegal ruso había estado moviéndose con absoluta libertad por España sin que el servicio secreto se enterara. Una suma de hechos que finalmente permitieron a Henry-Serguey huir a Rusia sin que le pasara absolutamente nada.

En 2016, en un reportaje sobre Beatriz Méndez de Vigo, la entonces secretaria general del CNI, al periodista le contaron que uno de sus grandes éxitos había sido «la detección y expulsión de España de dos agentes secretos rusos a finales de 2010 por desarrollar actividades incompatibles con su estatus». Los dos diplomáticos eran Anton Olegovich Simbirski y Alexandr Nikolayevich Samoshkin. Los dos agentes fueron descubiertos meses antes mientras mantenían relación en Madrid con Henry-Serguey, pista que posteriormente siguió el CNI para pillarlos con las manos en la masa y expulsarlos.

Sabían que se iba a generar un conflicto diplomático, pero no les importó. La ministra de Asuntos Exteriores, Trinidad Jiménez, ordenó sus expulsiones, y en Rusia replicaron, como hacen siempre, expulsando a dos diplomáticos españoles en Moscú: Ignacio Cartagena y Borja Cortés.

Fue la respuesta contundente y tardía del CNI a los excesos rusos en España, donde sus espías mostraban una agresividad especial. También fue la respuesta al caso de Fritz, el ilegal que se movió sin problemas por nuestro país durante tantos años. Venganza, aunque fuera seis meses después.

En Cuba como en Túnez: no se puede hablar mal de sus dirigentes

*E*n el año 2007, la delegada del CNI en Túnez tuvo que abandonar el país por la decisión tajante de su gobierno, que consideraba imperdonable su comportamiento. Se filtró que oficialmente su salida precipitada tenía que ver con las relaciones amistosas que mantenía con activistas pro derechos humanos. Ese era suficiente delito en un país sometido a una dictadura, la del presidente Ben Ali. Sin embargo, los motivos distaban mucho de esa razón y no se explicaron por lo incomprensibles que podrían haber resultado en un país democrático como España. El servicio secreto tunecino retiró el estatus diplomático a la agente del CNI por hablar mal del presidente Ben Ali y de su mujer. Lo hizo, para su desgracia, cuando la conversación estaba siendo grabada por espías locales.

Un caso sorprendente, poco habitual, pues recurrir a estas medidas entre países con buenas relaciones diplomáticas se suele deber a casos flagrantes de violaciones de la seguridad interior. Sin embargo, el caso tunecino no es el único extraño que se ha producido en estos años y que ha tenido como protagonista a los agentes del CNI.

En marzo de 2009, el ministro de Asuntos Exteriores Miguel Ángel Moratinos recibió una llamada sorprendente. El general Delgado, jefe del servicio secreto cubano, le comunicó que habían decidido expulsar a tres agentes españoles destinados en la isla por intentar promover un cambio de régimen. Le facilitó por teléfono una serie de datos que apoyaban su versión y le mostró con claridad su malestar. Moratinos le transmitió el contenido de la conversación al director del CNI Alberto Saiz y este telefoneó a Delgado, que ni en esa ocasión ni en las siguientes quiso atender sus llamadas. Saiz habló entonces con Moratinos, le negó las graves acusaciones y le pidió

357

que adoptara las medidas de respuesta diplomáticas acordes con una situación injusta: la expulsión del mismo número de agentes cubanos destinados en España, a lo que el ministro se negó. Moratinos llevaba tiempo empeñado en establecer buenas relaciones diplomáticas con los cubanos y no iba a entorpecerlas por un problema de espías. Pero ¿qué fue lo que realmente pasó en Cuba?

Los espías realizan un trabajo distante y distinto del que llevan a cabo los diplomáticos. Deben conseguir información utilizando métodos poco convencionales, pero por eso son agentes de inteligencia. En 2008 fue destinada a Cuba Esperanza Casteleiro, que hasta entonces había sido la secretaria general del CNI. Su misión y la de sus tres compañeros en una delegación tan importante para España era obtener información de los movimientos de los etarras en la isla, seguir el estado de salud de Fidel Castro y su influencia en el gobierno de su hermano Raúl, el estado de su programa energético y las relaciones de Cuba con países como Estados Unidos, Rusia y China.

Para ello debían captar a las fuentes que tenían acceso a esa información. Uno de ellos era Conrado Hernández, con nacionalidades cubana y española, que ejercía de enlace de la Consejería de Industria vasca con la cubana Sociedad para la Promoción y Reconversión Industrial. Si colaboró de forma voluntaria o bajo presión, es un tema que no ha quedado aclarado.

Hernández era amigo desde la juventud del secretario del Consejo de Ministros de Cuba Carlos Lage. A sus 58 años, era una de las jóvenes promesas del régimen. Durante el tiempo que llevaba en la cúpula del poder había apadrinado diversas reformas económicas. La amistad entre los dos llevó al CNI a captar a Hernández como informador, un gran éxito para cualquier servicio secreto.

En dictaduras como la cubana, su servicio secreto tiene en el interior un cometido especial dedicado al control de las lealtades al régimen. Todo vale cuando se trata de salvaguardar el poder. Se tiene constancia de que la Dirección de Contrainteligencia estaba siguiendo los pasos de Lage desde principios de 2008, cuando le grabaron una conversación con otro alto cargo en la que se quejó de que Raúl Castro no le designó su segundo en el gobierno.

Lage, junto con Felipe Pérez Roque, ministro de Asuntos Exteriores, representaban la línea más aperturista, actitud que los convertía en sospechosos. No solo para el servicio secreto, sino para algunos miembros del gobierno que pretendían que nada cambiara en la isla. Pero una cosa son las sospechas y otra bien distinta los argumentos poderosos. Hasta las dictaduras los necesitan cuando quieren quitarse a alguien de en medio.

El espionaje cubano es uno de los mejores del mundo y, tras mucho empeño, cuando vieron la ocasión de actuar contra los aperturistas no la dejaron escapar y la implicación del CNI era un argumento de los más contundentes que pudieron encontrar.

La Dirección de Contrainteligencia grabó en 2008 una comida que Conrado Hernández celebró en un restaurante de La Habana con dos agentes del CNI, en la que hablaban sobre las informaciones que a los espías les interesaba conseguir. Ya sabían de las relaciones del cubano —para ellos no existe la doble nacionalidad— con el espionaje español, pero esa prueba era de una utilidad extrema si alguna vez querían actuar contra él.

Los agentes españoles sabían por Hernández que su amigo Lage acudía a visitarlo de vez en cuando a su hacienda en el departamento de Matanzas, por lo que le habían proveído de unos equipos de grabación para poder escuchar al detalle todo lo que decía.

Lo que pasó en uno de esos encuentros, al que asistió también Pérez Roque, no ha quedado suficientemente aclarado. Se sabe que en el fragor de la conversación, con el relax que facilita el alejamiento de los lugares del poder, los políticos cubanos se sintieron liberados y soltaron la lengua. Criticaron a Raúl Castro y a su camarilla, a los que despectivamente calificaban de «viejos». Comentarios que a diario sueltan muchos cubanos, pero que escuchados en una grabación ofrecen una preocupante imagen de rebeldía.

Unos piensan que la Dirección de Contrainteligencia había instalado sus propios micrófonos. Otros que sabían que Hernández había colocado los suyos sin que hicieran falta más, pues era un agente doble de los cubanos. En cualquier caso, el espionaje cubano montó su propia versión de la historia: el CNI había captado a Hernández, este intentaba atraerse a Lage y a Pérez Roque, que mostraron abiertamente sus críticas al régimen. Conclusión: el CNI estaba intentando que miembros del Gobierno cubano trabajaran para ellos con el objetivo de derrocar a Raúl Castro.

El 14 de febrero de 2009, Hernández fue detenido en el aeropuerto de La Habana cuando iba a tomar un vuelo para viajar con su esposa a Bilbao. El 27 de ese mes registraron la sede de su empresa. Y el 3 de marzo una nota Oficial del Consejo de Estado informaba que Lage y Pérez Roque habían sido cesados en sus cargos. Extraoficialmente, se informó de que se les acusaba de querer llevar el capitalismo a Cuba.

Para demostrar la solvencia de las acusaciones, se filtró a la prensa extranjera su vinculación con el CNI, el servicio secreto occidental que los había corrompido. Sin embargo, el único vínculo real era el de La Casa con Hernández y las grabaciones que había realizado en su domicilio. Nada que relacionara directamente al espionaje español con los dos políticos cesados.

A pesar de la negativa del CNI a reconocer que habían montado esa operación, Moratinos decidió no expulsar a ningún espía cubano en España. Si los agentes de La Casa hubieran actuado según la versión de sus colegas cubanos, Delgado habría cogido el teléfono a su colega español Saiz, quien, como es costumbre, se habría disculpado y habría retirado por voluntad propia a sus agentes. No descolgó el teléfono porque su interpretación era una manipulación y entre espías no se actúa así. Excepto por una causa superior, como hizo el general Delgado: Castro quería cargarse a Lage y a Pérez Roque. Todo valía para conseguirlo.

Índice onomástico